かかわりあいの人類学

栗本英世
村橋　勲
伊東未来
中川　理／編著

大阪大学出版会

目次

第Ⅲ部　かかわることから生成するもの

はじめに

村橋　勲

人は人とのかかわりあいのなかで生きている。人間は、いかに自立した個人であっても、ひとりでは生きていけない。家族、親族、近所の人たち、同級生、職場の同僚、そして偶然出会う人たちなど、さまざまな「他者」とのかかわりのなかで、自己を確立し、変容させていく。その過程で、相手も変容していくだろう。かかわりあいは、一方的ではなく、相互的な関係である。これを言い換えれば、「人間は社会的存在である」ということになる。これは当然のことだ。しかし、自明であるがゆえに、人類学においてかかわりあいが主題化されることはほとんどなかった。

本書の目的は、「かかわりあい」をひとつの学問的主題として確立することにある。日本語による人類学の出版物として、「かかわりあい」を主題化したはじめての試みと言ってよいだろう。

本書に所収されている各論文は、フィールドワーカーと「他者」との個人的・社会的なやりとりという人類学的営みを前景化し、他者との良好な関係を築くうえで必要な作法、かかわりあうことで不可避に起こる矛盾や葛藤、そして、相互行為のなかで経験する自他の変容といった点について論じている。以下では、かかわりあいを主題化しようとする本書の意図とその構成について述べたい。

かかわりあいを主題化する

他者との「かかわりあい」が必要不可欠であるフィールドワークを行う私たち人類学者が、なぜあえて「かかわりあい」を主題に据えることになったのか。その意図を説明するうえで、まずは、人類学におけるフィールドワークについて簡潔に説明しておきたい。

フィールドワークという調査手法は、近代人類学の先駆者であるブラニスラウ・マリノフスキーによって確立されてから、人類学者にとって職業的に必須のものとなっている。とくに人類学者としての道を歩み始めた大学院生にとって、フィールドワークは、「通過儀礼」のようなものである。大抵の場合、日本の大学では、博士課程の間に一年近いフィールドワークを行う。生まれ育った社会的生活とはかけ離れた、なじみがない国や地域をフィールドに選ぶ大学院生は少なくない。こうした時、これから向かおうとするフィールドに関して事前に得られる情報は大雑把なものでしかない。確かに、最近は、フィールドワークについて、異なる文化や社会に入る際の作法や、見知らぬ人びととの付き合い方に関するマニュアル的なアドバイスを提供してくれる媒体も増えてはいる。しかしながら、こうした「ハウツー本」から得られるフィールドワークにかんする一般的なアドバイスは、実際のフィールドワークにおいて必ずしも役に立つというわけでない。とくに人類学的なフィールドワークの場合、誰とフィールドで出会い、そこでどのような関係を結ぶのかは偶然に左右されることもあれば、紆余曲折を経た結果であったりする。また、特定の集団にどのような形で参与したり、受け入れられたりするかというのは、人類学者の構えや調査の目的によっても変化することが考えられる。

人類学者のフィールドワークの多くの時間は、「他者」と食事を共にし、いっしょに酒を飲み、他愛もない会話したり、時には、子どもの世話を頼まれたりといったような日常的かつ私的な相互行為に費やされる。一方、その最終的な成果、すなわち民族誌が提示される段階になると、こうした個別の雑多な事例は、取捨選択され、ある一定の規則の下で、全体の構成にうまくおさまるように並べ替えられる。民族誌に対する評価とは、理論的な関心と個別の事例とがうまくかみ合い、説得力をもった議論ができるかにかかっていると言ってもよいだろう。

人類学を学び始めたばかりの学徒は、最初はしっかりした民族誌を読むことから始めるように勧められる。しかし、完成版の民族誌は、理論的な関心が前面に出る一方で、フィールドワーカー自身の個人的な体験は、民族誌にある種の効果をもたらすために挿入されているエピソードにすぎないことも多い。また、フィールドワークの経験のなかで、情報が不完全と思われるような出来事、あるいは何らかの理論化を進めるうえで例外的だと思われるような事例は完成版の民族誌に反映されることはない。

しかし、人類学者の経験が、仔細に公開されたりはしないとしても、それが、たんに民族誌を書くために行われる「データ」の収集以上の経験であることは疑いようがない。というのも、フィールドワークは、フィールドに出かけ、「他者」の活動や日常的な経験に物理的にも社会的にも接近することが不可欠であるからである。「他者」の生活空間に参与することで、フィールドワーカーは、人びとがどのような生活をおくり、何に意味を与え、なぜそう思うのかといったことについて、できるだけ内側の視点から理解しようとする。他者理解は、一朝一夕に達成されことはなく、限定的ではあるものの、比較的長期間で、かつ継続的な「他者」の社会的世界への参与が不可欠となる。こうしたフィールドの日常生活への参加は、必然的に「再社会化」を伴うことになる（エマーソン・フレッツ・ショウ　一九九八：二五）。「再社会化」とは、自分がこれまで体験してきたものとは異なるタイプの生活様式にできるだけ完全に、また可能な限り一人の人間として参加していくなかで、その世界の一員になるために要求されている事柄について理解し、メンバーの経験に近い形で出来事や意味を体験することを学ぶ過程を意味する（ibid. 二六）。「再社会化」の過程は、決して平坦なものではなく、葛藤や誤解に満ちており、また煩わしいものですらある。しかし、フィールドワーカーは、その過程のなかで、自己だけでなく「他者」も生成変化し、互いの距離が縮まったと感じたり、「他者」の感情に共感したりするということを経験する。

かかわりあいを主題化しようとする本書の意図は、完成版の民族誌ではしばしば抜け落ちてしまう人類学者とフィールドの人びととの何気ないやりとりや日常的な相互行為を、あえて見つめなおすことによって、「他者」への理解や他者との「共生」に必要な手がかりを探ろうとすることにある。一三人の執筆者たちは、世界各地で実施したフィールドワークの過程で、「他者」とどうかかわったのか、それは自分と彼らにとっていかなる経験であったのかを批判的、自省的に考察している。具体性に富んだ各章を読むと、フィールドワークとは動態的な過程であり、学びや気づき、そして発見に満ちていることを理解していただけるのではないだろうか。

本書の構成

本書の構成について簡潔に紹介しておく。序章で、栗本は、かかわりあいの人類学の射程と、本書の構成についてまとめている。かかわりあうとは、社会的存在である人間にとって生存に不可欠な行為である。そのため、伝統的な共同体であれ、今日的な「コミュニティ」であれ、「他者」とのつながりや共同性をどのように創出、維持していくかが問われる。その一方、「他者」とのかかわりあいは摩擦や対立の契機ともなる。現在の日本では、縁や「きずな」という言葉で表される希薄化した「他者」とのつながりを取り戻そうという動きと、「共生」という言葉が示す他者との接触から生まれる差異を許容し、分断を緩和しようとする動きとが同時にみられる。縁、きずな、共生という用語は、もっぱら公的な領域あるいは集団の関係性を議論するなかで用いられるが、しばしば理念的な意味しか持たず、具体性を欠くことも少なくない。そこで、栗本は、縁、きずな、共生といった概念を論じるうえでも、かかわりあいという私的な領域における個人どうしの社会関係にまで踏み込んで考察することが不可欠であると主張する。人類学的なフィールドワークとは、個人どうしの関係を深化させることで他者性を自己に内在化する行為に他ならず、「かかわりあい」という主題に沿った豊かな事例を提供してくれる。

さて、本書では、一三の論文それぞれの特徴を考慮したうえで、読者にとって読みやすくなるように、三つの部に分けている。

第一部「かかわりあいの作法」は、加藤、賈、李、森田による四つの論文から構成される。いずれの論文も、東アジアまたは東南アジアでのフィールドワークに基づいている。

第一章で、加藤は、人類学者にとって、フィールドワークとは、たんに博士論文の執筆のための「データ」収集ではなく、それをとおして、「他者」とのつきあい方や現地社会の作法を学ぶ意義があると論じている。日本においては「社会人」を経ない人類学者にとって、フィールドワークこそが、「社会人」になる「再社会化」の過程と言えるだろう。個人的な経験を踏まえて書かれたフィールドの「作法」は、ベトナムに限らず、フィールドワークを行ううえで必要な手続きや常識について知るうえでも参考となる。

第二章で、賈は、酒を共に飲むことが、フィールドの「他者」とのつながりの構築に果たす可能性について考察する。賈によれば、中国では、フォーマルな「酒局」とインフォーマルな「飲み会」とでは、出席者が期待される立場や「飲み」がもたらす効果が異なるため、共飲が行われる文化的な状況を理解しなければ人間関係の失敗につながることもある。とはいえ、共飲が、「他者」から「データ」を引き出すための手段としてではなく、日常的なかかわりあいの延長として行われるのであれば、十分に「他者」との距離を近づけることに貢献するだろうと指摘している。

第三章で、李は、ベトナム漁村におけるフィールドワークをとおして、異邦人から「村の人」として受け入れられるようになる一方で、生活をともにするからこそ自他の境界を感じる瞬間があることも指摘している。李は他者への接近によって生じる感情や直感は客観的な分析の障害として排除すべきではなく、フィールドワークのなかで自分になかに生じる感情について考えることこそ、他者理解への契機を含んでいると主張する。

第四章で、森田は、「他者」と同じものをともに食べるという行為に注目して、共食がいかに自分と他者との連帯感や互酬性の創出、維持に寄与しているかを考察している。食文化研究者の石毛直道が「人間は共食する動物である」（石毛 一九九八：三二）と定義したように、共食は人間に特有の食行動であり、社会関係を築くうえで基本的な行為である。森田は、共食がフィールドワークにおける人間関係の構築において重要な役割を果たすと主張するだけでなく、共食できないものをとおして、身体的、社会的に埋めがたい自他の差異に気づくことも、他者と共生する技法であると述べている。

第二部「かかわることのディレンマと矛盾」は、椿原、岡野、上田、村橋による四つの論文から構成される。これらの論文は、出稼ぎ民、移民、難民といった移動者たちの生活の場におけるフィールドワークに基づいている。序章で栗本が述べるように、フィールドの「他者」とのかかわりあいは、絶え間ない物乞いにあうようなわずらわしさを伴うことも、また、「他者」との関係性によりフィールドワーカーの行動が束縛を受けることもある。第二部では、こうした表裏一体ともいえるかかわりあいとわずらわしさとの関係や、かかわりあいにとって生じる戸惑いや困惑についてふれている。

第五章で、椿原は、ロサンゼルスに暮らすイラン系移民とのかかわりあいをとおして、「しがらみ」と「自由」という一見、相反する関係のモードについて考察する。彼女によれば、アメリカにおいて「よそ者」である移民たちは、共同体的な「しがらみ」から解放され、個人の自由を謳歌しているようにみえる。ところが、椿原によれば、こうした「自由」は「しがらみ」をある程度「作為」的に操作することで成り立っている。このことは、人類学者とフィールドの「彼ら」とのつながりと断絶もまた、「しがらみ」と「自由」とが交錯するなかで行われるコミュニティケーションのあり方であることを示している。

第六章で、岡野は、自治政府の代表やＮＧＯ、フリージャーナリストなどさまざま武力紛争の「当事者」たちと人脈を作るなかで、調査者自身も紛争当事者の一部であることに気づく。そのため、岡野は、調査によって得た情報をどのように公開できるかという葛藤を抱えることになる。その一方で、紛争という政治的な次元をこえて、人びとの日常的な生活に迫ろうとしている。本章は、戦争を政治的な暴力という側面にとどめることなく、紛争下で営まれる日々の社会生活との連続性から捉えることの重要性を示唆している。

第七章で、上田は、マレーシアにおける観光開発にどのようにかかわればよいか戸惑う文化人類学者の心情を綴っている。観光の文脈で意味付けされる先住民の「文化」と、実際の「先住民」の人びととの生活実態にはしばしば乖離がみられる。また、文化観光においてショーケース化、商品化される「文化」と、「文化」の本質主義的な理解を避けようとする人類学との間には「文化」の捉え方に隔たりがあると言ってよいだろう。上田が指摘するように、人類学と観光とが「使う―使われる」関係を超えて、互いに影響しあう関係に入ることを目指すことが理想かもしれない。しかし、それは、これまでのフィールドの人びとと人類学者との関係を変えることになるかもしれない。本章は、観光開発に対して人類学者がどのような立ち位置でかかわることができるかという問いを投げかけている。

第八章で、村橋は、南スーダンのある民族集団に関する歌や口頭伝承に関する「文化」の収集をめぐる葛藤について論じている。歌や口頭伝承を収集することは、すでに文書化された過去の資料を集めることとは異なり、人びとの記憶や解釈に影響されるうえ、彼らの帰属意識を刺激することになる。また、歴史を語る権威をめぐる集団内の政治ともかかわる。そのため、「中立的な」立場で調査しようとしても、意図せず集団内部の対立に巻き込まれることもある。調査を通じてフィールドの人びととのかかわりあいを広げるということは、彼らの集団間や、個人間の複雑な関係に立ち入ることでもある。こうした人類学者にとって厄介でわずらわしい経験も、「他者」を理解する重要な契機となりうる。

第三部「かかわることから生成するもの」は、木村、早川、藤井、竹村、中川の五つの論文から構成される。これらの論文は、他者とのかかわりあいによって生じる人類学者の自己変容や、人類学者とのかかわりあいを通じて変容するフィールドの人びとの双方に焦点を当てている。フィールドはオセアニア、アフリカ、アジア、ヨーロッパとさまざまだが、大きな生活環境の変化を経験した人びとが、新たに模索する生き方を取り上げている。

第九章で、木村は、ミャンマーに調査に出かける自分と、日本に出稼ぎにきたミャンマー人との出会いをとおして、「他者」とすでに何かを共有している感覚と、依然として共有しえていない何かが存在するという感覚とが共在する状況について考察する。グローバル化の進展によって、どこに行っても、どこかで見たことのある風景や出来事に出会うことは少なくない。しかし、出稼ぎミャンマー人の日本での暮らしが、筆者の日本での生活とは大きく異なるように、同時代に日本に暮らしながらも、互いの経験の間には大きな溝がある。木村は、グローバル化した現代において、未だ共有されていない何かを内省的に考えることこそ、私たちがともに生きる同時代の世界における差異を理解し、共生のあり方を模索することにつながると主張する。

第一〇章で、早川は、南アフリカのヨハネスブルクとジンバブエの首都ハラレにおいて、ジンバブエ人の付き合い方が異なることに気づき、何気ない日常的な行為に注目することの重要性を指摘している。人類学者の多くは、挨拶を交わすとか、いっしょに食事をとるといった日々の相互行為に対して、儀礼や秘密結社、年齢組といった特異な文化装置のようには注意を向けてこなかった。しかし、人びとの社会性や共同性を維持しているのは、まさにこうした日常的な行為である場合もある。本章は、人類学者が何気なくやりすごしてしまい、気に留めていないような経験のなかにも、人びとの社会関係を理解するヒントがあることを示している。

第一一章で、藤井は、フィールドワークにおける人類学者とフィールドの人びとのかかわりあいの動態に注目し、互いが相手に向ける想定や期待をどのように修正しながら「他者」を理解するようになるかを論じている。人類学者もフィールドの人びとも、最初は相手に対する限られた情報しかもっていないため、「他者」への期待や想定はしばしば誤解に基づいている。こうした誤解やステレオタイプが失望や怒りにつながることも少なくない。本章では、フィールドでの日常的なやりとりを起点として、相互に向けられた期待の交錯が、どのように修正されながら、「他者」の理解へとつながっていくかが描写されている。フィールドの人びとも、人類学者という「他者」とかかわりあうことで外の世界を知る機会を部分的に得ていると言えるだろう。

第一二章で、竹村は、南インドのテイヤム祭祀を調査するにあたり、部外者が技芸を学ぶことを祭祀の実践者が快く思っていないことを知る。技芸を体得できないということは人類学者にとっては好ましくないが、竹村は、「撮影係」として祭祀実践者の生活世界に周辺的に参与することで、テイヤム実践者と彼らを取り巻く社会空間とを媒介する役割を果たす。調査者は、部外者から媒介者となっていくと同時に、テイヤム実践者もまた調査者を通して他のグループや外の世界とのつながりのなかで自らを見つめ直そうとする。こうしたフィールド経験は、技芸を、自己完結的に繰り返される伝統としてではなく、他者へ／からの眼差しによって相互変容する潜在性を含んだものであるという主張に説得性を与えている。

第一三章で、中川は、人類学とはフィールドワークという方法を用いて、他者に接近し、その過程のなかで別の存在になろうとする試みであるとしたうえで、人類学者がフィールドでかかわる人びともまた未完の将来に向かって新たな生き方を模索する存在であるのではないかと問う。中川は、フランスのモン農民と付き合うなかで、それぞれが自由と独立を求めて生きようとする彼らの生き方に惹かれて、そこに新たな生き方の可能性を感じている。一方、モンは、自分たちが一つにまとまらない点を克服すべきであると考えており、リーダーの統率に従うことで生まれる連帯が必要だと感じている。そこには、調査者とフィールドの人びとが互いに他者のイメージを媒介にしながら自己を変容させようとする双方向の力が働いている。中川は、人類学者だけでなく、彼らもまたかかわりあいのなかで別の行き方を模索しているということに気づくことこそ、他者をひとつの「文化」の枠に押し込めることなく、彼らについて語ることができるのではないかと提起している。

最終章で、中川は、本書の多くの章でグローバル化において移動する人びと——国際移民、難民、出稼ぎ民——を扱っている点に注目し、各章に言及しながら、人類学者とフィールドの人びとのかかわりあいをとおしてみえてくる生の不確かさ、人びとの戸惑いや願望、それを促進／阻害する国家や資本主義経済といった「大きな仕組み」と人びととの関係について考察している。このなかで、各執筆者とフィールドの人びととのかかわりあいの細部に注目すると、フィールドの人びとが、われわれとは異なる社会的規範や価値観のなかに生き続けている「他者」としてではなく、むしろ、われわれと同じように、未来の不確かさと可能性を引き受け、新たな生き方や別の存在になろうとする主体として分析できると主張する。

本書は、一般に民族誌のなかで前景化されない人類学者とフィールドの人びととの一筋縄ではいかないさまざまなかかわりあいを、たんに人類学者の裏話として提示するのではなく、そこから学問的な分析に値する何かを導き出そうという試みである。巷にあふれる「異文化理解」や「共生」は、言うは易く行うは難しである。文化人類学的なフィールドワークをとおして、その難しさを誰よりも痛感しながらも、その魅力に引きこまれてもいる執筆者たちの経験が、異文化理解や多文化共生に関心をもつ一般の読者にとって、フィールドワークという生き方について理解を促すものであることを願う。また、中川が結びで述べるように、かかわりあいに焦点を当てた本書が、われわれを含め、不確かな世界に生きる人びとの願望とそれを（不）可能にする「大きな仕組み」との相互作用や「なる」ことについての人類学に向けた議論を喚起する端緒となれば幸いである。

参考文献

エマーソン、R.M.・R.I.フレッツ・L.L.ショウ（一九九八）『方法としてのフィールドノート――現地取材から物語作成まで』佐藤郁哉・好井裕明・山田富秋訳、新曜社。
石毛直道（一九九八）「なぜ食の文化なのか」石毛直道（監）・吉田集而（編）『人類の食文化（講座 食の文化 第一巻）』味の素食の文化センター、三一―六二頁。

序章　かかわりあいの人類学の射程　他者とかかわること
――人類学者の実践から学ぶ

栗本英世

一　縁、きずな、コミュニティ、そしてかかわりあい

現代日本社会を形容する用語として「無縁社会」が登場したのは、二〇一〇年のことであった。この用語は、NHKの複数のTV番組のタイトルとして使用され、流行語となった。象徴的現象として焦点があてられたのは、当時年間一万件を超すと言われていた独居高齢者の「孤独死」であった。無縁社会という、インパクトの強い概念は、たしかに現代日本社会のある側面を表しているのだろう。それは、他者との関係が希薄化し、個人が孤立して存在している状況を、象徴的に表している。

その翌年、東日本大震災のあとでメディアを賑わせたのは「絆」という概念であった。未曽有の自然災害に見舞われた人びとの相互扶助、そして被害者に対する支援の文脈で、絆（きずな）が強調されたのであった。それが強調されるということは、現実には人びとの間のきずなが弱まっているのだろう。無縁社会ときずなは、表裏一体のものとして捉えることができる。

こうした現象と強く関連しているのは、「コミュニティ」という概念である。過去二〇数年間、日本政府や地方自治体は、高齢者や障がい者等のケアや介護の文脈で、および災害からの復興や防災の文脈で、コミュニティの役割を重視するようになった。これは、新自由主義（ネオリベラリズム）的政策のもとで、政府や地方自治体が福祉にかかわる公的領域から撤退しようとしていることと軌を一にしている。言い換えれば、「公助」に対する、「自助」と「共助」の強調であり、自助と公助が実践される場としてのコミュニティが想定されているのである。興味深いことに、そこでは従来の「共同体」という漢字で表記される概念ではなく、カタカナのコミュニティという概念が使われている。これは、この語にプラスの意味を付与するための、およびあいまい性を維持するための印象操作を意図したものであろう。いずれにせよ、自助と共助の基盤となるべきコミュニティが、具体的になにを指すのか、あいまいなままでこの概念は広く使用されている。

明治維新以降の近代日本の歴史に照らしたとき、こうした現代日本の状況には皮肉な思いを禁じ得ない。なぜなら、つい最近まで、ムラやイエといったものが個人に課している、まさに共同体的な桎梏《しっこく》——それは前近代的で「封建的」なものだとみなされた——から解放されて、「自立した個人」になることが、近代に生きる日本人の目標とされてきたからである。後期近代、あるいは脱近代（ポスト・モダン）の時代に入って、人と人との共同体的なつながりという、前近代的とされてきたものが再評価されるようになっているのだろうか。

さて、本書の目的は、自立した個人の重要性を説くことでもなく、共同体的なものの復権の旗振りをすることでもない。そもそも、共同体に埋没した個人と自立した個人という二項的対立は、たんなるモデル、理念型にすぎない。どの時代と地域においても、共同体に完全に埋没している人はいないのと同様に、完全に自立した個人も存在しない。過去においても、現在においても、ある人が二つの極のあいだのどのあたりに位置しているのかは、状況しだいということができる。

本書の基本的な立場は、共同体、コミュニティ、あるいは社会といったものを無前提に措定し、そこから議論をはじめるのではなく、個人に視点を定め、人と人との「かかわりあい」に注目することである。かかわりあいに注目することには、以下のような背景がある。ある社会で、いかに個人化が進展したとしても、一人暮らしの世帯が増えたとしても、人は他者とのかかわりあいなしには生きていけない。これは、ヒト以外の動物における単独生活とは決定的に異なるところだ。たとえば、オランウータンは、繁殖期にオスとメスのペアを形成する以外は、ひとりで生活している。その間、自分が食べるものは自分で獲得し、他者とかかわることはない。

人間の場合、単独生活をする野生動物のように一人で生きていくのは不可能である。いかに他者との相互作用を拒否していようとも、毎日の食料や日常生活に必要なモノを得るために他者とかかわらざるを得ないからである。また病気になれば薬が必要になるし、医者の診療を受けることもあるだろう。つまり、人間は、いかに孤独を求める人でも、生きていくためには他者とかかわらざるを得ないのである。このことを言い換えれば、人間は社会的存在であるということになる。つまり、本書におけるかかわりあいとは、人が他者と行う社会的相互作用のことにほかならない。

近代日本の社会において、ムラ的なものとイエ的なものは、再編成されつつ、役所、会社、学校等、近代的な組織の中でも再構築され、社会の基本的な原理であり続けてきた(1)。しかし、過去三〇年ほどのあいだに、それは大きく変容しつつある。農山漁村の多くは、高齢化と人口減少のために衰退している。すでに核家族化していた家族は、子どもを持たない夫婦や、非婚者の割合が増加し、さらに変容の度合いを深めた。つまり、現代の日本においては、ムラとイエは生産と再生産の基盤としての意義を失いつつあり、かつてのように「共同性」の拠り所とみなすことが困難になっている。人びとが「縁」と「絆」を求めることができる、新しい「コミュニティ」は、いまだその姿かたちを明確にしていない。

私たちが本書において「かかわりあい」に注目するのは、以上のような背景からである。変容してしまった古い共同体でもなく、どこにあるのか不明である新しいコミュニティでもなく、あるいは共同体やコミュニティよりもっと茫漠とした社会を議論の出発点とするのではなく、ある個人が見知らぬ他者といかなる関係を持ちうるのかに焦点を絞る。集団ではなく、個人に視点を据えるのである。かかわりあいは、その手がかりとなる概念である。

共同体、コミュニティ、そして社会は、個人間の関係の総体として立ち現れる。個人と他者とのかかわりあいに注目することは、人間関係が疎遠になり、人びとが孤立していると言われている現代日本においてとりわけ重要であるが、これは日本に限られた問題では決してない。人類全体が直面している普遍的な課題であると言うことができる。また、現代の日本に居住する個々人の他者とのかかわりあいに注目しても、その対象は、日本人という国籍や日本国という空間を越えて広がっている。

こうした他者とのかかわりあいを考察するとき、人類学者が行っているフィールドワークは注目に値する。本書には、フィールドワークをする人類学者が、フィールドにおいていかに他者とのかかわりあいを構築していくのか、そしてそれは自分だけでなく他者にとってもいかなる意味を有しているのかを、自分自身の経験に基づいて考察した一三の論考が収録されている。自分が生まれ育った場所からは遠くはなれた異郷に赴き、そこの見知らぬ人びととのかかわりあいのなかで調査研究を実施する人類学者の営みは、いわば特殊で極端な事例であり、日本で暮らす「ふつうの人びと」にとっては直接の関係はないという印象を抱く読者もいるかもしれない。しかし、後に論じるように、人類学者の経験は、すべての人間にとって大きな意味があると、私たちは考えている。

他者とのかかわりあいは、人類学にとって本質的に重要な営みであるにもかかわらず、研究テーマとして主題化されることは少なかった。それは、かかわりあいは個人的経験の領域に属するものであり、研究者どうしの私的な会話で話題になることはあっても、それ自体は研究テーマではないという認識があったためだろう。本書は、かかわりあいを主題とする、日本語では最初の人類学の論文集である。私たちの基本的立場は、人類学者と調査研究の対象の人たちとのかかわりあいのあり方には、人類学者自身が考える以上の意義があるというものだ。本書が、読者の皆さんにとって、自分自身の他者とのかかわりあいを見つめ直すきっかけになることを、私たちは願っている。

二　人類学とフィールドワーク――他者とのかかわりあい

文化人類学、あるいは社会人類学と呼ばれる学問領域の研究者は、フィールドワークを実施し、民族誌（エスノグラフィー）を書くことを期待されている。従事する調査研究にとって、フィールドワークは決定的な重要性を持っている。野外調査、臨地調査、現地調査等とも呼ばれるフィールドワークにおいて、人類学者はフィールド（現地、現場）に出かけ、そこの人たちと長期間生活を共にする。その過程で、現地の人のように話し、考え、振舞うことができるように努力する。この営為は、「参与観察」（participant observation）と呼ばれている。そうした過程をへながら、対象の人びとを内側から「現地人の視点」に立って理解することを目指すのである。

人類学者にとって、フィールドワークは、出会いや発見の喜びがあると同時に、忍耐強さと臨機応変さが求められる、長く困難な過程である。まず、相手の人びとが自分とは異なる言語を母語としている場合、その言語を習得しなければならない。言語の種類によっては、事前にある程度学習することも可能だが、その場合でも日々の実践を通じて言語能力を磨いていかねばならない。対象の人びとの集合は、さまざまな場合がある。村や都市のひとつの街区、ある領域を占有している民族といった、かなりの程度明確に区切られた空間に居住している人びとの場合もあるし、ある社会の一部を構成する職能・芸能集団、移民コミュニティ等の場合もある。趣味を同じくする人たち、特定の病気の患者たちや障がいを持つ人たちの集まりも対象になる。会社、工場、役所や軍隊も、フィールドワークの場になりえる。つまり、人間が形成している、ありとあらゆる集まり、集団と組織が、人類学的フィールドワークの対象になるのである。人類学者は、自分が選んだそれぞれのフィールドで、日々人びととのかかわりあいを続け、対象の集団や集まりに、なんらかのかたちで受け入れられることを目指す。調査研究の対象である人びとにとって、人類学者はよそ者（stranger）である。そもそも、彼は呼ばれたわけではない。自分のほうから勝手にやって来たのである。それでも、時間が経過するにつれ、人類学者はよそ者であると同時に内部者であるような存在に変化していく。

フィールドワークを始める前の人類学者は、入念な準備をしなければならない。対象とする地域や人びとの言語、歴史、文化、社会、政治や経済についての文献を読みこなし、調査許可、政情や疫病と医療に関する情報収集も必要だ。もちろん、調査研究のテーマもあらかじめ構想している。しかし、計画どおり、思いどおりにいかないのが、フィールドワークの本質である。

フィールドワークは、人類学の調査研究にとって不可欠の過程であるため、学生向けの教科書等には、マニュアルのようなものが記載されている。もちろん、人間として尊重すべき最低限の礼儀のようなもの、今風の言い方をすれば研究者が遵守すべき倫理規定のようなものはある。しかし、フィールドワークには、マニュアル化を拒否する特性がある。なぜなら、調査研究の現場、つまりフィールドの状況は、場所ごとに異なるし、調査がどう展開し、深まっていくかは、人類学者と人びととのかかわりあいしだいだからである。また、フィールドワークは偶然に左右される。予想外の事件や出来事に遭遇した結果、調査が一気に深まることもあるし、研究テーマじたいを途中で変更することもありえる。

私はかつて、人類学的フィールドワークの本質について、以下のように述べたことがある。

> フィールドワークにおける人類学的な実践とは、対象の社会の全体的なイメージを模索し、構築しようとする終わりのない営みであるといえる。フィールドワークを開始する段階で、文献からの知識によって、なんらかのイメージはすでに形成されている。フィールドワークは、それを修正、あるいは場合によっては破壊する過程である。
>
> これは、本質的に矛盾にみちた営みである。なぜなら、「全体的な社会」じたいが実在するのかどうか、そもそも自明ではないからである（栗本 二〇〇六：四一八）。

他者とのかかわりあいの集積であるフィールドワークは、予測不能な、筋書きのないドラマのようなものである。私たちは、フィールドワークとは、たんなる学問的方法以上のなにかであると考えている。なぜなら、相手とのかかわりあいのなかで、自分は変容していくし、相手も変わるかもしれない。そして、その過程で、なにか新しいものが生成するかもしれないし、全体的な社会や文化のある断面や側面も、立ち現れてくるからである。

わざわざ遠くに出かけ、他者とのかかわりあいを求め、こうしたフィールドワークを実践する人類学者の事例は、いわば極端で例外的なものという指摘を受けるかもしれない。しかし、程度の差はあれ、すべての人間は、日常生活の中で、フィールドワークする人類学者のように生きているのだと、私たちは考えている。

本書の第I部「かかわりあいの作法」には、人類学者がいかにしてフィールドの人びとに受け入れられていくのかを、みずからの経験を振り返って論じた四つの論文が収められている。けっして平坦ではない、紆余曲折がある道のりを、読者は追体験であることと思う。

三　かかわりあいの人類学的主題化

従来の人類学においては、かかわりあいはプライベートな問題とみなされており、人類学的に正当な課題として主題化されることは少なかった。それは、人類学者どうしのインフォーマルな集まりにおいて話題になることはあっても、民族誌のなかではせいぜい序文やあとがきで補足的情報として言及されるにとどまっていた。よく知られている例外は、一九四〇年に出版された、イギリスの社会人類学者、エヴァンズ＝プリチャード（一九〇二～一九七三）の『ヌエル族』(2)の序章の末尾における記述である。ただし、そこに書かれているのは、スーダンのヌエル人たちといかにかかわることができなかったのか、という事実である（エヴァンズ＝プリチャード　一九七八：一一－二二）。彼がヌエルランドに到着した一九三〇年という時点は、植民地支配に対するヌエル人の武力抵抗の最終段階に相当した。ヌエル人にとって、彼は「敵側」の異邦人であった。また、当時は英語を話すことができるヌエル人もいなかった。エヴァンズ＝プリチャードは、フィールドワーク終了後に、ヌエル人との付き合いを継続することもなかった。彼の弟子にあたるリーンハート（一九二一〜一九九三）になると、かかわりあいの状態は異なってくる。彼は、ヌエル人の隣人であるディンカ人のあいだで、一九四〇年代後半にフィールドワークを実施した。二人のあいだの、十数年の隔たりには、大きな意味があった。イギリスによる植民地支配は確立し、初等・中等教育を受け、政府に雇用されるディンカ人も出現していた。リーンハート自身は、かかわりあいについて記述していない。しかし、彼の没後にオックスフォード大学の社会人類学講座が編集刊行する雑誌が組んだ追悼特集号には、ディンカ人の友人たちが、友情と敬愛に満ちた文章を寄稿している[3]。それらによると、フィールドワーク中のリーンハートは、当時のヨーロッパ人（白人）としてはきわめて例外的に、ディンカ人と同じものを食べ、同じように行動していた。また、彼はディンカ人だけでなく、スーダン人とのかかわりあいを生涯貫き、オックスフォードの彼の研究室と自宅は、イギリスを訪問した、あるいは滞在しているスーダン人たちが集うサロンのようだったという[4]。

さて、時代はすでにとっくの昔にコロニアルからポスト・コロニアルへと転換し、人類学者とフィールドの人びととのかかわりあいのあり方も大きく変化している。もちろん、日本から途上国に出かける場合は、依然として経済的な格差が存在するが、平均的日本人より豊かな人はいくらでもいるし、ＩＴ技術の発展のおかげで、遠く離れていても容易にコミュニケーションできるようになっている。フィールドで付き合っていた人が来日することもまれではなくなっている。つまり、かかわりあいは、フィールドワーク中だけに限定されるものではなくなりつつある。それにもかかわらず、かかわりあいという主題は、人類学において正面から議論されることが、依然として少ない。その背景には、かかわりあいは、あくまで正確な情報を得るための手段であり、その情報に基づいて書かれた結果である民族誌にこそ学問的な価値があるという前提があると考えられる。

しかし、はたしてかかわりあいは、プライベートな領域に属するたんなる手段であり、人類学的研究においては背景に退くべきもので、学問的価値を有していないのだろうか。本書の目的は、こうした従来の見解に抗して、かかわりあいを人類学的に主題化することにある。人類学的研究においては周辺的な位置しか占めてこなかったかかわりあいを、主流化しようというわけである。

日本語で書かれた文献の中で、かかわりあいについてもっともまとまった議論を展開し、また自らも実践してきたのは清水展《ひろむ》である。ただし、清水はかかわりあいという用語は使用していない。彼は、フィリピンの二つの異なる人びとのあいだでフィールドワークを実践し、その成果を分厚い民族誌にまとめている（一九九〇、二〇〇三、二〇一四）。最初のフィールドであったアエタの人びとが、ピナトゥボ火山の大噴火という出来事（一九九一）の結果被災民となったという偶然の結果、その復興にかかわることになった。二番目のフィールドであるイフガオでは、当初から植林運動と棚田・環境の保全を研究テーマとしていた。一九九七年にフィールドワークを開始した時点から、実践人類学的・開発人類学的かかわりを意図していたことになる。なお、イフガオの棚田は、一九九五年にユネスコの世界遺産に登録されている。清水は、自らの試みを「コミットメントの人類学」、あるいは「応答の／する人類学」と呼ぶ。

おそらくだれでもそうであろうが、長期でフィールドワークをするということは、コミュニティの人々との関係の深化を常に伴う。透明人間のように自身の存在を消し、観察だけに徹することは不可能である。日常生活の延長としてズルズルと、あるいは事件が巻き起こした衝撃に興奮して我を忘れて一気に、人類学者は現場の諸問題や当事者たちの関係性の網にいやおうなく巻き込まれてゆく。もちろん調査を第一と考え、そこで一定のブレーキをかけ、距離を保ち続けることもありえるだろう。実際、多くの人類学者は研究の客観性を担保するために、対象（事象と人々）を客体化し、それとのデタッチメント（断絶）のもとでの冷静な観察を金科玉条としてきた。しかし事件や問題に巻き込まれてゆくことを受け入れ、さらには積極的にコミットし、内側からの経験と理解を重視してゆこうとする選択もありえるだろう。人類学の方法論とされている参与観察（participant observation）の真の意味で、そうした人類学が可能であろうし、その可能性を追求すれば、「コミットメントの人類学」（committed anthropology）あるいは応答する（協働する）人類学（anthropology of response-bility / anthropology of engagement / anthropology of collaboration）という領野が開かれてくるかもしれない（清水 二〇一四：三四六）。

応答の人類学で主役として登場するのは、「現地の人びと」と外部のNGOや援助機関とのあいだを媒介する役割を果たす人類学者である。これは、かかわりあいの重要な一側面である。そこでの人類学者は「現地の人びとの視点」を代弁し、上からの一方的な開発援助の押し付けを是正するという立ち位置をとる。こうした清水の人類学者としての立場と、彼が出版してきた民族誌の質の高さは賞賛に値する。ただし、このかかわりのしかたには、彼以前に多くの先例があり、彼がパイオニアというわけではない。

清水の学問的営みのなかで注目すべきは、もうひとつの隠れた、しかし通底している側面である。それは、事件や出来事への、徹底したこだわりである。「日常生活の延長としてズルズルと、あるいは事件が巻き起こした衝撃に興奮して我を忘れて一気に、人類学者は現場の諸問題や当事者たちの関係性の網にいやおうなく巻き込まれてゆく」。それは、最初の民族誌『出来事の民族誌――フィリピン・ネグリート社会の変化と持続』（一九九〇）以来、一貫しているといえる。

かかわりあいという日本語の概念にぴったり重なる英語の概念はないが、清水も言及している engagement や commitment が近い。英語圏の人類学では、過去十数年のあいだに、「かかわりあいの人類学」（engaged anthropology, anthropology of engagement）が提唱されている。代表的なものとして、セサ・ロウとサリー・メリーの「かかわりあいの人類学――多様性とディレンマ」がある。これは、二〇一〇年に刊行された『カレント・アンソロポロジー』誌の「かかわりあいの人類学」特集号の序論である。彼女らは、「かかわりあい」のあり方を以下の六つに分類している。（一）共有と支援、（二）教育、（三）社会批評、（四）連携、（五）情宣、（六）社会運動（Low and Merry 2010、栗本 二〇一九：二二五－二二六）。

こうした動きは、人類学者は、たんに研究をするだけでなく、もっと「現実」とかかわるべきである、社会の役に立つべきであるという考えに基づいている。古い人類学では、それは「実践人類学」（practical anthropology）や「応用人類学」（applied anthropology）と呼ばれていた。「かかわりあいの人類学」は、それを調査研究の対象である人びとの側に立つという、人びとと共に歩むという視点から一層推し進めたものであると言える。

実践人類学や応用人類学の今日的展開は、「公共人類学」と呼ばれることもある。日本では、山下晋治らが推進している（山下 二〇一四）。山下が編集した論文集の序論には、清水が「応答の人類学」を寄稿している（清水 二〇一四）。この論文集で扱われている社会課題は、多文化共生、開発、医療、福祉、人権、災害等である。

私たちが目指しているかかわりあいの人類学は、こうした動きとは関連はしているが、一線を画している。私たちのほうは、視野が狭く、一義的には人類学者がフィールドワーク中に人びととのあいだで行う相互作用に限定されている。それが、人びとのどう「役に立つ」かは、問いには含まれていない。ただし、人類学者と調査研究の対象である人びととのあいだのかかわりあいだけでなく、すべての人間どうしの相互作用も含めようとしている点では、視野はより広いと言える。

四　かかわりあいの人類学の広がり

社会科学の多くの分野では、研究と研究者は学問的に中立であるべきであると考えられている。そうした支配的な観点に立つと、研究対象である人間と個人的に親密な関係を結び、お互いに影響を与え合うことは、厳に慎まなければならない。この観点は、学問の客観性を担保することと結びついている。

私は「かかわりあいの人類学」をはじめて提唱した、二〇一九年に刊行された論文で以下のように論じたことがある。

科学者の中立性は、狭い意味では研究対象の人々を、あくまで研究対象として扱い、人間的な相互行為の対象とはみなすべきではないことを意味している。例えば、心理学の実験の場合は、こうした中立性は遵守されるべきである。実験室のかなで、心理学者と被験者のあいだに親密な関係が成立したら、それは実験結果に影響を与えるだろう。そもそも、実験の目的や方法を詳細に説明しすぎると、そのことが被験者の回答に影響を与え、望ましい「客観的」なデータが得られなくなる可能性がある。

しかし、インタビューやフィールドワークを手法とする人文・社会科学の場合は、研究対象の人々との関係において、中立性を維持することは困難である。研究者と研究対象の人々のあいだには、ある程度の信頼関係が存在しないと、当初に期待しているような研究データを得ることはできない。そして、信頼関係は、人間的な相互作用の結果、はじめて成立する。中立性の遵守にこだわることは、研究にとってはむしろ障害である（栗本　二〇一九：二四）。

かかわりあいの人類学を実践する人類学者は、中立の「透明人間」ではない。逆に、フィールドにおける社会関係の網の目に、自ら進んで巻きこまれていくのである。かかわりあいの人類学の追求は、人文学と社会科学における研究と研究者の中立性や客観性を根本から問い直す契機を含んでいる。

かかわりあいの人類学は、かかわりあいの過程で、人類学者も相手の人びとも変化していくことを前提としている。社会的存在としての人間は、他者との日々のかかわりのなかで生成していく。また、対象の人びとの社会や文化も、所与の全体的な実態として措定されるわけではない。社会や文化といったもののある断面や側面は、かかわりあいの中から立ち現れてくるものと認識される。したがって、このアプローチは、静態的ではなく、動態的で絶えず生成し続ける人間観や社会・文化観を、個々人の経験に基づいて、実証的に深めていくことにつながると考えられる。これによって、人類学だけでなく、人文学と社会科学の展開に貢献することが期待される。

かかわりあいは、ある出来事や事件を契機に、一気に展開し、深まることがある。先に引用した清水を再度引用してみよう。「日常生活の延長としてズルズルと、あるいは事件が巻き起こした衝撃に興奮して我を忘れて一気に、人類学者は現場の諸問題や当事者たちの関係性の網にいやおうなく巻き込まれてゆく」（清水 二〇一四：三四六）。私は、南スーダンでパリと自称する人たちと長年かかわりを続けてきた。私自身の経験を振り返ってみても、一九八五年に生じた解放戦線の部隊のパリへの進駐と、若者たちの解放戦線への大量参加という歴史的な出来事に衝撃を受け興奮し、その後のかかわりあいのあり方を大きく変化させたのであった（栗本 一九九六）。

出来事（event）の決定的な重要性に注目して議論を展開している人類学者に、ブルース・カプファーラー（Bruce Kapferer）がいる。彼は、『事件において——生成の瞬間の人類学に向けて』と題された論文集の序論において、以下のように論じている。「従来の人類学的研究において、出来事や事件は、社会や文化の所与の構造を示す、『典型的事例』として扱われてきた。それは、カント的観念論の影響を受けたデュルケーム的社会観の枠内にある。それに対して私たちが主張するのは、ポスト・ニーチェ的なドゥルーズ的社会観である[5]」。そこでは、出来事は、ある社会や文化の構造の断面があらわになる機会ではなく、そこにおいてこそ社会的なもの、あるいは社会が生成する場なのである（Kapferer 2015：1–2）。

出来事を構成するのは、戦争、自然災害や疫病の流行といった大事件だけではない。日常生活も出来事の連鎖であると考えられる。こう見てくると、他者とのかかわりあいは、出来事を軸に展開しており、そこにおいて社会的なものが生成してくると理解することができる。つまり、かかわりの人類学と出来事は、深く関連している。かかわりあいの人類学は、社会や文化を所与の実在とみなすのではなく、日常的および非日常的な状況下で生じている個人と個人のあいだの相互作用のなかで、日々生成している進行中の、複合的な動態的過程であるという、新たな社会と文化の認識のしかたに、私たちを導くのである。

もちろん、「相互作用のなかで日々生成するもの」は、多種多様であるだろう。本書の第Ⅲ部「かかわることから生成するもの」に所収された五つの論考から、その一端を知ることができる。調査対象の人びととのかかわりあいのなかで、人類学者は第一に、自分がだれ／なにであるのかについて意識的になる。かかわりあいの過程で、信頼関係や友情が育まれることもあるし、逆に関係の切断や反目が生じることもある。そして、それがなにであるかを明確に述べることは難しいが、なにか新しい社会性や共同性が生成していくのである。

五　かかわりあいとしがらみ

他者とかかわることは、楽しいことばかりではない。それはわずらわしさを抱えこむことでもある。個人間の社会的関係とは、しがらみでもある。本書の第Ⅱ部「かかわることのディレンマと矛盾」には、こうした葛藤に焦点をあてた四つの論考が収録されている。しがらみはやっかいなものであるが、他方でそれは「コネ」でもあり、新たな関係が広がる契機にもなる。これは、人類学者にとっても、フィールドワークで付き合う人びとにとっても同様である。こうした矛盾のなかで、フィールドワークとかかわりあいがどう展開していくのかを、これらの論考はあきらかにしている。

私が知る限り、人類学者が経験したもっともやっかいなかかわりあいは、ケニア北西部の乾燥地帯に居住する牧畜民、トゥルカナの事例である。そこでフィールドワークを行った人類学者たちは、毎日四六時中、人びとの「物乞い」（ベッギング）に悩まされることになった。トゥルカナの人たちは、執拗に物乞いを繰り返す。自分の窮状を訴え、モノや現金をくれと要求するのである。いわば、「こんにちは」や「お元気ですか」の代わりに、出会うと「あれをくれ、これをくれ」と言われるのである。太田至や北村光二らの人類学者は、難行苦行のようなフィールドワークを続けつつ、物乞いという行動の考察を重ねてきた。最終的に北村が到達したのは、物乞いは、厳しい自然環境の中で生き延びている、平等主義的で個人主義的傾向の強い人たちが採用している、特有のコミュニケーションのあり方であり、そうした相互行為の場において、「それぞれの当事者の自発的選択の重ね合わせとしての『われわれの選択』を双方の協力によってその場に生み出そうとしている」（北村 二〇一九：二九）ことであった。つまり、一見するときわめて利己的で、理不尽な他者に対する要求が、じつは社会的なものを志向しており、ある種の「共同性」を構築する手段であるということだ。絶えざる要求は、相手を「われわれ」に引きずりこむために行われているのである。かかわりあいについて考察する上で、この事例はきわめて示唆的である。それは、わずらわしさこそが、社会的なかかわりあいを創出する鍵となっていることを示しているからである。そして、北村たちが、この認識に到達するのに長い年月を要したことも忘れないでおこう（栗本 二〇二〇）。

かかわりあいのわずらわしさについて、もう少し考えてみよう。わずらわしくても、あるいは苦痛であっても、日々のかかわりあいから逃れられない人たちはたくさんいるだろう。とりわけ、そうした相手が家族や恋人である場合、逃れることは困難である。そういう人たちから見れば、トゥルカナにおけるような極端にしんどいものであっても、フィールドワークにおける人類学者のかかわりあいは、気楽なものに思えるかもしれない。なぜなら、いかに異郷の地で苦労するとはいっても、人類学者はいつでもフィールドを去ることができるからである。かかわりあいのスイッチをオンにするか、オフにするかの主導権は、やはり人類学者の側が握っているのであって、どうしようもなく逃れられないかかわりあいを続けざるを得ない人たちとは、置かれている状況が異なるのではないかという疑問である。

もっとも、IT技術の発展した現在では、たとえばケニアの辺境地域に住んでいるトゥルカナの人たちの中にも携帯電話を所有している者がおり、かつケニアでは携帯電話を通じた送金方法も普及している。つまり、日本にいても、いつでも物乞いされる可能性がある。とはいえ、フィールドワーク中のように、毎日朝から晩まで物乞い攻勢にあうことはないだろう。

この問題に答えるには、ひとりひとりの人間は、単独では生きていくことはできず、他者とのかかわりあいの中で生きていかざるをえないという、冒頭の課題に戻ることになる。かかわりは、同時にしがらみでもあり、かかわりあうことには、つねにはわずらわしさが付きまとう。人間は、生きている限り、それから自由になることはできない。したがって、程度の差はあるにしても、わずらわしさは、だれしもが直面しているのである。問題は、わずらわしさが、たんにわずらわしさのままで終わるのか、あるいはトゥルカナにおける人類学者の経験が示すように、なんらかの社会的で共同体的なものの生成の契機になりえるのかだ。

しがらみやわずらわしさから自由になりたいと思うのは、自然な感情だ。しかし、社会的存在としての人間は、完全に自由な存在になることはできない。ただし、他者とのかかわりあいを通じて、人間は変わることができる。それがいかに微細なものであっても、またどういった方向性の変化であるかはさまざまであるにしても、人間は他者とのかかわりあいの結果、日々変化しているのである。

共同体（コミュニティ）、そして社会は、所与の存在として実在するのではなく、個人間の社会的関係の束の総体であると冒頭で述べた。個人間の社会的関係とは、本書の主題であるかかわりあいと同義であると考えていただいて差し支えない。となると、かかわりあいのあり方が変化しない限り、共同体も社会も変わらない。つまり、かかわりあいのあり方について考えることは、共同体や社会の変革について構想することへの入り口でもあることを指摘して、この序論を終えたい。

注

（1）「イエ社会」については、以下等の優れた研究がある。村上泰亮、公文俊平、佐藤誠三郎（一九七九）『文明としてのイエ社会』中央公論社。ムラ社会についての近年の研究としては、原子力発電所の建設と管理運営をめぐる産官学のつながりを「原子力ムラ」として批判的に論じた開沼博の『「フクシマ」論』（二〇一一、青土社）が知られている。

（2）日本語の翻訳では『ヌアー族』となっている。

（3）正確には、スーダンはイギリスとエジプトの共同統治下にあったが、実質的にはイギリスの植民地であった。

（4）*JASO* 28(1), 1997. Special Issue in Memory of Godfrey Lienhardt, edited by Ahmed Al-Shani and Jeremy Coote. とりわけ、ボナ・マルワル（Bona Malwal）とフランシス・デン（Francis Deng）のエッセイは、リーンハートのディンカ人とのかかわりあいについて論じている。この二人のディンカ人は、スーダンの現代史において重要な役割を果たした政治家・学者である。

（5）現代フランスの哲学者、ジル・ドゥルーズが、著書『差異と反復』（一九九二［一九六八］）や、フェリックス・ガタリとの共著『千のプラトー』（一九九四［一九八〇］）で論じた、「生成変化」（devenir「成る」という動詞）の概念に言及している。

参考文献

エヴァンズ＝プリチャード、E. E.（一九七八）『ヌアー族』向井元子訳、岩波書店。

Kapferer, Bruce (2015) Introduction. Meinert, Lotte, and Bruce Kapferer (eds.) *In the Event: Toward an Anthropology of Generic Moments.* New York: Berghahn Books.

北村光二（二〇一九）「自己肯定的な生き方を支えているもの――トゥルカナ社会における『物乞い』のコミュニケーション」太田至・曽我亨（編）『遊牧の思想』昭和堂、一七－三五頁。

栗本英世（一九九六）『民族紛争を生きる人びと』世界思想社。

――（二〇〇六）「『あなたのクラン名はなんですか？』――変容するアニュワ社会における出自集団」田中雅一、松田素二（編）『ミクロ人類学の実践――エージェンシー／ネットワーク／身体』世界思想社、四〇六－四二三頁。

――（二〇一九）「調査研究の中立性から『かかわりあい』へ――フィールドにおける助ける、助けられる関係から考える」渥美公秀・稲場圭信（編）『シリーズ人間科学2　助ける』大阪大学出版会、一二三－四六頁。

――（二〇二〇）「違和感、不快感と不断の交渉――共生の相互作用的基盤について」志水宏吉、河森正人、栗本英世、檜垣立哉、モハーチ・ゲルゲイ（編）『共生学宣言』大阪大学出版会、三一－五二頁。

Low, Setha M. and Sally Engle Merry (2010) Engaged Anthropology: Diversity and Dilemmas. *Current Anthropology* 51, Supplement 2: S203–S226.

清水展（一九九〇）『出来事の民族誌――フィリピン・ネグリート社会の変化と持続』九州大学出版会。

――（二〇〇三）『噴火のこだま――ピナトゥボ・アエタの被災と新生をめぐる文化・開発・ＮＧＯ』九州大学出版会。

――（二〇一四）『草の根グローバリゼーション――世界遺産棚田村の文化実践と生活戦略』京都大学学術出版会。

――（二〇一四）「応答の人類学」山下晋司（編）『公共人類学』東京大学出版会。

山下晋治（編）（二〇一四）『公共人類学』東京大学出版会。

第I部

かかわりあいの作法

第一章　社会人になるためのフィールドワーク
――人類学の院生がベトナムの農村でかかわりあいの作法を学んだはなし

加藤敦典

一　はじめに

多くの人類学者にとって、最初のフィールドワークの現場は彼にとっての最初の社会勉強の場であり、そこで彼は初めて「社会」人としてのかかわりあいの作法を学ぶことになる。これは、フィールドワークは人類学者になるための通過儀礼であるという古くからの内輪のジョークのことを言っているのではない。本章が主張したいのは、そのようなかたちで人類学者が社会人としてのかかわりあいの基準を現地社会でほとんどゼロから学んでくる以上、人類学者と現地社会のかかわりあいのかたちや、また、そのかかわりあいが彼の研究人生に与える影響については、彼がどのような社会でかかわりあいの作法を学んだかに大きく依存するのではないか、ということである。もちろん、人類学者が学ぶかかわりあいの作法は調査の途上で身につけた方便であって、ホームに戻って人類学者として活動する場面では、また別のかかわりあいの規範が発動する、という考えかたもある。しかし、経験上、人類学者の卵が現地社会で身につけたことと、人類学者という職業人としてのふるまいを私たちはそれほど単純に切り分けることができていない。私のようにベトナムの農村で調査をしてきた人間は、ベトナムの農民のような人類学者になる傾向がある。

文化人類学は相手があることを前提とする学問である。そして、その相手が多種多様であることは人類学者がわざわざいろいろなところに出かけていくことの動機づけとなっている。文化人類学が現地社会に入り込んで、現地社会のやり方を学ぶことによって何かを考える学問なのであれば、まずは人とのつきあいかたの作法や、かかわりあいの作法を学ぶことから人類学者としての現地とのかかわりあいははじまるはずである。

本書の各章では、人類学者と現地社会とのあいだにどのようなかかわりあいが生まれ、それがどのように人類学者としての研究に影響を与えるのかについてさまざまに論じられている。この章では、その端緒となるような、現地社会でのかかわりあいの作法の学びについて描いていきたい。

二　プライベートな動機

私はもともと私的な動機から人類学を勉強しはじめたような気がする。人類学に興味をもったきっかけとしては、妖怪や神話や民話が好きだったとか、臨床心理学に興味を持ちはじめ、世界の諸民族の精神世界に関心をもつようになったといったアカデミックな関心もあったように思う。ただ、それと同時に、高校生のころの私は部屋にこもって勉強をするような学問が自分に向いているような気がしつつも、人見知りの性格を克服するためには無理にでも外に出て人の話を聞くような仕事をしなければならないと思っていた。研究者で、かつ、人の話を聞く仕事として人類学なんかいいんじゃないか、と考えていたように思う。また、自分のことを、自分の基準にとらわれた融通のきかない人間だと思っていたので、フィールドワークをすることで、自分とは合わない人とあえてかかわりあう必要があるようにも感じていた。ようするに、私が人類学を学ぼうと思ったのは、自分の性格を矯正するためだった。人とのかかわりあいを持つためにこの学問を選んだということである。

三　人類学の院生はフィールドで社会人になる

一般に人類学の知的生産の原動力となるのは、自分の常識と現地社会の常識のあいだのギャップであるといわれる。そのようにいうことができる背景には、年端もいかぬ人類学者の卵が、何かしっかりとした常識を身につけていて、それが現地社会で揺さぶられる、という構図がないといけない。だいぶ疑わしい設定である。ことに社会人としてのふるまいについていえば、多くの若きフィールドワーカーは経験ゼロのまま現地に放り込まれるのである。そこで起こることは、カルチャーショックではなく、初学者の学習体験である。

もちろん一般の社会人がそうであるように（社会人というのは日本語に独特の言い回しだろうか？）、私たちは「社会」に出る前から人とのかかわりかたについての何らかの経験をもっている。したがって、異国の地に行って、人づきあいの勉強を始めたところで、現地のやりかたのなかには素直に身につけることができるものもあれば、そうでもないものもある。私自身、日本にいてもベトナムにいても同じようにできるようになった振る舞いもあれば、ベトナム人相手のときだけ、あるいはベトナムにいるときだけ何とかがまんして意識的に振る舞うような作法もある。頭ではわかっていても心情的にできない作法、やろうと思っても技術的にうまくできない作法はたくさんある。おそらく、ある種の作法はネイティブとしての幼少期からの訓練が必要なのだろう。

四　ベトナムの農村でのかかわりあいの作法

四・一　留学、調査許可

私は修士を一年間ほど長くやったあと、博士後期課程に進学してすぐにベトナムに留学した。当時、すでに二五歳だった。それまでアルバイトはしたことがあるものの、社会勉強といえるようなことはしてこなかった。当時の日本（あるいは私が所属していた大阪大学の人類学講座）の大学院生の多くは、研究室のなかで騒いでいるだけで、よその「大人」とはあまりつきあいがないままに修士論文を書き終え、いざフィールドワークということになってしまう傾向があった。ということで、私のような人類学者の卵は、ふつうの社会人よりも数年遅れて「社会」に出ることになる（もちろん、社会人経験を経て修士に入学してくる人もたくさんいた）。

いざ留学するとなると、いきなりいろいろな「大人」のお世話になる必要がでてくる。最初のベトナム短期訪問では、あらかじめ日本国内でベトナム研究関係の先輩に推薦状を書いてもらい、ハノイの大学の研究所の所長に面会し、留学の内諾をもらうということをした。そもそも大学の先生に面会して何かをお願いするという経験がほぼ初めてで、その初めてがベトナムの著名な先生宅への訪問だった。よく覚えているのが、この短期旅行の際に、ベトナムのことを研究している大学院の先輩から、現地に着いたらまずその先生に電話をして「到着しました」と報告し、帰国前にも「明日に帰国します」と電話で報告するように、というアドバイスをもらったことだ。このことをその後も律儀に守ってきたおかげもあって、ベトナムのいろいろな先生がたにそのときどきに助力をお願いすることができているように思う。

その後、正式に留学を開始し、ベトナム語の勉強をしつつ、ハノイの大学の先生がたと現地調査の相談を始めることになった。当時は、まだ、ベトナムの農村で住み込み調査をするにあたっては治安管理上の障壁が高かった。しかし、先生がたは熱心に協力してくれた。もちろん、ハノイの先生がたが私の研究計画をサポートしてくれた背景には、日本のベトナム地域研究者たちとカウンターパート機関との長年の信頼関係があった。先達たちのかかわりあいが、わたしのベトナムでの研究活動を支えてくれていたわけである。

留学して二年目に入ろうかというころに、ハノイの大学の先生に引率してもらい、ハノイから約五〇〇キロメートル離れたハティン省というところに調査許可申請のための出張に向かった。この地域は右記の所長先生の出身地でもあった。所長がハティン省の共産党書記と知り合いだったため、紹介状を書いてもらい、それをたずさえて現地に向かった。党支部の事務局長も所長の教え子で、その案内で書記に面会した。書記は所長からの紹介状を一瞥すると、「彼に最大限の条件を整えるように」と紹介状に添え書きをしてくれた。それを持って、省の下のレベルにある県人民委員会を訪問して調査村宛ての紹介状を発行してもらう。さらに、その紹介状をたずさえて調査村で党書記と人民委員会主席に面会し調査許可をもらうのである（このあたりの顛末は（加藤 二〇一二）に詳述）。

四・二　すべての人を尊重する

調査許可をもらう旅で、私はほとんど交渉せず、ハノイの大学の先生がもっぱら交渉にあたってくれた。そのときに先生から学んだことは、交渉にあたっては、まず相手とのパーソナルな関係の糸口を探すこと、それからすべての人を尊重することだった。

相手とのパーソナルな関係をその場で構築していく作法についてはこんな感じだ。たとえば、最初に省の党書記に電話で面談の申し込みをする際、先生はまず電話越しに「ハノイ国家大学ですが…」と大学の権威を振りかざして取り次いでもらう。しかし、実際に面会する段になると、先生の父方だか母方だかがハティン省の出身だとか、所長の先生とハティン省の誰それは知り合いだとか、ひとしきりそんな話を続け、相手の顔が少しほころんだあたりで、ようやく本題に切り込むのである。それを県の役場でもやるし、調査村の役場でも手を抜かずにやる。

相手を尊重する、というのは次のようなことである。私としては、省の党書記のお墨付きがあり、県人民員会の紹介状があるのだから、調査村ではそれらの書類をもって「どうぞよろしく」とやればよいのかと思っていた。しかし、先生はそんなことはしない。「私たちのハティンは…」「私たちのタックチャウ村は…」と言いながらその場に身内意識をつくりだすことからはじめて、交渉をいちからやりなおす。さきほど書いたように先生の父方だか母方だかがハティン省出身らしいので「私たちのハティン」は間違ってはいない。しかし「私たちのタックチャウ村」は間違っている。しかし、そう言ってしまう。国立大学の権威や上級行政の許可はおくびにもださず、あくまで「私たちの村」での判断を尊重するという態度を示して、ふところに入り込む。ベトナムには「王の法も村の垣根まで」ということわざがある。それぞれのレベル、それぞれのコミュニティには自尊心があって、いくら上からの指示だといっても自分たちの基準で納得できなければなかなか動こうとしない。どこまでいっても相手を尊重することが大事なのだ。

話はそれるが、たとえば、村で家を建てるとき、土台づくりや屋根葺きは村人が総出で手伝いをして片付けるのだが、それ以外の作業は職人を雇ってやってもらう。だいたいは施主の知り合いの職人が請け負って、その知り合いが連れてきた何人かの若者が大工仕事をすることになる。都市部の日雇いの工賃よりはだいぶいい日当をだすのだが、工事の最終日の手前ぐらいになると施主は職人を「尊重」(*tôn trọng*)して宴会をひらくことが習わしになっている。こういうときの職人の宴会は大騒ぎになることに決まっている。そして、最後の日の日当は、逆に職人が施主に「贈る」(*biếu*)ことになる。すなわち日当を受け取らずにただ働きするわけである。人類学らしくいえば、これら一連の儀礼は施主と職人の社会的な地位の格差が一時的に解消されるコミュニタスであり、また施主と職人のあいだの賃金契約がより人格的な贈与交換へと偽装される仕掛けであるといえる。職人を「尊重」して乱痴気騒ぎの宴会を催すことは、日常的な社会秩序を再確認するための一時的な秩序の転倒であり、逆にいえば、平常は職人があまり「尊重」されていないということでもある。そういった尊厳と身分の複雑な関係性を含め、このような「尊重」の作法はベトナムで社会人としてやっていくためには知っておくべきものである。

「すべての人を尊重する」ということは、おそらく日本で社会人としてやっていくうえでも大事なことであるはずだ。私は日本の大学のゼミの学生を連れて毎年ベトナムの農村を訪問している。その際、とにかく誰にでも「あいさつ」と「お礼」だけはするようにと指導している。

四・三　祝ってほしいなら、お前もがんばらなくてはいけない

調査地の人間関係に慣れてくると、宴会に呼ばれることも増えてくる。最初の長期フィールドワークの終盤に集落長の男性の家にインタビューに行ったとき、息子の進学祝いか何かで宴会をするので君も来るようにと招待を受けた。そのときに「そういえば、今日、僕も誕生日なんです」となにげなく言ったところ、「私の家族は君の誕生日を心から祝う。でも、祝ってほしいなら、お前もがんばらなくてはいけない」と説教をされた。実際、彼はいろんな理由をつけては宴会を開いて地元幹部などを接待していた。こういう宴会に招待し、来てもらうことが社会的認知を得るためには重要であるし、出世にもつながるのである。

祝いごとがあれば自分から客を招待して披露するという考えかたは、儒学者が科挙に合格したときに行う「犒《こう》望《ぼう》」(*khao vọng*)がその原型だろう（かつては、そういった祝いごとに際して私財を投じて宴会を催すことが村での義務でもあった）。私も最初のフィールドワークが終わる前に「がんばって」いろいろな人を招いて宴会をした。実際、宴会を開くとなると、誰を誘うかに悩み、誘っても来てくれるかということにやきもきすることになる。当時は携帯電話もないので、実際に家に行って「調査が無事終了した感謝の意を込めて今日の夕方に宴会をやるのでぜひ来てください」というわけだが、目上の人には自分で誘いに行かないといけない（目下の人には家の子どもなどの使いの者を送ってもよい）。誘いを受けるか、適当に理由をつけて断るか、どの宴会に先に顔をだしてどの宴会にあとから行くかなどは、ときに双方の威信の度合いをはかる政治的な駆け引きにもなる。

私個人としては、日本に戻ってからも、何か自分に良いことがあったら、こちらからお世話になっている人に

連絡するようにしている。この点においては、ベトナムで学んだかかわりあいの作法がいまでも自分の身を助けているように思う。

四・四　頼みごとのタイミング

写真 1-1　奥の棚のお披露目に客を招く

さて、ふつうの宴席であれば、顔をだして、飲み食いして、談笑して、食い散らかして帰ればいいだけだ（そうすることが、招待してくれた人のメンツを立てることになる。へんにお礼などを言ってはいけない）。しかし、何か具体的な頼みごとがあって人を食事に招待する場合もある。ベトナムの人の言い方によれば、ただお願いをするのではなく、相手を「尊重」して食事に招待したうえで、お願いごとをするのだという。中国の場合でも同様なのだそうだが（Szto 2013）、こういったときには、食事の招待に応じること自体がすでにお願いごとを受諾したことになるという了解があるようだ。とはいえ、お願いごとを切り出すタイミングは難しい。宴会が終わって、まさに席を立って帰ろうとするタイミングで、手短かに「〇〇のこと、よろしく頼みますね」と言うのがスマートである。このタイミングなら、相手も「わかった、わかった」という感じで応じてくれる。このタイミングを覚えると、ベトナム人の大人になったような気がするものである。

四・五　貸したものを返してもらう方法

さて、お願いごとの話である。人に何かを貸したり、借りたりということは村のなかで生活していればよくある話である。だいたいにおいて、自分が使っていないものは、快く貸すべきである。たとえば、私が調査地の村から町にでるとき、距離にして一〇キロメートルぐらいなので自分の自転車で行ってもよいのだが、居候先の義理の「兄」の奥さんが家のバイクを使いなさいと言ってくれることがよくあった。「兄」は村の人民委員会で働いていて、役場までは歩いて一〇分ぐらいある。歩けないこともない。そうすると「兄」の立場としては「弟」に貸してくれと言われたものを断ることはできないようである。とはいえ、「兄」のほうからしても、あとからやはりその日にバイクが必要だったということはあるわけで、そうすると、彼は隣の家のおじさんからバイクを借りて仕事に出て行ったりするはめになる。こういうスワッピングはよく起こる。持てる者は持たざる者に貸し与える義務のようなものがある。とりわけ、庇護の対象となるべき目下の者からの依頼には快く応えるべきである。

借りたバイクをいつ返すか、ということだが、これは相手が「使うから返して」というまでは借りたままでもよい。ベトナムにいて、貸したものが自動的に返ってくるとは思わないほうがいい。

よく外国人が疑問に思うのは、ベトナムの人はそれほど高所得でない人でも、平気でバイクや家などを買っていて、お金はどこから出てくるのか、ということである。家の建築費など高額なものなら銀行からの借金も大きなウェイトを占めるが、基本的には家族、友人、知人からの借金が元手となっていることが多い。使っていないお金があるなら貸すべきなのである。そして、相互の都合にあわせて貸し借りを連鎖させる以上、利子などはとるべきでない。そうすると、借金を取り立てるのがたいへんである。返済期限などないわけだから「使うから返して」という理屈で借金取りをしなければならない。私が調査をしていたときも、年末に居候先に親族の夫婦が訪ねてきて、年末のあいさつにしては何もしゃべらず空気が重いなと思っていたら、借金取りだったことがあった。とくに交渉をするというわけではなく、押し黙って座っているだけである。居候先の「兄」がしびれをきらして「ない！」と答えるが夫婦は帰らない。その年は、ほんとうに返す金がなかったのか、最終的にはおとなしく引き取ってもらっていた。もちろん、こういう場合でも、先方の家族の入院費が必要だとかもっと切羽詰まった事情があれば、私の「兄」はどこかから借金してでもすぐに借りを返していただろう。

ただ、貸したものは放っておくと返さずに自分のものにされるのかというとそんなこともないようで、最初の現地調査のときに、近所のおばさんから二〇万ドン（当時の相場で約二〇〇〇円、物価の感覚からすると日本での一万円ぐらいに相当）を貸してくれと言われ、しかたなく貸したところ、おばさんは居候先の「兄」には言わないでねと念押しして小躍りして帰っていった。たぶん貸したきり戻ってはこないだろうな、と忘れかけていたところ、調査が終わって村を離れる数日前にあちらからきっかり二〇万ドンを返しにきてくれた。返してくれというまでは返さないとはいうものの、貸し借りの連鎖が永遠に途切れるのではないかと思われるときには負債の精算をしてくれるのかもしれない。

こういう貸し借りのありかたについては、所有や交換の問題として人類学の研究テーマになることもある。ここではそういった議論ではなく、さしあたりベトナムで社会人として生きていくうえでは、こういった作法に慣れておかなければならない、ということを指摘しておきたい。

四・六　故郷に錦をかざる

ベトナムでは科挙合格者が「栄帰」（vinh quy）をはたし出身の村に帰ったおりに、村に対して何らかの寄付・寄進を行った。現在のベトナムでは、なんらかの出世をしたとしても、まずは近しい家族・親族への援助や恩返しが優先である。地域や一族に対しては、ときどきの寄付などを積極的に行う程度の貢献で十分である。

そんななか、私の調査地には石油会社で働いてとんでもない成功者になった人がいて、彼は地元の困っている家のお店の商品をまるごと買い取って助けてあげたり、大きな御殿を建ててその管理・運営（庭の手入れなど）の仕事で地元の人を雇ったり、といったことで地域貢献をしており、村の人から大いに尊敬を受けている。

ただし、お金をたくさん出せば尊敬されるというわけでもない。村出身の高名な歴史学者（私が留学していた研究所の所長）が村の共産党支部の歴史の編纂に協力した際、印刷代も出しましょうということで村の役人たちに「五〇〇部だけでいいか？」と言って資金を出してくれたのだそうだ。地元の行政幹部たちはこれにいたく感服していた。五〇〇部の印刷代はもちろん安いわけではないが、それほど大金でもない。故郷への貢献といっても、そのなかにも人びとの琴線に触れるような支援のかたちというものがあるのだろう。

五　プライベート、ソーシャル、パブリックなかかわりあい

五・一　プライベート

ベトナムの農村でフィールドワークをしてきたことは、私の人生にとっては良かったことのように感じている。自分の性格を少しでも柔らかくしてくれたように思うし、人とのつきあいかたやかかわりあいかたも学んだ。人見知りもなんとか克服できた。

ベトナムの農村で学んだかかわりあいの作法は日本でも使っている。職場の人たちにきちんとあいさつをすることとか、何かうれしいことがあればこちらから連絡をしてお礼をするとか、いろいろなことにルーズであろうとすることとか、そういったことは日本やベトナムで社会人として生活していくうえで役に立っている。同じようなことは、日本で社会人教育を受けていても身についたかもしれないが、私はこれらをベトナムの農村で学んだように思う。

五・二　ソーシャル／ローカル

では、調査地の人々とかかわる人間として、このようなかかわりあいの作法はどのように作用しているだろうか。

私としては、ベトナムの農村の人たちのあいだでかかわりあいの作法を学び、それを実践することで、それなりには現地社会に溶け込むことができてきたと思っている。曲がりなりにも同じ村に二〇年近くにわたってほぼ毎年通い続けているのは、人類学者としてもわりとめずらしいことではないかと思う。少なくとも「もう来るな」と言われないようには努力してきたつもりである。

ただし、私が本当に現地社会において社会人として認められてきたのかについてはあまり自信がない。最初の現地調査が終わりに近づいたころ、村の有力若手幹部から次のようなことを言われたことを覚えている。いわく、私は君をあまり評価していなかった。ベトナムの若者たちは過酷な条件のなか日本に行って働いている。それに比べると、君は村でのんきに暮らしていただけじゃないか、と。私はどうにも返答ができなかった。ただ、君がコミュニティに「なじんで」(*hoà nhập*)いたことは認める、と。今になって思えば、調査・研究の手段として行うべきラポールの形成が、私にとってはフィールドワークの第一の目的になってしまっていたことを見抜かれていたわけである(私が人類学に関心をもったプライベートな初発の動機を思い出してもらえばわかる)。

では、何をすればよかったのか。あるいは、いまから何をすればいいのか。上記の幹部の視点からすれば、何をするにせよ、ベトナムの若者たちのようにしっかりと刻苦勉励する姿勢が必要だったのだろう。逆に、私が何を調査・研究するかは、現地の人たちにとってはそれほど重要なポイントではなかったような気がする。もちろん、現地社会とのかかわりあいのなかで切実な問題に直面し、そのかかわりあいのなかで調査・研究を行うことを促される場面が私の研究人生に訪れることがあるかもしれない。そのときがくるまでは、まずは自分の仕事をしっかりこなす姿を見てもらうことが第一だと思う。

もちろん、私としても、現地社会におけるかかわりあいのなかで、できるだけのことはしようと思ってきた。

地域ケアの促進をめざす国際プログラムの対象地として私の調査村を推薦し（その調査成果として、たとえば（Tran 2016））、これまでにお世話になってきた現地の行政幹部を日本への視察に招くといったこともしてきた。ただ、こういったことが何らかのかたちで現地とのかかわりあいの答えになっているのかどうかについては確信が持てないでいる。

また、現地の人びとも、お互いに与えられるものをすべて与えあっているわけではない。適当に断ったり、はぐらかしたりしている。バイクやお金はある程度は気前よく貸すのだろうが、就職先のあっせんや進学先の紹介といったことをめぐるギブ・アンド・テイクには慎重である。どこまで引き受け、どう断るかといった作法は、私自身がこれからそれなりに社会的地位を得ていくなかで、あらためて勉強していかなければいけないことである。かかわらない作法を学ぶことも重要である。

五・三　パブリック

人類学者はいろんな場所に出かけ、いろいろなことを学び、身につけて帰ってくる。言語を学び、いろいろな作法を学び、制度や規範を学び、さまざまな実践場面をつぶさに見学して戻ってくる（もちろん、どこにも出かけなくても、よい人類学はできる）。そういった学びのなかで、とくに、かかわりあいの作法についての学びは多くの人類学者にとって特別なものなのではないか、というのが本章での主張であった。つまり、それは最初に現地で学ぶことであるとともに、多くの若い人類学者にとって、そもそも社会人としてのかかわりあいの作法についてはフィールドで初めて学ぶことが多いのではないか、ということである。

もちろん、こうして学びとってきたかかわりあいの作法は、決して本人にとって唯一無二の基準になるわけではない。自分の生まれた社会での社会人としての作法、自分が学生として勉強している国での規範、アカデミックな人類学者としての職業倫理など、いろいろなものをブレンドしつつ、自分なりの基準を身につけていくことになるはずである。

問題は、現地でのかかわりあいの作法と職業人としての人類学者のふるまいかたの作法を切り分けて考えるべきか、ということである。もちろん、現地社会での人づきあいは調査のための方便であって、そこで何を調査し研究するか、また、それを現地社会にどのように還元するかは「こちらがわ」の職業倫理の問題である、という考え方もありえる。少なくとも、パブリックな職業人としての人類学者が、ベトナムの農民のように振る舞ってはいけない場面があるのはたしかである。

他方、各人が現地社会で身につけたかかわりあいの作法は人類学者として振る舞う場面でも積極的に維持されるべきだ、という考えもありうる。人類学者が文化の多様性にこだわる学問であるとすれば、人類学者としての社会とのかかわりあいのありかたの多様性についても率先してこだわりをみせるべきだというわけである。

おそらく、現地社会とのかかわりあいが人類学に対して何を生みだすかについての一般的な答えを出すことは難しい。人類学者にとって現地社会でのかかわりあいは調査のための方便である、というみかたについては、たしかに最初はそうかもしれない。しかし、やがて、調査を進めていくなかで、それではすまないことになる可能性は高く、また、そういったかかわりあいのなかで人類学の調査・研究のテーマとスタイルが変わっていく場合も多い。それは、プライベートな営みでもあり、現地社会とのローカルでソーシャルなかかわりあいのなかのできごとでもあり、また、職業人としての人類学者のパブリックな応答責任にも結びつく問題である。本書のなかにもそのような事例はいくつも紹介されている。

私自身は、人類学の勉強を始めて二〇年以上たっているが、いまだにプライベートな動機で始めた人類学からあまり離れることができずにいる。とはいえ、貯めこんだ負債を「返してくれ」と言われる切実な場面があれば、すぐにでも返済しなければいけないという気持ちはもっている。そういう規範は、現地社会での学びのなかで身につけてきたつもりである。

参考文献

加藤敦典（二〇一二）「地方行政機構―集権と分権のはざまで」今井昭夫・岩井美佐紀（編著）『現代ベトナムを知るための六〇章（第二版）』、明石書店、二九六－三〇〇頁。

Szto, Mary (2013) Contract in My Soup: Chinese Contract Formation and Ritual Eating and Drunkenness. *Pace International Law Review* 25 (1): 1-42.

Tran, Thi Minh Thi (2016) Life Arrangement and Care Provision of Left-behind Elderly in Vietnam: Case Studies in Two Communes in Quang Ngai and Ha Tinh Provinces. *Vietnam Social Sciences* 175: 36-50.

第二章「かかわりあい」における酒飲み、「かかわりあい」としての酒飲み
――中国の「酒の場」から人間関係を考える

賈　玉龍

一　はじめに

「かかわりあい」とは、「時間が経過するにつれ、人類学者はよそ者であると同時に内部者であるような存在に変化していく」という過程の総体である。この中には、人類学者と個別なインフォーマントとの「つながり」の形成と、人類学者と調査対象者の所属する社会の間の構造的な「へだたり」の超越が両方含まれている。本章では、中国湖北省のフィールドでの酒のつきあいを通して、私自身と調査対象の関係がどのように変化していくかを考察する。

中国の酒文化は、社交と飲食儀礼において非常に大切なものである。中国国内での調査経験談において、「酒飲み」は人気の話題である。しかしながら、大学の制度や経費の不足などの制限により、中国国内の自文化研究者は情報収集の効率を重視し、「酒飲み」を効率的に人間関係を築く手段として扱う傾向がある。これに対して、人類学者の周雨霏（Zhou Yufei）は以下の異議を提起している（周　二〇二一）。

専門外の人にとっては、フィールドワーカーをめぐるステレオタイプ的な印象は以下のようである。フィールドに着けば、すぐ現地人（とりわけ幹部）と食べに行く。酒を飲んだ後、互いに親しくなり、相手側は数世代にわたるプライバシー情報を（フィールドワーカーに）徹底的に教えてあげる。酒を通してフィールドワークをはじめた人がいるのは確かで、一部の人には有効であるかもしれない。しかしながら、人類学の教員が得意気に、酒飲みを調査方法として学生に教えることを聞くと、私はなんとなく苛立ちを覚える。（中略）フィールドワークにおける人間関係と個人（人類学者）のあり方をめぐる想像自体（酒がつなぐ人間関係）が、単純すぎる。

フィールドに十分時間をかけて滞在して、現地人とラポール関係を築くことができれば、注意深く観察できれば、自分の心で他者を理解できれば（理想的である）。社交をめぐる円滑なテクニックは表面的な短期調査に有効であるが、人類学の参与観察はちょうどその逆である。（参与観察には）時間、意味のわからない時間、つまらない時間、（フィールドワーカーを）現地の雰囲気とリズムに溶け込める時間（が必要である）。

周は「酒飲み」を表面にとどまるフィールドワークの典型として批判した。私は長期間にわたる付き合いによってラポール関係を構築するという彼女の意見に賛成する。しかしながら、彼女は酒をめぐる文脈の多様性を指摘したものの、フィールドワークにおける「酒飲み」を情報収集の手段としてのみ捉える傾向があり、「酒飲み」をめぐる理解には不十分な部分が残されている。そこで本章では、「酒の場」における「タテ」と「ヨコ」の人間関係から、フィールドワークにおける酒飲みを考える。

二　フィールドの初印象

二〇一六年八月、私は博士課程研究の予備調査のために、中国湖北省随州市に赴いた。調査地の随州は華中地域に位置し、緯度は福岡よりちょっと南のところである。中国の国土面積は広く、各地域の間に相当の差異を有している。私は中国人ではあるが、故郷のハルビンは東北地域に位置し、札幌よりも緯度が高いところにある。故郷から二二〇〇キロメートルも離れる「異郷」に着くと、方言や自然環境などで慣れないことが多かった。

地域性のほか、都市と農村の分断も無視できない要素であった。中国では、第二次産業、第三次産業を中心とする都市と、農業を中心とする農村の間で、経済発展の程度も生活様式も大きく異なっている。私は都市に生まれ育ち、短期の旅行を除いて農村に泊まる経験さえもなかった。私にとって、調査村のすべては見知らぬ存在であった。さらに、一九五〇年代から実施された戸籍制度により、都市民と農民という二つの身分制度が人為的に作られた（秦 一九九五：九五）。一九九〇年代になってから、都市戸籍を取得する困難さは低くなりつつあるが、都市と農村の「非対称性」は中国人の意識において依然として根強い。私の「かかわりあい」は、こうした背景のもとに展開した。

二〇一七年五月、私は再び随州に赴き、博士論文の長期調査を始めた。私を歓迎するために、北海道大学修士課程時代に同期だった男が、武漢から故郷の随州に帰ってきた。私の調査がうまくいくように、同期は現地のホストとして、同世代の親友を数人呼んで、一緒に「去喝点（飲みに行こう）」と誘った。一般的には、夕食を誘う中国語表現にはニュアンスの微妙な違いがある。「去吃个飯（ご飯を食べに行こう）」とは、夕食の中心は食べることにあり、その場の雰囲気で「軽く飲む」可能性もある。「去喝点（飲みに行こう）」とは、「酒飲み」は夕食に必須であるものの、酔っ払うまで飲む必要がない。「好好喝点（ちゃんと飲もう）」とは、「酒飲み」は夕食の主たる行為であり、「喝好（参加者が満足するまで飲む）」は期待された結果である。[1]近年の中国では、経済発展の影響により、都市部では社交や業務などで避けられない飲み会が大幅に増えており、酒は体に負担をかけるという印象が強くなっている。これに加え、中国政府の反腐敗運動は、酒飲みのマイナス・イメージを再生産しつつある。私は酒を飲める人間であるが、普段はあまり酒を飲まないし、好きとも言えない。

中国での学部時代、私も友達たちと「飲みに行った」ことがある。お互いの関係が近くて、職場での利害関係も存在しなかったため、雰囲気は比較的リラックスできるような感じであり、酒を飲むかどうかも個人次第であった。同期の友達たちも二〇代後半の同世代なので、当時の私は、当然「去喝点」を若者の飲み会として捉えた。酒を飲み始めると、雰囲気は盛り上がって、同期と友達たちが積極的に酒を勧めてくれた。私は雰囲気を見て、酒を遠慮なく飲むことにした。最終的には、みんな多めに飲んだ（一人で五〇％の白酒一本弱・約四〇〇ミリリットル）。私は同期を家まで送ってから、歩いて帰った。帰宅の途中で、同期と友達たちは酒の強い人ばかりだと感嘆した。[2]

翌日の朝、同期から電話が来て、「飲みすぎて体調不良にならなかったか」と聞かれた。「特に問題がない」と返事をすると、同期は前日の友達たちはみんな酔っ払ってしまって、タクシーで吐いた人もいるという話をされた。そこで、私は自分が参加者の中で唯一の学生だったことに気づいた。私以外のみんなは社会人として飲むことに慣れていて、前日の「去喝点」を多少なりとも「酒局（jiujv）」（酒宴）として扱っていた。一般的には、「酒局」では「主（ホスト）」、「客（ゲスト）」、「陪（付き添い）」という三つの役割がある。[3]「主」は酒宴のホストであり、参加者を誘う役割を果たす。「客」は「主」の誘いで来たゲストであり、酒宴の主役である。「陪」はホスト側の友達であり、「客」が満足するまで酒を勧める役割である。社会人経験のない私を除いて、みんな自分の役割分担に明確な認識を持っていた。「よそ者」である私は、「飲み会」の雰囲気に合わせて酒を飲もうと考えていたが、自分の誤解で「主」と「陪」を最後まで飲ませてしまったのだった。

この歓迎会をきっかけに、私は「よそ者」としての立ち位置に明確な認識を持つに至った。長期調査の間、酒および他人との関係について慎重な態度を取った。予備調査の段階を顧みると、私は区政府の幹部である親戚の紹介により、鎮・村の幹部とコンタクトをとることができた。そして幹部たちの協力で、私は調査村のある農家に住み込むことができた。中国の政府システムには、ピラミッド的な上下関係が存在している。「上司」の紹介で村を訪問した私は、調査の初段階から幹部たちに温かく受け入れられたが、それは単純な親愛によるものではなかった。鎮・村の幹部は私を通して「上司」との距離感を縮め、仕事上の利益を得ることを図っていたのである。私は政府関係の事情に巻き込まれたくはなかった上に、村民から「政府寄り」の人間（幹部との接触が頻繁）とみられたくもなかったので、鎮・村の幹部と一定の距離を取ることにし、酒をめぐる誘いを断った。

三 「予想外」のフィールドワーク、「かかわりあい」における酒飲み

三・一 学生か、幹部か

漢族農村をめぐる先行研究において、宗族は主要なテーマとして注目されている。この傾向は日本の学界で特に顕著である。戦前・戦中の農村社会学者たちは、「日本・地縁・村落共同体」との対比により、「中国・血縁・父系出自集団」というステレオタイプな認識を定着させた（瀬川 二〇一六：一九ー二〇）。一九八〇年代以降も、漢族農村をめぐる民族誌は依然として宗族を中心に展開された。以上のような研究の「伝統」を踏まえ、私は宗族の構造と機能、およびその現代的変容を調査項目として設定した。

調査村の呉家寨では、六〇〇年以上の歴史を持つ呉氏宗族は新族譜を発行しており、宗族文化が復興しているように見えた。当時の私はこの村が宗族を研究するための最適な調査村だと信じていた。しかしながら、長期調査をはじめてすぐに判明したのは、二〇一〇年代の村落社会において、宗族はさほど重要ではないということであった。新しい調査方向を確定するために、私は世帯調査とインタビューを通して世帯状況と個人のライフ・ヒストリーを確認することを試みた。

調査村における常住人口のほとんどは五〇代以上の中高年層である。私と同世代の若者や壮年層は中学・高校を卒業して出稼ぎ労働に従事するか、または大学を卒業して正社員として会社に就職するという二者択一的なパターンを取っている。したがって、「よそ者」であるかどうかを別にして、三〇歳前後の私が日常的に村にいると

いうのは、村民にとってかなり異常なことであった。とりわけ六〇代以上の村民の認識（計画経済の時代にとどまっている）において、「大学生」である私は卒業すると（二三歳前後）国家に分配される職位と「幹部」の身分を獲得できる存在であった。このように、私はいくら調査目的と学生の身分を説明しても、村民からは上級政府によって村に派遣された「幹部」として認識されていた。

調査を開始した当時、「精準扶貧」という貧困援助プロジェクトが村民の関心を集めていた。貧困世帯と認定された村民は、教育、医療や農業生産などの面で経済的なメリットが得られるため、「貧困世帯認定」をめぐる一定の競争意識が村民間に存在していた。調査村においては、貧困世帯が全体の四割を占めていたため、競争意識は特に激しかった。私はこうした村をめぐるさまざまな情報に興味を示したが、その結果村民に各世帯の経済状況を調べに来た「扶貧幹部」（貧困援助プロジェクトを担当する幹部）と認識された。調査の初段階、数人の村民たちが私を囲んで自分の世帯状況（人口、生業）を紹介し、「我が家は貧困だから、貧困世帯と認定して」と頼んできたことがあった。私が貧困援助のことには関わっていないと説明すると、村民たちは私が「学生」とフィールドワークの名目で「扶貧幹部」の身分を隠し、村民の経済状況をこっそり調査しているのではないかと不信感を持つようになった。彼らの態度は急に冷たくなり、日常的なお喋り程度にしか私と話さなくなった。それは、世帯の経済収入が貧困世帯の基準を上回ることが確認されれば、貧困世帯の資格が撤回されるからである。村民の不信感は、フィールドノートの取り方にも影響を及ぼした。村民たちから見れば、政府幹部は通常、仕事をしながらノートに記録するので、ノートを持つこと自体が村民に警戒心を抱かせることとなった。私は仕方なくノートを使うことをやめて、ノートの取り方を工夫することにした。調査村の村民たちは至るところでスマートフォンを使っているので、私も目立たないように、スマートフォンのメモ機能を使ってノートを取ることにした。スマートフォンが使いにくい場合、頭の中で暗記して食事の後にパソコンに入力する手法も採った。上記の状況は長期調査の最後まで続いた。こうした経緯で、私は第一段階の調査の重点をプライバシーにかかわる世帯状況から村の基礎情報と冠婚葬祭をめぐる慣習に変更した。そして日常的な相互行為から村民たちとの信頼関係を育てることで、長期調査の基礎が固まっていくことに期待した。

三・二 飲むか、飲まないか

私の大家は七〇代の男性Aであった。A夫婦は村で農作業に従事し、四〇代の息子は随州市内で働き、一〇代の孫は鎮の小学校で寮生活をしている。ほかの村民とは異なり、大家夫婦は私を避けることはしなかった。Aは私の調査目的を村落の歴史と民俗として理解し、できる範囲で協力してくれるという態度を表明した。

漢族農村の調査経験談では、村民たちとともに畑仕事をすることは、知識人とみなされる人類学者と農民の距離感を縮めるのに有効であると述べられていた（韓 二〇一五：八〇－八一）。それは、複数人の村民が同じ畑で共同作業する傾向にあり、農作業にかかわることで多くの村民と接点を持つことができるからである。というわけで、私も数日連続で大家夫婦と一緒にマクワウリの収穫作業に参加した。しかしながら、調査村では積極的に農作業をする村民が少なく、農作業に行っても大家夫婦以外に会える人はわずかであった。むしろ、大部分の村民は、一日の大半をお喋りや麻雀などの余暇に費やしている。農作業に参加する私は、むしろ村の中で少数派であった。調査の進展について悩んでいた頃、大家は夕食の席で私を酒飲みに誘った。

当時の私は、フィールドワークを「仕事」として扱い、どのように村民たちに受け入れられるかという問題に頭を悩ませていた。都市の文脈では、「政府幹部」としても、「学生」としても、仕事中に酒を飲むことは悪い印象を与えるに違いない。また、村に入ったばかりの私は、大家が私を「都会から来たゲスト」として招いていたかもわからなかったため、大家に迷惑をかけること（「主（ホスト）」は「客（ゲスト）」が満足するまで飲む必要がある）を心配していた。さらに、記憶だけでフィールドノートを取るのは困難であり、酒飲みはノートの整理に影響を与えるに違いない。以上の理由から、私は「仕事」を言い訳として大家の誘いを断り、大家から「酒の飲めない」人と思われるようになった。

写真 2-1　都市の焼肉屋での「飲み会」（筆者撮影）

一週間後、大家の五番目の弟Yが、数日後の家族宴会へ誘いに大家を訪ねてきた。Yは青年時代に軍隊に入った経験があり、引退後は鎮の幹部となっていた。五人兄弟の中で一番見聞の広い人物である。Yを除いて、ほかの兄弟たちはみんな村で農業に従事している。Yは見知らぬ私に興味を示し、都市での経験について色々と喋った。別れた時、Yは私を一緒に家族宴会に招いてもよいかと大家に頼んだ。

宴会の当日、私と大家がYの家に着くと、Y夫婦はすでに料理を準備していた。しばらくして、兄弟たちが全員揃い、互いに挨拶してから席に着いた。Yが兄弟たちに酒を注ぐと、兄弟たちは多くは飲めないと言いながら、それぞれ酒杯をとった。すると、Yは私にも酒を勧め始めて、「家族宴会だから（酒をめぐる）ちゃんとしたルールはない。礼儀にかかわらなくても良い。少しでも酒を飲んでみんなと楽しもう」と説明した。

当時の私は、「酒局」で同期たちに迷惑をかけたことに依然として後悔していて、酒に慎重な態度をとっていた。しかし、私は大家兄弟の息子の世代に相当し、宴会での一番若い参加者として、上の世代の誘いを拒絶するのは失礼にあたる。また、この時の宴会は家族宴会ということもあり、「主」と「客」の区分がはっきりしていなかった。Yは私を宴会の主役ではなく、たんなる面白い若者、あるいは大家の随行者として扱っていた。こうしたことから、私はYの好意に甘え、他人に迷惑をかけないように、みんなと同じペースで酒を飲むことにした。

宴会の後、大家たちは少し酔っ払ってしまい、あまり酔わなかったのは私だけであった。これをきっかけに、私は大家から「酒の飲める人」と思われるようになった。村に帰った後、大家は夕食で再び「小酌（軽く飲む）」を誘い、「酒で勝負するわけではなく、一人飲みはつまらないから」と説明した。二週間弱の付き合いから、大家は普段から酒をよく飲んでいたが、あえて私を招待していなかった、ということは、はっきりとわかった。また、毎回の「小酌」は一杯（一〇〇ミリリットル）の白酒（四五％）ぐらいで、飲み過ぎには至らない。社交とノート整理のバランスを考え、私は大家と週一回軽く飲むと約束した。日常的に私の質問に答えるほか、大家は「小酌」で自分の人生経験と村落社会の変容について話し、私の調査項目に的確なアドバイスをしてくれた。私にとって、「小酌」はフィールドを理解するための重要な切り口であった。

三・三　「殺豚宴」と「かかわりあい」

大家のアドバイスをもとに、私は第一段階の調査で村落の基礎情報を把握することができた。また、この調査と同時に、村の小、中学生に無料で家庭教師をすることにより、一部の村民との距離を縮めることも試みた。第二段階の調査では、私は大家の紹介で世帯調査を試みた。しかし、先述の不信感によって調査協力を拒絶した世帯が多くあっただけでなく、事前に用意した調査項目が村の現状に合致しないことに途中で気づいた。一年目のフィールドワークはこのあたりで終わったが、もとの調査計画は一連の失敗に遭遇し、体系的なデータを収集できなかった。これに加え、調査の新しい方向性もなかなか見えない。私は焦るようになり、調査村ないし研究プロジェクト自体を変更することさえも考えはじめた。

二〇一七年一二月、大家は隣人Cが主催した「忘年会」に誘われた。私の調査をよりスムーズにするために、大家はCと交渉し、私を連れて宴会に参加した。当時の私は、調査の進展の遅さのゆえに落ち込んでいたものの、社交の範囲を広げなければ、調査はうまく行かないと十分に認識していた。

写真 2-2　村の「忘年会」（筆者撮影）

当日の昼、私と大家はC宅に到着し、しばらくしてから、十数人の隣人たちが揃った。席につくと、みんなは雑談を交えながら酒を飲んでいた。私のそばにいたのは、五〇代の男性Zであった。私が日本留学していた博士課程の学生と知ると、Zは誇りを持って自分の子供たちについて喋りはじめた。Zには三人の子供がいる。長男は私と同じ歳で、大学院の修士課程を修了して、昆明（雲南省の省都）の会社に就職した。長女は私より一歳下で、修士課程修了後、湖北省内の研究機関に就職した。次女は私より三歳下で、学部を卒業した後、杭州（浙江省の省都）の会社で働いている。調査村では、大学に入学できる若者は三割ぐらいで、大学院を修了した人はわずかしかいなかった。大部分の村民は学部と大学院を区別できない。こうした環境において、Z家は村でめずらしい高学歴家族であるに違いない。自分の子供たちの同世代で類似した勉学経験があるせいか、Zは私に親切な態度を示し、頻繁に酒を勧めてくれた。知らないうちに、私もZも多めに飲んだ（五〇％の白酒四〇〇ミリリットル）。私の調査が行き詰まっていると聞くと、Zも子供たちの学生時代の昔話を紹介し、私を励ました。宴会の最後、Zは私の調査に協力すると承諾した。

二〇一八年一月、私はZの誘いに応じてZ宅を訪問した。Zは自分の個人史と家族の歴史を紹介し、子供たちの学費を捻出することの難しさを嘆いた。私が結婚をめぐる慣習と贈与関係にも興味があると聞くと、Zは娘が結婚した時の「礼帳（lizhang）」も見せてくれた。「礼帳」とは、冠婚葬祭のホストがもらった全ての「礼」（礼金・ギフト）とその贈与者をめぐる正式な記録である。ホストにとって、「礼帳」はたんなる経済的な収入ではなく、主要な社会関係を表したものでもある。「礼帳」をめぐる慣習は中国各地で見られるものの、それは家族の重要なプライバシーにかかわるため、人類学者の調査対象となるのはめずらしかった。注意すべきは、Z家の「礼帳」は私が長期調査で見た唯一の「礼帳」だということである。Zとの相談で、調査村における家庭生活をめぐる認識を深められただけでなく、行き詰まったフィールドワークについて再び希望を抱くようになった。

三・四　日常としての「小酌」

「忘年会」の後、私は世帯調査を中止し、年末年始の慣習を中心に調査を進めた。この時期は農閑期でもあるため、私は村民の余暇活動にも気づくようになった。第三段階の調査およびそれ以降、私は調査の焦点を日常生活に変更し、村民たちは生産と余暇のなかでどのようにつながる／つながらないのかという問題に関心を持つようになった。村民の日常をめぐる連続的な民族誌的資料を収集するため、私は大家夫婦を中心に、一日中、特定の人に徹底的な随行するという形で調査を進めた。農繁期では、大家夫婦の労働時間も長かったため、大家夫婦と同じ程度で労働する必要はないものの、私の体力的な負担は大きかった。さらに、村民たちのスケジュールはかなり柔軟で、随行調査も同等の柔軟性を備える必要があった。こうした状況は、私の集中力にとっても大きなチャレンジとなっていた。

随行調査をするなかで、村民の日常生活における柔軟性は生業の不確実性に由来することに気づいた。農作物の収穫状況が天気変動の影響を受けるのはいうまでもなく、農民の現金収入も農作物の販売価格の変動に密接に関係している。こうした環境では、農民たちは、農作業のスケジュールと農作物販売のタイミングを柔軟に調整するために、変動しつつある天気状況と市場での価格に持続的に注意を払わなければならない。日々の生活を記録すると同時に、私も大家夫婦の視点から、生産情報の収集など不確実な環境での生活戦略について考え始めた。この段階になると、私は焦ることなく、随行調査だけに集中していた。

二〇一八年五月、一日の作業を終えた大家は、再び私を「小酌」に誘った。酒を飲むと、肉体労働から逃れた（生理的）「解放感」と、一日の仕事を完成した（心理的）「充実感」が出てきて、私はようやく大家の「一人飲み」の満足感を理解できた。その後、私と大家は週一回の約束にこだわることなく、気分に応じて飲むようになった。酒を飲むかどうか、酒をどれぐらい飲むかは当日の気分と個人的な意志によるものである。口で話さなくても、私も大家も互いに一日の仕事を終えた後のリラックスした気分を理解できる。このように、「小酌」はラポール関係を構築する手段ではなくなり、日常的な村生活の一部となった。

農作業への長期間の参加により、私は一部の村民から信頼されるようになり、「記者のような仕事をしている大学生」として認識された。多数の村民はセンシティブな情報（収入状況など）に触れない範囲で協力してくれるようになった。二〇一九年五月までの調査で、私は村在住の二一世帯を対象に世帯調査を実施できた。そして長期調査で収集したデータをもとに、私は博士論文を完成させ、二〇二〇年三月に博士学位を取得した。

四　「かかわりあい」における酒飲み、「かかわりあい」としての酒飲み

四・一　タテの「酒局（jiujv）」とヨコの「飲み会」

調査の初段階では、私は中国での社会人経験が欠けており、同期が用意した「歓迎会」をインフォーマルの「飲み会」として扱い、同期（と友達たち）の「勧酒（quanjiu）」（酒を勧める）を自発的な行為として捉えていた。それに対して、同期たちは多少なりとも「歓迎会」をフォーマルな「酒局（jiujv）」として扱い、「勧酒」と「陪好（peihao）」（ゲストが満足するまで飲む）をホスト側が尽くすべき義務として捉えていた。認識のずれにより、私は雰囲気に合わせて飲み続け、同期たちは「陪」のプロセスで飲まなければならなかった。私の誤った判断は、同期と友達に迷惑をかけた。

中国では、「酒飲み」は「タテ」と「ヨコ」という二つの側面がある。フォーマルの「酒局」では、参加者の間

に公的な「上下関係（タテ）」と明確な役割分担（主、客、陪）が存在している。下位の従属者にとっては、「酒飲み」は上位の庇護者の信頼を獲得することを目的としている。上位者の視点から見れば、多めに酒を飲む人は誠実で私心がなく、上位者への忠実感が溢れていると認識される。こうした文脈において、「酒飲み」の「量」は下位者の目的達成に密接に関係し、「喝好（hehao）」（満足するまで飲む）は往々にして「喝倒（hedao）」（倒すまで飲む）として理解される。

インフォーマルな「飲み会」では、参加者の関係性は私的領域における「平等関係（ヨコ）」であり、役割分担もはっきりしていない。こうした文脈では、感情的な交流というプロセスと「質」が功利的な目的達成よりも重要であり、「酒飲み」の「量」とは直接関係しない。結果として、「喝好」は「交心（jiaoxin）」（心をかわす）として理解される。

西洋の認識論では、理性と感性の二項対立が自明な基盤となっており、「感情」を「非理性」と捉える考え方が主流を占めている。この傾向に対して、人類学者の張慧（Zhang Hui）は、中国（あるいは東洋）の認識論は二項対立的なものではなく、理性と感性は複雑に絡み合っていると指摘した（張 二〇一六）。たとえば、中国語の「人情（renqing）」の概念は、合理的な計算と感情的な親密さを両方含んでいる。一見すれば「非理性」的に見える行為のなかでも、合理的な部分が入っている。こうした視点から見れば、中国の文脈における「酒飲み」も「理性」と「感性」を両方含んでいる。「酒局」と「飲み会」ははっきり分けられるものではなく、互いに浸透している。「酒局」は、功利的な目的達成のほか、タテの「上下関係」に感情の交流と平等性を導入する側面がある。逆に、「飲み会」での「交心」も、目的達成の手段に変化する可能性がある。

四・二　「かかわりあい」としての酒飲み

フィールドワークの初期段階で、私は都市の文脈に応じて、「酒飲み」を構造的関係に基づく「酒局」として扱い、慎重な態度をとった。当時の私には、大家が自分を上位の政府幹部、あるいは遠いところから来たゲストとして「招待」したのかどうかが、わからなかった。タテの「酒局」は短期調査で情報を効率的に収集できるものの、その代価として「よそ者」という身分の固定化を引きうけなければならない。構造的な身分を離れる上で、調査対象者との非対称的な関係性を再構築できなければ、フィールドワークはたんなる人類学者による一方的な情報「搾取」に過ぎなくなる。こうなると、人類学者と個々人のインフォーマントとの対等な「つながり」も、調査対象者の立場をもとにした他者理解も存在し得ない。

時間が経過するにつれて、私の村落社会の文脈をめぐる認識はどんどん深まった。私が「政府幹部」として扱われないことを確認するために、私は村民たちと対等な関係で酒を飲もうと試みた。結果、村での「私」は身分で規定された抽象的な存在から、たとえば大家の弟からは「面白い若者」、隣人からは「自分の子供と近い就学経験を持つ大学院生」と見られるといったように、「生身の人間」に変化した。「家庭宴会」と「忘年会」での酒飲みも、交流を中心とする飲み会に近い感覚となった。こうしたなかで、私と大家の「小酌」も、情報収集の手段から、感情交流のプロセスに変化した。

二年目のフィールドワークになると、私は村の日常生活をより深く理解することができるようになった。随行調査の中で、私は大家と一緒に農作業の疲れを体験しながら、天気の変化と農作物の販売価格の変動に関心を持つようになった。この段階では、大家との「小酌」は、情報交換と感情交流を目的とするものではなく、各自で疲れを和らげる手段となっていた。このように、酒飲みは週一回の約束にこだわるものではなく、臨機応変的な村生活における不可欠な一部となっていた。

一節で述べたように、調査の効率性を重視した人類学者たちは「酒飲み」を情報収集の手段として推奨した。しかしながら、こうした方式は、インフォーマントを情報提供する客体として扱う傾向があり、人類学者と調査対象者の構造的な非対称性を乗り越えることも、人類学者と調査対象者の平等的な「つながり」を築くこともできない。自分のフィールドワークを顧みると、村民との距離が一番近かったのは、「仕事」と「調査者としての身分」を脇において、村民と付き合っていた時であった。この時、私にとっての村民も漠然とした「調査対象者」から「生身の人間」に変化した。この点から見れば、「飲み会」と「小酌」を通した感情の交流は、人類学者を「生身の人間」に変化させることにおいて有効であるといえる。

注

（1）私の観察によれば、「軽く飲む」は限界の三割以下、「飲む」は限界の六割ぐらい、「ちゃんと飲む」は限界に近い程度である。

（2）中国の東北地域はツングース系民族の居住地であり、モンゴル系民族の居住地である内モンゴル自治区に近い地域である。現地は少数民族の影響を受けて、酒を好む傾向が強い。中国において、東北地域は酒の強い人を輩出する地域として知られている。私の観察によれば、「酒の飲める」基準は東北地域では白酒一本（五〇〇ミリリットル）あるいはビール一〇本、華中地域では白酒三〇〇ミリリットルあるいはビール六本である。

（3）別の言い方において、参加者は「陪（付き添い）」と「客（ゲスト）」という二つのカテゴリーに分けられる。付き添い側で「酒局」を計画したホストは「主陪」といい、ほかの人は身分の上下関係と主題との関連性により、「副陪（二番目の付き添い）」や「三陪（三番目の付き添い）」と呼ばれる。ゲスト側も主題との関連性により、「主賓（一番目のゲスト）」や「二賓

（二番目のゲスト）」や「三賓（三番目のゲスト）」などと呼ばれる。宴会では、参加者の席は役割分担により決められる。

参考文献

韓敏（Han, Min）（二〇一五）『大地の民に学ぶ：激動する故郷、中国』臨川書店。

秦兆雄（Qin, Zhaoxiong）（一九九五）「農村から都市への遠い道」、曽士才・西澤治彦・瀬川昌久（編）『アジア読本・中国』河出書房新社、八八－九五頁。

瀬川昌久（二〇一六）「宗族研究史展望―二〇世紀初頭の『家族主義』から二一世紀初頭の『宗族再生』まで」瀬川昌久・川口幸大（編）『〈宗族〉と中国社会―その変貌と人類学的研究の現在』風響社、一五－六一頁。

张慧（Zhang, Hui）（二〇一六）『羡慕忌妒恨：一个关于财富观的人类学研究（Windfall Wealth and Envy in Three Chinese Mining Villages）』社会科学文献出版社。

周雨霏（Zhou, Yufei）（二〇二一）「我〝失败〟的藏语学习经历3（私の「失敗」したチベット語勉強経験3）」『不由自知』（https://mp.weixin.qq.com/s/R0u5nNAcJ7-YVYSjFb-oLg 最終閲覧二〇二一年二月一三日）。

第三章　理性と感情
――ベトナムの漁村における韓国人人類学者の経験から

李　俊遠

一　ベトナムとの出会い

人間は一人で生きることはできず、他人だけではなく、別の生命体とともに生きなければならない。かかわりあいの形成は人間の生の基礎であり、生は新しいかかわりあいの連続である。かかわりあいは多様な形態を持っており、その形成にはさまざまな要素が影響を与えている。一度形成されたかかわりあいは固定されておらず、変化する。

異文化を研究する人類学者は異なる文化的背景を持つ人びとと頻繁に接触し新しいかかわりあいを形成しており、それは研究の基礎になる。人類学者がある社会を調査し分析するためには、そこに入り、気づまりを克服し親密なかかわりあいを作らなければならない。人類学者にとって異文化との接触は必然のものであり、その過程で多様なカルチャー・ショックを経験する。彼らがカルチャー・ショックを受ける理由は言語や食べ方の差異など多様であり、カルチャー・ショックは両面的な性質を持っている。カルチャー・ショックがないと、その文化に対して疑問を持つことが難しく、ショックが大きすぎると、調査ができなくなる。そこで生活することができないためである。カルチャー・ショックそのものは否定的なものと見なされるかもしれないが、それは文化の多様性と文化の間の差異を理解するための土台になる。

私は韓国人であり、留学生として二〇〇四年から大阪大学大学院で学び、大学院在籍時にベトナムで現地調査を行った。私がベトナムに対して初めて関心を持ったのは学部生であった一九九二年頃である。私は当時、韓国のある新聞社が紹介したベトナムに派遣された軍人の話を読み、ベトナムについて知りたくなった。その後、ベトナムの歴史とホーチミンに関する本を読んだ。私が本格的にベトナムを研究し始めたのは日本に留学した後のことである。韓国で修士課程を終え留学先を探した時、日本でもベトナムに関する研究が多くなされていると聞き、日本への留学を決めた。私が留学のために日本に行ったのは二〇〇二年であり、二〇〇四年に大阪大学に入り、修士課程からベトナムの言語と文化に関する研究を始めた。私にとって、日本という見慣れない場所とベトナムという見知らぬ場所の間の往還はたやすいことではなかった。二つの言語を同時に勉強し、二つの生活方式に適応しなければならなかったためである。

初めて見た日本の姿は見知らぬ面もあったが、なじみやすい側面もあった。中学生まで漢字を勉強した私にとって、日本語は他の言葉より勉強しやすく、日本の気候も韓国と似てるため、生活しやすかった。日本とは異なり、ベトナムでは多くのカルチャー・ショックを受けた。二〇〇五年春、私は初めてベトナムに行った。ベトナムに対する第一印象は、人びとの表情が非常に強張っていることであった。ノイバイ空港で働いている人びとの中で笑っている人はいなかった。初めの何日間かはハノイのあちらこちらを見物した。その後、ベトナムを研究している日本の研究者たちに会い、ベトナムの研究所と研究者を紹介してもらった。彼らのなかで私の研究に大きな影響を与えたのは、当時社会科学院に在籍していたゴドゥックテイン（Ngo Duc Thinh）先生であった。私は彼からベトナムの市場と漁村に関するさまざまな情報を得た。そして、彼は「タインホア省（tinh Thanh Hoa）にあるサムソン（thanh pho Sam Son）は美しい海岸を持つ有名な観光地でありながら、伝統的な方式で漁業を行っているため、面白い場所である。だれも研究していないし、あなたが研究したらどうか」と提案してくれた。それを聞いた後、私はすぐサムソンに行った。

サムソンはハノイから一六〇キロメートルほどの距離にあるが、当時は道路があまり発達していなかったため、バスで行く場合約六時間かかった。[1] 当時サムソンは発展した観光地ではなく、伝統的な漁村であった。信号などはなく、道にはバイクが多く、観光客のための施設はあまりなかった。私はサムソンにある小さなホテルに泊まり、村を歩きながら人びとがどのように生活しているのかを観察し、海岸で働いている漁民と話をした。

二〇〇五年の初めての出会い以降、私は二〇〇七年から本格的な人類学的現地調査を行った。サムソンのチョンソン区にあるホテルに泊まりながら、村の人びととかかわりあいを作りながら、彼らの文化を学んだ。二〇〇九年一月に日本に戻り、博士論文を書いた。その後も毎年ベトナムに行き、サムソンにもよく足を運んだ。

ベトナムでの生活は「なぜ」という問いの連続であった。初めてハノイに行った時、私はまだ言語、気候、交通、食べ物などに慣れていなかった。ベトナムの人びとの行動の中には、私にとって不思議だと思われることが多くあった。たとえば、私がものを買うためにハノイの店に入った時、従業員たちは何の反応も示さなかった。商品について尋ねても、彼らは無視するだけであった。資本主義的市場経済で生まれ育った私にとって、こうした態度は不思議に思われた。

私にとって、日本もベトナムも異文化の空間であるが、日本でカルチャー・ショックが少なかったのは、日本は母国の隣国であり、儒教文化を共有しており、自分から見慣れないことを探そうとしなかったためである。一方、ベトナムは研究対象地域であるため、私は意図的になじみのないことを探し、疑問を持ち、それに対する答えを探そうとした。

二　異邦人から〝村の人〟に

近代の学問の世界において重視されるのは研究者の中立性であり、研究対象と密接な関係をもつことはよくないとみなされてきた。すなわち、研究者の中立性は研究対象を「研究対象」として扱い、人間的な相互作用の対象とみなしてはいけない（栗本 二〇一九：二四）。研究対象が人間であっても、人格体ではなく対象として扱わなければならないと考えられてきたのである。

学問の世界において、中立性は分野によって異なる意味を持つ。物理学のような自然科学では人間の主観が入る余地が少なく、研究者と研究対象を分離できるが、人類学者と現地の人びとは実験室の中の研究対象とは異なり感情と理性を持っており、相互に作用する（Ingold 2014）。重要な方法論として現地調査とインタビューなどを使用する人類学者にとって、研究対象と一定の距離を保ち客観的で中立的な姿勢をとることは不可能である。人類学者は現地調査を行う間、現地の人びとと感情的な経験を共有し、現地の人びとの経験、日常、実践、記憶などを理解するのである（Demerath 2019）。現地調査の過程で人類学者は外部の人でありながら、内部の人であり（Van der Pigl 2016：2）、同時に異なる二つの世界に参加する特別な状況に置かれる（Wagner 1981：17）。現地の人びとも人類学者との相互作用を通じて、外部の情報を獲得し世界をみる別の視点を学ぶことがある。人類学者がある地域に入る時、体だけでなく、彼が持っている背景も一緒に入り、それは人類学者の意志と関係なく、地域に影響を与える。私が初めてサムソンに現地調査に行った時、地方の漁村であってもすでに韓国のドラマが普及しており、韓国に対して関心を持つ若者が多かった。彼らの中には韓国での生活について質問してきたり、韓国語を学びたいと話したりする者もいた。

人類学者の現地調査は、見知らぬ関係から親密な関係を作ることから始まる。現地調査を円満に行い必要な情報を得るために、現地の人びととラポール（親密な関係）を形成しなければならない。それを形成し信頼を重ねた後、期待する研究のデータを得ることができ（栗本 二〇一九：二四）、その文化を解釈することもできるのである。

私は二〇〇七年一二月からサムソンで公式的な長期間の現地調査を行った。まず、ハノイ大学で一か月半ぐらいベトナム語を勉強しながら、サムソンの人民委員会に現地調査の申請をした。一二月に許可がおりて、すぐサムソンの人民委員会の主席と会って話をし、泊まる場所を決めた。私は漁民の家に泊まりたかったが、危ない目にあうかもしれないので、元軍人が経営しているホテルに泊まるようにという主席の進言を受けて、そのようにした。そのホテルは海岸の近くに位置しており、周りに漁民の家があるため、彼らの日常生活と経済活動を観察するのに便利な所であった。そのホテルを経営する夫婦はサムソンの出身であり、彼らの兄弟もここで生活し、何人かは漁民であった。そのため、ラポールの形成がしやすかった。

二〇〇七年私がサムソンに行った時、現地の人びとは私を「オン　リ（Ong Lee）」と呼んだ。「オン」とは「おじいさん」であり、一般的に年寄りに対して使う言葉であるが、私の場合、博士課程に在籍していたためそのように呼ばれた。私は現地の人びとに「私はまだ若いので、オンという言葉は合いません」と言った。その後、彼らは私を「チュ リ（Chu Lee）」と呼ぶようになり、今もそのように呼んでいる。チュは「おじさん」という意味であり、一般的に自分の父親より年下の男性をそのように呼ぶ。私の呼称からわかるように、最初私が現地に入った時、私と現地の人びととの間には一定の距離があった。私は親密な関係を形成するため、毎日会う人びとに挨拶をし、海岸に船が入ると、その停泊を手伝った。当時サムソンには船を停泊させる装置がなく、四～六人が船を押して停泊させなければならなかった。

そのようにして一週間ほど過ぎたある日、一人の漁民が私に「一杯飲みましょう」と誘ってきて、彼とお酒を飲んだ。その後、他の漁民も私を家に招待してくれて、彼の家に行ってまた飲んだ。ところが、酒を飲みすぎて自転車に乗ってホテルに戻る時、倒れてけがをしてしまった。次の日の朝、その話がすでに村の人びとに知れわたっており、私は海岸に行くのが怖かった。なぜならば、サムソンでは酒を飲みすぎるのは良くない行為とみなされていたためである。ところが、私が海岸に行くと、予想外のことが起きた。何人かの人びとが以前と異なり、私に向かって親しい言葉をかけ、親しい振る舞いを見せた。ある人は「昨日は飲みすぎたでしょう。今日も一杯飲みましょう」と話しかけてきた。私は現地の人びととの距離が縮まったと感じた。なぜならば、以前はあまり私に声をかける人はおらず、冗談を言う人もいなかったためである。私が酔っ払った次の日から、現地の人びとは私を同じ人間として扱うようになった。それ以降、私は現地の人びとと親しくなり、一部の人は私を地元の人間として受け入れた。ある日私が歩いていた時、他の地域から来たベトナム人が地元の人に「あの人はだれ」と尋ねた。その地元の人は「ここの人だよ（ウンオイ オ デイ、nguoi o day）」と答えた。それを聞いて私は彼らが自分を村の人として受け入れてくれたと感じた。

現地の人びとと人類学者との関係は、意図した通りに進行するのではない。私の場合、失態になったと心配した事件がむしろ良い関係を築くきっかけになった。人類学者が調査できる期間は決まっているため、現地調査は意図的にラポールを形成することから始まる。しかし、意図的に親密な関係を作ると言えど、それは偽善的に現地民と接することを意味するのではない。

ラポールの形成とともに、人類学者の現地調査に影響を与えるのがキーインフォーマントである。子供たちを含め現地にいるすべての人びとがインフォーマントであり、その中でも中心的な人がキーインフォーマントである。だれがキーインフォーマントになるのかは、人類学者の現地調査に大きな影響を与える。地域で評判がよい人がキーインフォーマントになる場合、調査がうまくいく。「牛は牛づれ馬は馬づれ」という表現からもわかるように、人びとは彼が付き合う人を見てその人を判断するのである。評判がよい人がキーインフォーマントとなると、周りの人はその人類学者もよい人として見なす。

私のキーインフォーマントは地元の名士ではない一般の漁民である。私が泊まっていたホテルを出るとすぐ隣が彼の家であり、毎日顔を合わせて話をしていたため、自然にキーインフォーマントになった。彼は村の歴史と海での作業について多くの知識を持っていた。そして、後になってわかったが、彼は村での評判がよい人であり、多くの人びとが彼の家に遊びに来た。そのため、私は自然に多くの漁民に会えた。彼は四人の子供をもち、末子は私が現地調査に入った時に生まれた。父親は海で作業をし、母親は市場に行き、兄弟は学校に行っており、家には誰もいなかったので、私はよくこの末子の面倒を見た。母親は市場に行く時、「もし赤ん坊が泣いたら、面倒を見てくれませんか」と言ってきた。そういうわけで、私はよく彼を抱えながら、海岸に行って調査をした。それを見た地元の人の中には、「お父さんと子供ね」と冗談を言う者もいた。サムソンでの現地調査は緊張の連続であったが、時々面白くかわいいしぐさをするその子のおかげで、私もよく笑うことができた。

キーインフォーマントを含め、現地の人びとは人類学者の研究対象であり、師匠であり、友達でもある。現地の人びともそのような関わりを理解している。たとえば、私と一人の漁民が漁村の文化について話していた時、隣で聞いていた彼の妻が夫を指しながら、「教授であり、博士だ」と言った。私が彼に漁民の文化について質問し、彼が答えていたためである。現地調査の過程で人類学者は大人でありながら、物事をあまり知らない子供として現地の人びとと接触し彼らの文化を学ぶ。Rosaldo（1988）によると、人類学者は完璧な意味での子供ではないが、これと似た形で別の文化に入る。人類学者は子供と異なりすでに文化的背景を持っており、自分の文化を効果的に内面化した大人として別の文化を学ぶ（Wagner 1981 : 16）。

三　調査における難しさ

ラポールが形成された後にも、人類学者と現地の人びととの間の緊張は続いており、時々お互いの行為と話に対して疑問をもつこともある。たとえば、私は韓国人であるが、辛いものと刺身を食べない。すると、現地の人びとは私が本当に韓国人かと怪しんだ。私が漁民たちの家に行くと、彼らは刺身を準備していた。私が「私は刺身を食べられません」と言うと、漁民たちは「あなたは韓国人なのになぜ刺身を食べられないのですか。テレビドラマを見ると、韓国人はよく刺身と辛いものを食べています。なぜあなたは食べられないと言うのですか」と尋ねた。私が韓国人の中にも刺身を食べない人がいると答えても、彼らはあまり信じていなかった。私が刺身を食べた後、アレルギー症状が出て薬を塗っているのを見てから、私が刺身を食べられないのを信じるようになった。

私が刺身を食べられないと話した時、一部の人は自分の好意が無視されたと感じたようだった。私がアレルギーがあるため食べないと話してからは、誤解が解けた。サムソンでは客を招待した時、多くの食べ物を準備し、客はそれを美味しく食べることで、歓待への感謝を表現する。飲食を共にすることは人とのかかわりあいを作るよい方法であり（Peters 2019）、準備した料理を食べないことはかかわりあいを作るうえで好ましくない行為である。

現地調査の過程で、人類学者も現地の人びとの説明を無批判に受け入れるのではない。時々彼らの話の真実性が疑われることも生じる。サムソンの場合、現在はクラゲを獲らないが、二〇〇八年にはそれを獲って加工し中国に輸出していた。当時多くの漁民がクラゲを獲って高い収入を得ていた。それで私は彼らに「クラゲを食べるのですか」と聞いた。一部の人は「クラゲの刺身はおいしい」と話した。私はサムソンでは魚だけではなくクラゲの刺身も食べていると思い、それについて調査しようとした。ある日、一人の漁民がクラゲの刺身を一緒に食べようと誘ってきた。彼の家に行くと、一〇人ぐらいの人が集まっていた。クラゲの刺身が準備された後、人びとは一緒に食べましょうと言いながらも、だれも食べず、互いに顔色をうかがっていた。私が「なぜ食べないのですか。みんなおいしいと話していたでしょう」と尋ねると、主人が「おいしいが、あなたが客だから、先に食べてね」と言う。このような行為は一般的に刺身を食べる時とは異なる。魚の刺身を食べ

写真 3-1　博士課程で調査したサムソンの海岸

る時は、料理が出たらすぐ食べる。それで、私は再びそれを食べたことがあるのかと尋ねた。一人を除く、皆が食べたことがなかった。私が以前なぜクラゲがおいしいと話したのかと聞くと、彼らは笑った。最初私が彼らにクラゲを食べるのかと質問した時、普段と同じように真面目に「おいしい」と答えたため、彼らが冗談で話していると思わなかった。しかし、彼らは私と親密な関係になり、冗談を言ったのかもしれない。このことがあった後、私は彼らの話を聞く時、特によく冗談を言う人の話を聞く時は、事実を確かめるようにした。

人類学者が現地調査を行う時、現地の人びととの関係がよいからといってすべての問題を解決できるのではない。予想できない事件あるいは事故に巻き込まれることもある。私が経験した一番怖かった事故は、犬に噛まれたことである。ある日、サムソンの人民委員会の副主席に一杯飲もうと誘われて、自転車に乗って彼の家に行った。彼と酒を飲んだ後、ホテルに戻る道で犬に噛まれてふくらはぎから出血した。私は狂犬病に関する知識を持っていたため、怖くなった。それで、次の日の朝ハノイにある病院に行った。医師は一か月半で五回の注射を打たれなければならず、打ったとしても病気にかからないとは限らないと話した。私は怖さをかかえてサムソンに戻った。周りの人びとは私に「犬に噛まれたのですか。私も噛まれたことがあります。心配しなくてもいいよ」と話しながら、自分の傷を見せた。何人かは以前犬に噛まれて死んだ村の人について話した。犬に噛まれて一か月半ぐらい過ぎて突然死んだという。狂犬病の場合、治療薬がないため、かかったら死ぬ。犬に噛まれて一か月ぐらいが過ぎてからはもっと怖くなり、寝苦しくなった。私は一人の人間として自分の生を振り返りながら、その時期まで調査したものを整理した。それが自分がすべきことだと思ったのである。幸いなことに、狂犬病にはかからず、調査を続けることができた。

四　〝村の人〟でありながら、研究者のまなざしを維持する

現地で長期間住み、現地の人びとと親しくなっても、調査を順調に行うためには、研究者のまなざしを維持しなければならない。はじめて現地に入った時、人類学者はそこにあるすべてのものを知らず、面白いものとして感じるが、滞在の時間が長くなるにつれその文化に慣れてしまう。人類学者にとって、ある文化に慣れたことはその文化をある程度理解したことを意味するが、もう一方では新しくて面白いものを発見しにくい状態に陥ってしまう可能性もある。人類学者を含め多くの人びとは自分が持っている文化について疑問を持たず、自然に行為を行う。人類学者が現地に長期間住むと、その文化に慣れ、それを自然に受け入れてしまう可能性があるのである。常に現地の文化を見知らぬものとして捉え、疑問をもつように努力しなければならない。私は現地で調査する間、三か月に一度は必ずそこから離れ別のところに出かけた。現地との距離を維持しようとしたのである。

人類学者は現地調査を通じてある地域の文化を認識しているが、その地域にあるすべての構成要素が「文化」として見なされるのではない。たとえば、ベトナムに行って、伝統的な服であるアオザイを着ている人とブルージーンズを着ている人を見たら、アオザイはベトナムの文化であり、ブルージーンズはそうでないと見なす可能性が高い。ブルージーンズもベトナムの衣服文化を構成する一つの要素であるが、その服が多くの地域に存在し、その地域特有のものではないため、文化として見なされないのである。

人間である人類学者にとって、文化は二つの方式で認識され、自分の文化と異なる独特な属性を持つ文化が研究対象になることが多い。一つは可視的な文化であり、もう一つは不可視的なものである（Rosaldo 1988）。可視的

な文化は「特徴をもつ独特な文化」として認識されるものである。不可視的な文化には二つの種類がある。一つは、存在するが見る人の文化と似ており、目立つ差異点があまりないため、文化として認識されない文化である。もう一つは、制度のような文化を構成する要素がない社会の文化である。

「特徴をもつ独特な文化」は人類学者が現地調査に入った時、カルチャー・ショックによって可視的なものになる（Wagner 1981: 17）。つまり、慣れない慣習と行為を経験すると、衝撃を受け、彼らはなぜそのような行為を行うのかという疑問を持ち、分析の対象になるのである。カルチャー・ショックによってある文化が持っている独特な部分を感じることができるが、それはその地域の文化の全体ではなく、一部である。カルチャー・ショックによって感じた部分は研究対象になりうる可能性が高く、研究者自身の文化と同じものは非可視的で研究対象から抜け落ちる可能性が高い。私も初めてベトナムに行った時、可視的な文化を探そうとした。つまり、資本主義とは異なる社会主義が持っている特徴と面白いと感じられるものに焦点をあてて調査を行い、それがベトナム文化の典型的な形態だと思っていた。しかし、私の目に独特な現象として見えたのはベトナムが持っているさまざまな特徴の中の一部分に過ぎない。市場経済の導入以後、ベトナムでもグローバル化と欧米化が進行し、世界のさまざまな文化が輸入され、韓国と似ている部分も多かった。それにもかかわらず、独特で可視的な部分だけを強調すると、ベトナムが持っている多くの部分を逃してしまうことになり、ベトナムの文化を歪曲する可能性もあるのである。特徴を持っている部分だけに限定し研究してはならず、我々と似ている現象も研究対象として分析しなければならない。

そして、ある社会が持っているすべての文化と行為がその地域を体現する「文化」として定義されるのではない。彼らが持っている多くの行為と実践の中で「文化」として定義されるのは「文化」の地位を獲得したものだ

写真 3-2　サムソンの海岸の日の出

けである。初めから「文化」と定義されるものはなく、「文化」として定義される過程を経ている。この過程は分離と排除を含み、一部は文化と定義され、一部は排除される。「文化」としての地位を占めるものは権力をもち、そうではないものは存在してもその価値を失ってしまう。

「文化」として定義される過程では、さまざまな主体と要素が影響を与える。地域の人びとだけではなく、人類学者も文化を規定する重要な主体になる。つまり、人類学者によって命名されたものがその社会の代表的な文化になることがある。私がはじめにベトナムに行った時、「ベトナムは刺身を食べない社会である」ということが一般的な認識であった。なぜならば、多くの人びとが農村を研究しており、そこで行われる多様な慣行がベトナムを代表する「文化」の地位を占めていたためである。ベトナムでは農村の文化が中心とされ、漁村の文化は存在するものの、文化として認識されなかった。しかし、ベトナムの海岸地域では人びとは以前から刺身を食べていた。漁民たちは「我々は昔から刺身を食べていたが、農村では食べなかった。海岸から遠かったからだ」と言う。

「文化」が作られる過程で排除された文化を取り戻し、ある社会が持っている多様な文化を包括するためには、文化そのものが単数ではなく「諸文化」のように複数であることを認識しなければならない。同じ地域でも階層、世帯、性別などによって異なる文化を持っており、同じ現象であっても主体によって解釈が異なるためである。

写真3-3　私のキーインフォーマントとその家族

五　サムソン、故郷になる。

人類学者は初めて現地に入った時、意図的に努力し現地の人びととのかかわりあいを作るが、長い時間一緒に生活すると、お互いに「tinh cam（ティン カン、感情）」を共有するようになる。「tinh cam」は親しい関係にある人びとの間で自然に生じるものであり、彼らの間に物質的な支援関係をもたらす（Shohet 2018: 61）。

私はサムソンで長期間の現地調査を終えた後も、継続的にそこに行き、今でも現地の人びととのかかわりあいを続けている。最近サムソンに行くと、ある人は「まだ調査するものが残っていますか。この村についてまだわからないことが残っていますか」と尋ね、ある人は「故郷に遊びにきたのですか」と言った。今や私にとってサムソンは故郷であり、現地の人びととの会話の内容も身辺の話が多い。

初めてサムソンに行った時、私は研究者として彼らの生活と文化について質問し、話の中心は彼らの社会経済的生活であった。最近はお互いの日常生活が話の中心になり、私の生活に対する質問も多い。彼らは「いつ来ましたか」「結婚しましたか」「いつまでいますか」などと質問する。私が「まだ結婚していないです」と答えると、彼らは「年寄りになったら、どうするのですか。子供がいないと、だれが面倒を見てくれますか。早く結婚した方がいいよ。紹介しましょうか」と言いながら、結婚をしない理由を聞く。そうすると、私はただ笑う。私がサムソンに行って一番よくされる質問は「結婚したのか?」である。サムソンの人びとにとって一番重要なのは結婚し家庭をつくることなのだ。ある人は「お金を稼いで結婚することが一番重要です。それだけです」と明言した。

六　研究者とはだれか／研究者とはなにか

私とサムソンの人びととのかかわりあいからわかるように、人類学者と現地の人びとは感情をもつ存在であり、それは両者の関係の形成だけではなく、ある現象に対する人類学者の分析にも影響を与える。人間である人類学者は感情を持っており、現地でそれが表れることもある。私は現地調査を行う際、よいことが生じたら喜び、悪いことが起きたら怒り、自分の感情を表現した。ある日、現地のホテルでシャワーを浴びる際、電気温水器が漏電し、感電してしまった。ホテルの人に修理を頼んだが、その次も同じことが起きた。それで、彼に腹を立てた。また、大きな悲しみに陥ったこともある。ある日、ホテルで昼ご飯を食べていると、外から大きな声が聞こえた。何かが起きたのかと思いながら、外に出た。人びとが海岸で集まっており、中には泣いている人もいた。

一人の漁民に「何が起きたのか」と尋ねると、彼は「一人の若い漁民が死んでしまった」と言った。一般的に波が激しい時、漁民たちは海に行かない。しかし、彼には妊娠した婚約者がおり、早くお金を稼いで家を買って結婚をしたかったため、天気が良くなくても海に出た。魚を獲った後、海岸に戻る際、船が転覆して死んでしまった。彼は私の知り合いでもあり、その日は悲しみに陥り、調査ができなかった。

人類学者は理性だけを持っている存在ではなく、直感と感情を持っている。ある現象を見る時の気分や感情も、解釈に影響を与える。相手が同じ行為を行っても、人類学者の気分によってその行為に対する解釈が変わることがある。気分がよいと良い方向で解釈し、気分が悪いと悪い方向で解釈する可能性がある。このような感情の介入を最小化し、現地調査を終えた後、なぜ当時そのように分析したのかを明確にするために、私は現地調査の時には日記を書き、その中でその日の自分の気持ちを明確に記録する。私がサムソンで現地調査の時に書いた日記には、あまり書きこんでいないページがある。冒頭の部分には日付と天気を記録し、次の行には「気持ちがよくない」とだけ書いている。その日の朝、私は調査のために海岸に行った。そこで、ある若者が来て私に「外国人だから、村から出ていけ」と言ってきた。周りの人びとが大丈夫かと聞いた。私は大丈夫だと話したが、気持ちがよくなかったため、宿所に戻った。もう一度調査に行こうかとも思ったが、その日は調査をしないと決めた。なぜならば、気持ちがよくない時に調査をしたら、現象に対する歪曲が生じる可能性があるためである。人類学者は自分を感情がないものとみなしてはならず、むしろ解釈を行う時、自分が持っている感情を明確に表す必要がある。

近代以降、理性、合理性、客観性、誠実、進取性、モラルなどは肯定的なものであり、感性、主観性、非合理性、停滞、虚偽、不徳、無能力などは否定的なものとしてみなされた。前者は人間が持つべき徳目であるが、後者は制御しなければならない対象になった。近代は感性より理性を重視しており、合理的で客観的な人間は正しいが、感情的で節制できない人は管理と統制の対象になった。

近代で作られた人間に対する評価によって、人間が持つさまざまな要素の間の非対称性だけではなく、研究者の間にも非対称性が生じてしまった。人間はさまざまな感覚器官をもっており、多様な感覚を動員しないと、ある現象を感じて判断するのに限界がある。近代の研究においては主観性を排除し、客観的に分析しなければならないというが、感性と主観性を完全に排除し研究する人は存在しえない。人間である研究者は合理性だけではなく感性を持っており、失敗、憤慨、不満、空想、不注意などから抜けることはできず（Motta 2019 : 357）、それは彼らの日常生活だけでなく、研究にも影響を与える。研究者として他の文化を学び研究する時、理性だけが作動するのではなく、直感と感性も作動する。

近代に入り、客観性と理性が、研究の遂行にあたって何より重視すべき指針であるかのように見なされるようになった。たしかに、客観性や理性、論理、「正しい」研究と研究者などについて、調査の折々で立ち止まって考えることは必要ではあろう。しかし、それにとらわれるあまり、なぜ研究をするのかを自問したり、事実を表すよい方法は何であるのかを考察することを後回しにしてはいけない。研究の目的は、事実を発見する作業にある。客観性はそれをもたらすための一つの姿勢にすぎず、理性と合理性に基づいた解釈もまた、私たちが持ち合わせている多くの答えの中の一つにすぎない。

近代は人間が持つ多様な属性が分離されていると見なし、理性主義者たちは完璧な客観性について主張してきたが、私たちはもはや、これが破棄すべきフィクションであることを知っている。人間は多様な属性をもつ存在であり、分離できない全体で構成されているのだ。研究者も人間である。私はこれからも、ひとりの人間として調査地の人びととかかわっていく。

注

（1）　村の社会と経済については、李（二〇一〇）を参照。

参考文献

Demerath, Peter（2019）“Maximizing Impact in Anthropology and Education: Capitulations, Linkages, and Publics,” *Anthropology & Education Quarterly* 50(4) : 448–458.

李俊遠（二〇一〇）「漁業における経済システムの変化に関する人類学的研究」大阪大学博士論文。

Ingold, Tim（2014）“That’s enough about ethnography!,” *Hau: Journal of Ethnographic Theory* 4(1) : 383–395.

栗本英世（二〇一九）「調査研究の中立性から『かかわりあい』へ―フィールドにおける助ける、助けられる関係から考える―」渥美公秀・稲場圭信（編）『シリーズ人間科学2　助ける』大阪大学出版会、二三一－四六頁。

Motta, Marco（2019）“Ordinary Realism: A Difficulty for Anthropology,” *Anthropological Theory* 19(3) : 341–361.

Peters, Erica J.（2019）“Power Struggles and Social Positioning: Culinary Appropriation and Anxiety in Colonial Vietnam,” Ehlert Judith and Nore Katharina Faltmann (eds.) *Food Anxiety in Glabalising Vietnam.* Palgrave Macmillan（https://doi.org/10.1007/978-981-13-0743-0）. pp. 43–75.

Rosaldo, Renato（1988）“Ideology, Place, and People without Culture,” *Cultural Anthropology* 3(1) : 77–87.

Shohet, Merav（2018）“Two Deaths and a Funeral: Ritual Inscriptions’ Affordances for Mourning and Moral Personhood in Vietnam,” *American Ethnologist* 45(1) : 60–73.

Van der Pijl, Yvon（2016）“Death in the Family Revisited: Ritual Expression and Controversy in a Creole Transnational Mortuary Sphere,” *Ethnography* 17(2) : 147–167.

Wagner, Roy（1981）*The Invention of Culture.* The University of Chicago Press.

第四章　「かかわりあい」を生み出す食事
――西ティモールの村と町でともに食べること

森田良成

一　「彼は何でも食べる」

私は、インドネシア、西ティモールで調査をしている。西ティモールが属する東ヌサ・トゥンガラ（Nusa Tenggara Timur：ＮＴＴ）州は、限られた都市部を除いて、国内でも特に開発が遅れた貧しい地域とされている（Barlow and Gondowarsito 2009）。

フィールドワークの最中に、山の上にある村で友人が私のことを、私とは初対面の相手に紹介する場面がある。友人は私について「彼は日本人で、ずっと前からつきあいがあって、もう何度も村に来たことがある」と説明する。私の外見から「町から来た中国系のインドネシア人だろう」と思っていた相手は、ずいぶん驚く。「取り残された地域（Daerah Tertinggal）」とされるＮＴＴ州の、さらに僻地にあるこの農村では、町からの訪問客はほとんどいない。日本という遠く離れた「先進国（Negara Maju）」から来た人間は、なおさらめずらしい。このようなときに相手は、目線を私にではなく友人に向けて、不安そうに尋ねる。「彼はいったい、何を食べるんだ？」

友人はわが意を得たりという調子で、「彼は何でも食べる。トウモロコシだってイモだって、パパイヤの葉っぱだって」と答える。相手は安堵したような表情を浮かべて、目線を私にようやく合わせ、ほほえみを浮かべて「それは実にいいことだ」という。

こうした場面でまず「彼は何を食べるんだ？」という質問が決まって発せられること、それに対して「何でも食べる」という答えが彼らにとってかなり満足のいくものらしいことの理由が、フィールドワークを始めてしばらくは私にはよくわからなかった。

二　ともに食べる／食べない

村人たちは、「客を歓待すること」を大切にしている。

家にやってきた客に対して、床が土間ではない場合には、サンダルや靴を脱がずに土足のまま屋内に入るようにまず言う。客の立場からすれば、履きものをきちんと脱ぐことは、相手に対する礼儀の基本である。しかし家に迎え入れる側は、そんなことは気にするな、とにかく入れ、と言うのである。こうして客を室内に招き入れ、椅子を勧める。次に、各家庭に必ず備えられている小さな箱を差し出して、嗜好品であり贈答品であるビンロウをそこから取って噛むように促す。ビンロウを嗜む相手でない場合はこのやりとりをとばして、コーヒーと、あればビスケットなどを添えて出す。二〇〇五年から数年間、西ティモールでは慢性的な食料不足を解消するためとして国連の世界食糧計画による積極的な援助が行われていた。村でもその一環として栄養強化ビスケットが配

写真 4-1　儀礼の客に持たせて帰す肉を用意している（2017 年 8 月）

布されて、この時期にはそれが来客にふるまわれていた。またコーヒーは、熱くてしっかり甘いのがよい。かろうじて色がついただけで味が薄いものを出してしまうと、後で笑い話にされてしまう。

会話が長くなるうちに、台所ではいつのまにか食事の準備が進められている。もう用事は済んだからと客が腰を浮かすと、強く引き留められる。お腹がすいていない、食事をちょうど済ませたばかりだと説明するが、「スプーンひとさじだけでいいから」口にするようにと強く促され、断り切れずに座り直してしまう。するとやがて、目の前に大盛りにした料理が運ばれてくる。客が自分で給仕する場合には「たくさんよそってくれ」と言われる。食事が進んで皿が空になりかけるとおかわりを勧められるし、空になった皿をテーブルに置くと、「もっと食べろ、遠慮するな」と言われる。こうした一連の言動が、彼らが訪問客をもてなす作法なのだった。村人たちはふだんの食事のときでも、戸口を開け放ち、家の前を通りかかる者が目に入ると声をかけて、一緒に食べるようにと勧めるのだった。

結婚式や墓の再建といった儀礼の機会には、食事はさらに特別な意味をもつ。親族の間で日程を慎重に調整し、労力と時間とお金を費やして必要なものを揃え、十分な食材や食器を用意する。当日は大量のコメが炊かれ、豚がつぶされて、出席者全員がともに食事をする。主催者たちにとって、客にどれだけの食事を提供したか、どれだけの豚肉を土産に持たせて帰したかということが大きな誇りとなる。

日常・非日常のこうした食事では、食事をふるまう者と受け取る者との贈り物のやりとりが繰り返される（モース 二〇一四）。贈り物を通して自らの役目を果たすことは、自分に至るまでの親族の歴史や、具体的な個人と集団それぞれのつながりを確認し、自分の居場所を手に入れることである。やりとりされる食糧には、それを与える者と受け取る者が何者であり、どのような歴史を持ち、これからどのような関係を築いていこうとしているのかが表現されており、いわば「記名性」を帯びている（中川 二〇一八）。村人たちにとって食べることは、エネルギーや栄養を体内に吸収して生理的な必要を満たすための行為であるとともに、贈り物のやりとりを通して他者とのかかわりあいを生み出し、確認するための行為なのである。村人たちは、客に食事をふるまう行為は洗練された人間がなすべき当然の行いだと考えている。

こうした一連の行為は、客が自分たちと同じ「村の人間」「山の人間」であり、食習慣が共通しているときに徹底することができ、それによって相手に寛大さや気前のよさを存分に発揮できる。しかし難しいのは、客がそうではない「町の人間」の場合である。

数は少ないが、彼らの村には私のほかにも、言語や習慣、お金の稼ぎ方や使い方が異なる「町の人間」がときどきやってくる。それは州都クパン市から誰かの借金の取り立てにやってきた親方だったり、電化が進んでいない村に小型の発電施設を建設するために来た技術者たちだったり（森田 二〇一七）、開発援助機関のスタッフだったり、韓国のキリスト教団体の一行だったりする。ほとんどの場合にこうした人たちは、村までの道中に予め食堂に立ち寄って包んでもらった料理や、そのほかの携行可能な食品（ビスケットや即席めんや缶詰など）を持参し、村に滞在中の食事をそれで済ませる。これらの人びとが、電力がほぼ使えず食堂も宿泊施設もない村で朝まで過ごすことは少なく、自動車で一時間ほどの県庁所在地まで戻る。

村人たちは主食として、自分たちの農地で収穫したトウモロコシを食べている。特別な儀礼の機会ではなく、もてなしたい客がふだんから交流のある人間であれば、いつも食べているジャグン・ボセ（jagung bose）というトウモロコシをゆでた料理を提供すれば十分である。しかしインドネシアで主食として一般的にイメージされるのは、コメである。ジャグン・ボセは、コメを主食にしている町の人間になじみが薄い。町からやってきた客がこれを粗末なものとみなしがちなことを、村人たちは知っている。出したところで、残念ながら喜ばれず、口もつけてもらえないかもしれない。かといって、特別な儀礼のときのようにコメを炊くことは難しい。コメは彼らの村では栽培されておらず、限られた現金収入を使って買ってこなければならない。急いでどこかで買ってきたとして、おかずをどうするのか。海岸からときどきバイクで上がってくる行商人がいれば魚を買えるが、そうタイミングよく来てはくれない。畑で採れるイモやウリ、マメ、パパイヤの葉っぱでは、格好がつかない。鶏をつぶして調理することはできるだろうが、もし客が同じキリスト教徒ではなくジャワ人などのイスラム教徒であれば、犬肉は出せない。豚も、相手の信仰に配慮する以前に貴重なので、そもそも突然の客のために簡単にはつぶせない。牛ははるかに貴重なのでなおさらだ。

遠くからはるばるやってきた客を、村人たちはたっぷりの食事でもてなしたい。そうすることで、相手に自分が何者であるかを伝えたい。ところが、それができない。やってきた客が自分で持参したものでさっさと食事を済ませてしまう姿を見るのも、村人たちにはつらいことだろう。自分がまるでその場にいないかのように扱われている感じがするかもしれない。村人たちにとって客に食事を出せないということは、相手とかかわりあいを持とうとする気持ちを最初の段階で挫かれることを意味する。

「彼は何を食べるんだ?」という質問があり、「彼は何でも食べる。俺たちと同じものを食べるんだ」という答えに安堵の表情を浮かべる。何度も経験したこの一連のやりとりは、食事のふるまいをめぐるこうした事情があってのことなのだった。

三　「俺たちはカネを食べている」

村人たちが現金を必要としているのは、大量の食料を購入して、村で行われる結婚式や墓を建て直す儀礼などでそれを客にふるまいたいからである。この村の男性たちの多くは、バスで半日ほどかけて島の西端にあるクパン市まで出稼ぎに行き、廃品回収をすることで現金収入を得てきた。町に何人かいる親方たちは、自分の子方となった村人たちに住む場所を与え、廃品を買い取るための資金や荷車を貸し、彼らが町とその周辺から集めてきた廃品を買い上げている（森田 二〇二一）。

インドネシアにおいてイスラム教徒は総人口の九割を占めているが、西ティモール全体におけるその割合はキリスト教徒に比べてきわめて小さい。クパン市でも、全住民の八割はキリスト教徒（プロテスタントが五五%、カトリックが二六%）であり、イスラム教徒は約一五%である（Hutagalung 2016）。村人たちは、クパン市ではめずらしくイスラム教徒が集住しているカンプン・ソロールという地区で暮らしている。住民の多くはソロール島やジャワ島など州内外の島々を起源とする人たちで、公務員、会社員、露天商などさまざまな仕事をしている。村人たちの廃品回収業の親方たちもジャワ出身のイスラム教徒であり、この地区に住んでいる。カンプン・ソロールにおいて、キリスト教徒であり、開発の遅れた村から出稼ぎに来て粗末な雑居小屋で集団で暮らしているのは、廃品回収業の村人たちと、他にはアイスクリームの行商人グループだけである。仕事から戻ってきて屋外のたまり場に座り込み、ビンロウを噛みながら周りの住民のほとんどには理解できない民族言語でおしゃべりに興じる彼らの姿は、それなりに目立つ。

写真 4-2　夜、一日の仕事から戻ってきて、集めてきた空き瓶を荷車から下ろす（2012 年 8 月）

彼らの町での食事は、村でのそれとはだいぶ様子が異なる。単身の男性たちだけで暮らしているので、日々の食事の用意をしてくれる親族の女性が身近にいない。そもそも町での彼らには自炊のための設備がなく、自分で食器を持っている者もまずいない。雑居小屋の一部屋にある細かく区切られた棚の一角や、南京錠をかけられる小さな木箱に、洗面道具や着替えの衣服などのわずかな所持品を保管しているだけである。ふだん朝夕は、親方の親族（屋台で料理を売っている）がまとめて作り置いて、彼らのような出稼ぎ人向けに格安で提供している料理を買って済ませるのが基本だ。昼食は、その日の廃品回収の仕事に出た先の適当な食堂で済ませる。

あるとき、一人の村人が帰郷するのに同行した。私たちは日の出前に町を出発し、バスを乗り継いでようやく夕方に村にたどり着いた。彼は自宅で、妻が用意してくれた食事を私にふるまい、次のように言った。

「クパンで食事を終えたら、空いた皿の横にカネを置かないといけない。でも村では、食べ終えた皿をただ片付けてもらうだけさ。それでいい。カネは払わない。クパンで食べるとき、俺たちはカネを食べている。(1)」

村で彼らがふだん食べるもののうち、お金を出して手に入れる食材は、塩、砂糖、コーヒーなどに限られていた。しかし町では、彼が語るとおり毎食ごとに必ずお金を払わなければならない。彼らの村は開発が遅れた貧しい地域とされて、食料不足や栄養失調が指摘されてきた。しかし彼らはたびたび、「村にはなんだってある。ただカネだけがない」と語っていた(森田 二〇〇八、二〇二一)。彼らが空腹の苦しみや飢えへのプレッシャーをひしひしと感じるのは、村ではなく、「カネを食べる」しか方法がない町においてであった。

数週間か数か月ぶりかで町に戻ってきて仕事を再開しようとする者は、村からの片道交通費だけで持ち金を使い果たしていることが多い。こうした者には、彼と関係の近い親族や友人の誰かがはじめの数回分の食費を払ってやることになっている。長期調査を終えてからほぼ一年ごとにクパンを訪れるようになった私にも、遠く日本からやってきた労をねぎらって、雑居小屋での最初の食事代を決まって誰かが払おうとしてくれた。ただ、こうした場面は限られていた。町で生活しているときの彼らには、誰かに気軽に食事をおごることができる金銭的な余裕がある者はいなかった。

ある日、それまでじっくり話したことがなかったひとりが仕事を休んでいて、私とふたりで小屋で少し長く話

写真4-3　村でのある日の食事（2006年3月）

①ジャグン・ボセ　②ジャグン・クテマック　③塩とトウガラシ　④大豆を炒ったもの

客である私と、一家の家長である友人のふたりぶんの食事をテーブルに並べてくれた。それぞれ自分で皿によそって食べる。①ジャグン・ボセは、一年に一度収穫され保存していたトウモロコシの粒を、まず杵と臼で搗いて皮を取り除いてから煮る。対して②ジャグン・クテマックは、収穫から間もない皮のやわらかいトウモロコシの粒を使用し、搗かずにそのまま調理する。③塩とトウガラシは適量を取って、料理を自分好みの味に調整する。

し込んだことがあった。彼は「ここは村の家じゃないから、お前に何も出してやれない」としきりに残念がった。親方の親族による調理はまだ済んでいなくて、ちょうど食べるものがなかった。せめて飲み物を出そうかと、彼が隣にある小さな雑貨屋にわざわざ買いに行こうとしたので、あわてて引き留めた。

雑居小屋の近くにある少し大きな道路は、夜になると車両の通行が禁止され、たくさんの屋台が立ち並び、ナイトマーケットとなってにぎわう。夜に数人で散歩をしていてマーケットの端を通りかかったとき、ナシゴレンの屋台のベンチにひとりで座り、食事をしている村人を見かけた。私たちに気づいた彼は、言葉にならない小さな声を発しながら、スプーンとフォークを持った手を少し上げた。私たちは何か声をかけるわけでもなく、足を止めずにその場を通り過ぎた。それまでに何度か彼と同じような立場になったことがある私

写真4-4　雑居小屋での朝食（2015年3月）

は、たまにはふだんと違う食事を楽しみたかっただろうに、気まずい思いをさせてわるいことをしたと思った。一緒にいた他の者もおそらく似たような気持ちだっただろう(2)。

四　フィールドでの家探し

クパンの町で自分だけの空間を持たない彼らに対して、私は毎年の調査に行くたびに一人で使うための部屋を借りている。

初めての長期調査を開始してしばらくは、適当な住処をなかなか見つけられずに苦労した。村人たちの雑居小屋に歩いて行ける距離にあり、彼らを気軽に中に招き入れて、時間をかけて落ち着いて話ができるような物件を探していた。町での村人たちは、少しきれいな雑貨屋で買い物をするときに、地面から一段高くなっているタイル張りの部分にわざわざサンダルを脱いで上がるくらいなので、そんな彼らを気後れさせるつくりや環境ではいけない。かといってあまり粗末すぎると私の生活に負担がかかる。私が村に滞在する間は、荷物を置いたまま家を空けることになるので、ある程度の安全性も必要になる。いくつかの物件を見て回ったが、条件に合うものはなかなか見つからなかった。

あるとき村人のひとりが、いいところがあると教えてくれた。それは彼が暮らす雑居小屋に隣接している、二階建ての古い建物の一室だった。ソロール島の家系の大家族が暮らしており、すでに四世帯が同居していたがそれでも部屋数が多いのでいくつかを間貸ししていた。教えてくれた村人の親方は西ジャワ出身の私と同年代（当時三〇歳前後）の男で、一階の部屋を借りてひとりで暮らしていた。彼はこの案に賛成して家主に話を通してくれた。ちょうど空いていた二階の部屋を見せてもらった。窓に木製の鎧戸がはまっていて、これを開けて外に顔を出すと、村人たちの雑居小屋と作業場所がすぐ下にあった。集めてきた廃品の重さを量っていた者と、そのまま窓越しに会話することができた。私はこの部屋を借りて住むことに決めた。このとき以来、長期調査を終えた現在も、クパンを再訪するたびにこの家で一室を使わせてもらっている。

写真4-5　借りていた部屋の窓からの眺め（2006年3月）

廃品回収人たちの雑居小屋の敷地にはプルメリアの木があり、美しい白い花を咲かせていた。何人かの少年は、木の枝に古冷蔵庫の扉を運び上げて固定し、寝台兼ベンチとして使っていた。寝台は私の部屋の窓よりも高い位置にあった。

家主たちには、階下にある広い炊事場を一家とともに自由に使ってよいと言われた。だが私は村人たちと一緒に食べるか、近所の屋台や食堂で済ませることがほとんどで、自炊の機会はなかった。生活を始めてみると、共用のトイレ兼水浴び場が朝に混雑しがちで困ることがあった。また、はじめ私の部屋には天井板がなく、古いトタン屋根の裏側がむき出しになっていて、強烈な日差しの下では熱くてたまらず、それに雨漏りもひどかった。それでも、戸を開け放つと風通しがよくて快適だった。幸い家主一家も親切で信頼のできる人たちで、何も知らない私を何かと気遣ってくれて、気楽におしゃべりができた。それまでに住んでいた場所と違って、めずらしい日本人だからといって周りから過度に干渉されることもなく、私にはとてもありがたかった。

私は特に親しくなっていた村人を部屋に招いて、コーヒーを飲みながら話をすることにした。建物正面には玄関ポーチがあり、家主一家がよくそこでくつろいで過ごしているので、まずその間を通り抜ける。するとソファを並べた客間があって、そこから奥へ続く廊下をいくつかの部屋の前を通って進み、広間の手前にある階段を上がったところに私の部屋があった。つまり私の部屋への出入りは、ほとんど必ず家主一家の誰かの目にふれることになる。しばらくして家主から、「ティモール人をもう部屋に入れてはいけない。家の中の物が無くなると困るから」と厳しい口調で言われた。

言葉通りに盗難を真剣に心配しているようには思えなかったが、家主の態度からは、村人たちのような「山からやってきた田舎者のティモール人」をこれ以上出入りさせてくれるなという強い気持ちが伝わってきた。ここでの「ティモール人」という言葉は、民族集団としてのティモール人全体というよりも、村人たち、つまり町の人間と対比された「山の人間」「田舎者」たちのことを指していた。民族集団としてのティモール人には、実際には町で暮らすさまざまな階層の人びとがおり、カンプン・ソロールにはイスラム教徒のティモール人も暮らしていた。しかし、周りの島々から海を渡らなければ町に来ることができないロテ人やサブ人といった人々よりも、片道交通費さえ持ってバスに乗り込めば町まで地続きで移動して来ることができ、民族集団全体としての人口も大きいティモール人は、町で一時的に生活している「山の人間」として目立ちやすい(3)。さらに廃品回収人については、「庭先から物を勝手に持ち去ってしまう」のように「盗人」のイメージでしばしば語られていた。

最初に部屋を見せてもらったとき、私は応対してくれた家主一家のひとりに、部屋に村人を招き入れて話をしてもよいかと尋ねて了解を得ていた。ただ、家主を含むそのほかの家族全員に直接確認したわけではなかった。私としても、家主たちがそれなりの抵抗を感じるだろうと想像してはいた。それでも私が外国人だからということで戸惑いつつも許容されるのではないか、家主たちが何か苦情を言ってきたらそこでのやりとりも調査のための資料になるのではないかと思っていた。さらに、もしかしたら私の行為が家主たちと村人たちの新たな交流のきっかけになるかもしれないと、漠然とした安易な考えも持っていた。家主から、話し合いの余地など感じさせないきびしい態度と言葉で拒絶されることは考えていなかった。

村人たちにとっても、私からの招きはふつうでないことだった。すぐ隣にある私の部屋に来るために、まるで日曜日に教会に行くかのように身なりを念入りに整える者もあった。彼らの親方から、私は家主と同じ注意を受けた。親方は村人たちに対しても、私の部屋に二度と上がってはいけないと言った。村人たちから不満は出なかった。近所にいる別の親方の元で働いていて経緯を知らない者が「またお前の部屋で話そう」と言ってきたが、私はそれとなく断った。

こうして私は、せっかく手に入れた自分の部屋を、村人を招き入れて食事をともにしながら長く話せる場所にはできなかった。家主からは「部屋の中ではなく、玄関そばの客間で話すならばいい」と言われたが、それではかえって堅苦しくなるだけであまり意味がないと思った。町で私が村人たちとともに過ごす場所は、彼らの雑居小屋や、近所の公園や海岸、食事のために立ち寄る食堂となった。

他にもうひとつ彼らと長く話せるのは、彼らの廃品回収の仕事に同行して一緒に歩くときだった。彼らは毎日、荷車を押して町のあちこちに散っていき、一日歩き回って廃品を集めて帰って来る。この仕事の最中は、私は彼ら数人、あるいは一対一で長い時間話すことができた。特に町のはずれをひたすら歩き続けるようなときには、ゆっくりと話ができた。ただ、廃品を買い取るために立ち寄った家々や、客を待っているバイクタクシーたちのたまり場などでは、私についての質問攻めにあうことがたびたびあった。楽しく話がはずむこともあったが、そうでないことも多かった。「彼は何者だ」「お前の親方か」「インドネシア語ができるのか」などの質問が、当の私は素通りして、貧しい出稼ぎの村人である彼らに対して、不躾で横柄な態度で投げかけられるのだった。こうしたときに村人たちは、控えめで礼儀正しい態度をとり、丁寧に応じようとすることが多かった。木陰から一歩も出ようとしない相手のそばまで、重たい荷車を押してわざわざ道路を横切って近づいていき、聞かれるままにひとつずつ答えようとした。その傍らで私は、自分のせいで彼らがいちいち仕事を妨げられることを申し訳なく思った。しかし村人たちは、私が同行することをいつも喜んでくれた。長い時間をひとりで歩き続けるのは退屈だからだという。さらにそれだけではなく、私と一緒に歩くことで自分に関心が集まること、町の住民たちが好奇のまなざしを向け、今まで見たことがなかったような表情を見せること、それまでかかわりあいの対象とみなしていなかった自分たちに、熱心に、時には親しげにあれこれ話しかけてくることが、新鮮で愉快だったそうだ。仕事から戻った雑居小屋で、彼らはそうしたことを話題にしておしゃべりを楽しみ、翌朝になると決まって誰かが「今日は俺と一緒に歩こう」と私を誘ってくれた。

五　「彼はビンロウは食べない」

私は村人たちから「何でも食べる」と紹介される。ただし厳密にいえばそうではない。私はビンロウを口にしない。

アルカロイドが含まれているビンロウの種子と、キンマの実（もしくは葉）、石灰の粉を口に中に入れて噛むと、軽い覚醒作用が得られる。噛むうちに口内が真っ赤になり、余分な唾は吐きだすので、地面のあちこちに赤い染みができる。ビンロウは、彼らの生活において嗜好品・贈答品として欠かせない。それぞれの家には常備されているし、カバンに入れて携行され、日常の挨拶や特別な儀礼のときに交換される。町で生活している間も、村人の多くは街角や市場でビンロウを頻繁に購入し、切らさないようにしている。

調査を始めたころの私は、好奇心と、彼らとできるだけ同じことをして交流を深めたいという思いから、ビンロウを勧められると必ず受け取って噛み、一緒に口を真っ赤にしていた。ある夜に、雑居小屋の庭で彼らと話していたとき、やはりビンロウを勧められた。そのときにタバコも一緒に噛んでみるかと言われた。ビンロウを噛むときには、発酵させたタバコの葉を上唇と前歯の間に挟むようにして、ビンロウとともにその汁を吸うことも多い。言われるままに初めて真似をしてみると、これは失敗だった。分量を間違えたのか体質に合わなかったのか、急激に気分がわるくなり、大量の汗が噴き出してきた。強烈な吐き気がして、ふらふらする体を何とか支えながら共同の水浴び場兼便所に向かうと、内側から鍵がかかっていて、仕事から帰ったばかりの者が汗を流しているところだった。私は叫びながら扉をたたいて強引に開けてもらうと、裸で戸惑う彼を押しのけてそこでうずくまった。そうしてやっと少し落ち着いてから元のベンチまでふらふらと戻り、周りに心配されながらしばらく休んでいると、気分は回復していった。この出来事があってから、私はタバコはもちろん、ビンロウを噛むこともやめた。

村人たちが私のことを誰かに紹介するとき、「彼はなんでも食べる」の次によく持ち出すのが、「彼はビンロウは食べない（噛まない）」という話だ。私が「なんでも食べる」ことを知って親しみを覚えた相手が、それならばと早速カバンからビンロウを出し、私に差し出す。すると友人は、「彼はビンロウは食べられない」と言い、「以前にこいつはビンロウとタバコを一緒に口に入れて、酔っぱらって目を回して、それはもう大変だった」と、あのときの私の表情や行動を実におかしそうに語って聞かせる。相手はそれを聞いて、手をたたいてげらげらと笑いだす。自分の失態を繰り返し持ち出されて笑われることを、私はあまり愉快に思えなかった。だが何年か経つうちに一緒に笑えるようになり、いつのまにかすっかりつきあいが長くなった友人からこうして紹介してもらえることを、むしろありがたいと思うようになった。

「何でも食べる」ことは、村人たちに敬意を払い、関係性を築くうえで大切なことである。ただ私は、「彼らとまったく同じものを食べること、何でも同じことをすることがフィールドワークの成功に不可欠だ」と言いたいわけではない。人類学のフィールドワークは、生身の肉体をもった具体的な個人のかかわりあいのうえになされる。そうであるからには、そもそも両者がまったく同じことを考えたりできたりするはずがない。だからフィールドにおいて人類学者は、「現地の人びとになろう」と努めるのではないし、ただ彼らの真似をしようとするのではない。現地の人になりきれるというのは空想でまやかしにすぎないし、彼らの考えにすべて同意することも不可能だからだ。そうではなくてフィールドワークで大切なのは、別の世界からやってきた異邦人として彼らとかかかわりあいを持ち、ともに生活するすべを学ぶことである。彼らがそのなかで生きている意味の枠組みに親しみ、対話の世界を拡大していくことが目的なのだ（ギアーツ　一九八七：二三、ギアッ　二〇〇七：二八）。

フィールドで生活するなかで、食べ物や住む場所など思い通りにいかないことがあるし、現地の人たちが当たり前にやっているのに自分にはできないことがある。そうしたとき、できるだけのことをしようとは努めつつ、しかしやはり無理だという場合には諦めてみてもいいのではないか。「自分にはできない」というそのこと自体を糸口として、目の前にいる人たちと対話を重ねてかかわりを続けていくことができるならば、それでいいのではないか。私は「彼らと同じことをする」ためにビンロウを噛み、タバコにも手を出してみた。しかし彼らの中には、町にいるときはビンロウを噛まないという者もめずらしくはなかった。口を真っ赤にしてところかまわず赤い唾を吐く姿が、いかにも田舎者らしくていやだというのだ。ビンロウを噛む・噛まないというただそれだけで、彼らとの関係がものすごく深まったり、すっかり損なわれてしまったりというわけでもないのである。

わかりあうということが容易ではない他者との出会いに直面して、驚いたり戸惑ったりしながら、そこで立ち止まらずに対話を続けて互いの理解を深めていくことが、フィールドワークの醍醐味である。フィールドの人びとと同じことが自分にはできないというときに肝心なのは、そこで関係を損ねたり対話を終わらせてしまったりせずに、さらに新しくかかわりあいを続けていけることなのだ。

注

（1）インドネシア語による彼の発言「makan duit」は、一般的には「カネがかかる」と訳すが、ここでは「makan（食べる）」という単語のニュアンスを残して「カネを食べている」とした。なお、この場面を含む町と村を行き来しながら暮らす村人の姿は、ドキュメンタリー作品『アナ・ボトル』（二〇一二年、ディレクター：森田良成、構成協力：市岡康子）で描いている。

（2）かつて出稼ぎの廃品回収人の中にひとりだけ、小屋の中に小さく区切られた半個室を使っている者があった。彼はその室内に、専用の寝台のほかに灯油コンロも持っていた。そこで湯を沸かし、コーヒーをいれて、寝る前に一息ついたり、私ややってきた他の客にふるまったりすることができた。このようなことができる彼は廃品回収人たちの中で特別な存在だったが、事故で体を壊して仕事を引退してしまった。

（3）二〇〇〇年の国勢調査によれば、クパン市の民族構成において最大の「ティモール人」（正確にはアトニ・メト）が占める割合は二四％である。ここには出稼ぎの村人たちのように、正式な住所が町で登録されていない人々は含まれていない（森田 二〇一二）。なお二〇一〇年、二〇二〇年に実施された国勢調査による各民族集団に関わる新しいデータは公開されていない。

参考文献

Barlow, Colin and Ria Gondowarsito（2009）'Socio-economic Conditions and Poverty Alleviation in East Nusa Tenggara', in Budy R Resosudarmo and Frank Jotzo（eds.）, *Working with Nature against Poverty: Development, Resources and the Environment in Eastern Indonesia*, Institute of Southeast Asian Studies（ISEAS）: 94–123.

ギアーツ、クリフォード（一九八七）『文化の解釈学Ⅰ』吉田禎吾他訳、岩波書店。

ギアツ、クリフォード（二〇〇七）『現代世界を照らす光』鏡味治也他訳、青木書店。

Hutagalung, Stella Aleida (2016) Muslim-Christian Relations in Kupang: Negotiating Space and Maintaining Peace. *The Asia Pacific Journal of Anthropology* 17(5): 439–459.

モース、マルセル（二〇一四）『贈与論 他二篇』森山工訳、岩波書店。

森田良成（二〇一二）『アナ・ボトル――西ティモールの町と村で生きる』（映像作品）、構成協力：市岡康子。

森田良成（二〇一二）「受け継がれた罪と責務――インドネシア、西ティモールにおけるキリスト教と祖先崇拝」鏡味治也（編）『民族大国インドネシア――文化継承とアイデンティティ』木犀社、一五九－一八三頁。

森田良成（二〇一七）「携帯電話と電気への欲求――インドネシア、西ティモールの農村の事例」『白山人類学』第二〇号 特集：「インドネシアにおける消費様式の変化と地方中間層の動態」、五七－七八頁。

森田良成（二〇二一）「貧困」春日直樹・竹沢尚一郎（編）『文化人類学のエッセンス――世界をみる／変える』有斐閣、三－二一頁。

中川敏（二〇一八）「エンデの村で食べること――インドネシア東部でのつながりのある暮し」八十島安伸・中道正之（編）『シリーズ人間科学1　食べる』大阪大学出版会、一二三－一四三頁。

第II部

かかわることのディレンマと矛盾

第五章　しがらみの人類学

椿原敦子

一　はじめに

フィールドワークを始めるということは、たいていの場合、新しい人間関係を作ることとつながっている。フィールドでの滞在先を決め、調査先の人びとの許可を得て、調査を開始する。しかし、顔を合わせる人びとが皆、調査者のことを調査者とみなしているとは限らない。調査という言葉が何を指すか分からない場合もあるだろう。また、日々の些末な事柄をも捉えようとする人類学のやり方が他の学問分野の調査方法と大いに異なるゆえ、いったんは調査者として受け入れた人びとの間にもこの人は一体何をしているのかと疑念がわくこともある。いずれにせよ、見慣れた顔の中に突如として現れた新参者をめぐって、人びとは扱いを決めかねて挙動を観察し、話しかけ、あれこれと噂することで次第に調査者が何者であるかと解釈しながら理解していく。このように、フィールドワーカーが人びとについて「知る」作業と、人びとがフィールドワーカーについて「知る」作業は、対称ではないにしても並行して行われている。

調査者の年齢や性別、出身地などの属性は、しばしばフィールドでの調査者の立ち位置と関わり、調査の範囲を限定する場合もある。アラブ人でもありアメリカ人でもある人類学者ライラ・アブー＝ルゴドの場合、彼女がエジプトのベドウィン社会を調査する際に、研究者としてエジプト社会を知る父親が最初に同行し、滞在先の家長ハッジに娘を受け入れてもらうよう申し入れた。現地の平均的な未婚女性からすれば歳を取りすぎている彼女は、既婚女性の着る服を着ていたが、既婚女性が身に着ける黒のヴェールや赤いベルトの代わりに、未婚女性が身に着けるスカーフを髪と腰に巻いていた。ハッジ家の娘として受け入れられた彼女は、次第にゲストから「舞台裏の一員」となった。そして、親族集団の外の人びとを訪問することはハッジ家の名誉にかかわるため控えざるをえなくなった（Abu-Lughod 1986）。アラブ人でもありアメリカ人でもある彼女は、仮に機転をきかせた父親が同行しなかったならば、まったくのよそ者として調査地の規範の外に置かれ、かえって広い行動範囲を得ることができたかもしれない。しかし彼女はハッジ家の娘としての立場に没入してゆき、次第に男性に同行して男性の世界を観察することも控えるようになり、女性の世界に埋め込まれることを選択した。

属性によって異なる振る舞いが求められる社会において、調査者がそこに組み込まれることは必ずしも調査の障壁であるとは限らない。自分の置かれた立場を足掛かりに、その社会の「やり方」を学ぶことができるためである。栗本英世が調査地とする南スーダンのパリ社会は、出自と年齢を集団の原理としている。栗本は、フィールドで友人の父から名前を与えられることでパリ社会の父系出自集団と年齢階梯に組み込まれ、その後の日本との往来や内戦によるパリの人びとの離散を経てもなお、年齢階梯の中での役割を伴う関係を維持し続けている。栗本によれば、人の移動や成員の入れ替わりがしばしば起きてきた南スーダンにおいて、出自集団と年齢組織は「よそ者を受け入れるための受け皿」なのである（栗本 二〇一九：二九－三〇）。

本章ではこうしたフィールドとは異なり、フィールドワーカーと調査対象者の両方が「よそ者」であるような国境を越える人の移動を例に、両者のかかわりがどのように作られていくのかを検討したい。二〇〇五年にアメリカ・ロサンゼルス（以下、LAと記す）から発信されるペルシア語の衛星TV放送についての調査を開始した私は、どこに住んでどこに行くべきかほとんど見当がつかないままLAを訪れた。LAで制作されるペルシア語TV番組はビデオテープや衛星放送、インターネットによってイランにも届けられており、音楽ビデオやCMに垣間見られる自由で豊かな生活のイメージはLAへと移住する誘因にもなってきた。しかし、LAのイラン人の間にはよそ者を受け入れるための安定的な受け皿はほとんどなく、仕事などの都合で転居することも多いため人間関係は総じて流動的であった。私自身も調査費用の制限などから二か月前後の短い滞在を繰り返してきたため、ある時の調査で出会った人に次の調査で会えないこともしばしばあった。

フィールドワークの技法としてラポールを確立することの重要性が強調されるが、私の場合は短期調査であることに加え、調査地の人びとの頻繁な移動により関係は流動的で断片的なものにとどまっていた。人類学者ティム・インゴルドは、友情と報告という二つの意味を持つラポールという語には、調査手段と調査結果の混同が表れていると批判する（インゴルド　二〇二〇：一九）。インゴルドは、人類学的調査の目的は他者の生を書くために人びととの関係を結ぶことではなく、他者と「ともに」生の技法を見つけることだと述べている。私がフィールドで出会う人びとは、私より先にLAへ来た人びとであり、彼（女）らがいかにして暮らしているかを聞くことは、私がLAでいかにして暮らしていくかを学ぶことでもあった。そうして学んだことの一つが、流動的な人間関係の中での「よそ者」たちのかかわりあいである。

二　しがらみ

二〇〇六年の秋から冬にかけてＬＡでの調査を行っている時に、私はミーヌーと知り合った。[1] 彼女は日々の生活に行き詰まりを感じてイスラミック・センターでの礼拝やクルアーン勉強会などのプログラムに足を運ぶようになり、私はセンターのプログラムで彼女と出会った。当時三〇歳だったミーヌーはイランに生まれ、一三歳のときにロサンゼルスに家族と共に移住した。彼女の両親は、同じ頃にＬＡに移住したイラン人の多くがそうであるように、「イスラーム」からは距離を置きたいと考えていた。ミーヌーの母親の職場の上司はイスラミック・センターの理事メンバーだったが、仕事と宗教的な立場は別の話である。このように、信仰実践ひとつを取っても、個々人の考えはそれぞれ異なる。人びとは折に触れてこうした違いをわざわざ述べた上で、何をしようと勝手だと言わんばかりに、「人の自由 *āzādī* だ」、と話を締めくくる。

総じて *āzādī* という語は人びとの語りの中で、「関係の自由」とかかわる文脈で用いられている。アメリカには乞食から億万長者まで何にでもなれる自由がある、とＬＡに来た人びとが言う時（椿原 二〇一八）、それは誰にも干渉されない個人の存在を前提としている。

ＬＡにやってきたイラン人たちは関係の自由を理想としながらも、選択の余地が多くはない人間関係の中で暮らしている。往々にして人びとは、そうした関係に一歩足を踏み入れる際には、いざとなればいつでも切れる・抜け出せると考えている。ミーヌーのイトコもそのように考えたのだろう、休暇を利用してミーヌーの家族に会いにニューヨークからＬＡにやってきて、そのまま一人暮らしのミーヌーのもとに留まり続けた。イラン人の間で、誰かの下に一か月ほど滞在することはそう珍しくない。しかし、会計事務所で働いているというイトコが何週間もＬＡに滞在し、一向に帰る様子がないのをミーヌーは怪訝に思い始めた。ミーヌーのイトコは、実は就労ビザの更新に「弁護士がヘタを打って」失敗し、別の方法でアメリカ滞在資格を得ることを模索中なのだと打ち明けた。彼女はお客として迎えられたままミーヌーの所に居候を続けた。

　ミーヌーのイトコは、宗教熱心で厳格な親から逃げるようにキプロスに留学し、アメリカで就職したという。彼女は、行く先々で出会うイラン人たちが彼女に「気を付けてね」と性的な貞淑さを気遣うような声をかけながら、実際には彼女が一人でイランから出てきたことを「ふしだら」だと見ていることに苛立ちを覚えると述べていた。ミーヌーによれば、リベラルを自認しているはずのミーヌーの母親もまた、彼女は「あそこを使って」、つまり女性であることを利用してここまで生活してきたに違いないと非難していたという。ミーヌー自身もこれまで同じような噂を立てられてきた。イスラミック・センターに足繁く通うのは、きっと婿探しをしているにちがいない、といったように。ミーヌーはイトコが親や男性に干渉されず自立して生きていこうとしていることに共感を覚え、車の送迎や食費など何かとコストのかかる共同生活を引き受けていた。

写真 5-1　ダウンタウン LA の衣料品店にて店番をつとめる筆者

　ミーヌーのイトコはイランやイラン人のことは嫌いだと言いながらも、ＬＡでの生活を始めるにあたって常にイラン出身者を頼り、集団の力学の中から利益を引き出そうとした。たとえばイスラーム共和国政府の批判を局長自身が延々と繰り広げる番組で知られるTV放送局に雇われたり、宗教的迫害の可能性を理由に難民申請すべく、イラン系シナゴーグに通ってユダヤ教への改宗を画策したりといった具合に。ミーヌーは次第に、他に頼る術のない気の毒な女性を演じるイトコに苛立ちをあらわにするようになった。いつまでも依存しつづける彼女に退去を迫るミーヌーに対しても、わが身の不遇を訴えるのだという。

ミーヌーのイトコのように、人びとは何にでもなれる自由を期待してイランからLAに来るものの、たいていは職や住居などの何もなさゆえに、遠い昔の友人や知人、長らく会っていない親戚などを頼って生活を送ることになる。関係の自由を指す名詞 *āzādī* と反対の、ままならない関係としての「しがらみ」をペルシア語で言うならば、さしあたり *majbūrī* が適当だろう。この語は、望むと望まざるに関わらず、せざるをえない状況を意味する言葉として会話に登場する。つまり、しがらみは誰との間にも生じる借りや負い目のようなものである。

三　自由

後にミーヌーは、イトコの雇用主の妻からの訴えで、彼女が雇用主と愛人関係になることでアメリカに渡ってきたことを知り、ついに彼女を追いだしたという。ミーヌーからその知らせを受けたのは、私が部屋を借りていた女性ナルゲスからいくつかの形でお金をだまし取られていたことが帰国間際に発覚し、日本に帰った直後のことだった。ナルゲスは私にお金を後で返すと主張していたが、その気がないのは明らかだった。

ナルゲスもまたイラン出身だが、彼女と私はインターネット上のルームメイト募集の広告を通じて知り合った。ナルゲスとの金銭トラブルをミーヌーに相談すると、ミーヌーの母親の人づてに、ナルゲスとの間に同様の問題を抱えている人が他に何人もいることがわかった。子供の頃から彼女を知る幼なじみや、行きつけのヘアサロンの美容師など関係はさまざまだったが、いずれも親しい間柄での金銭のやり取りが後に問題へと発展していた。また、そうした人びとの多くが、アメリカでの正式な滞在・就労資格を持たなかったり、英語が堪能でないなどの事情があった。このため問題を法廷に持ち込むことはなく、彼女と関係を維持し続け、少しずつでもお金が返ってくるのを待っていた。ミーヌーは「これがイラン人コミュニティってことよ。ようこそ」と私に言った。私はミーヌーの所に身を寄せながら弁護士に訴訟を託し、這々の体で帰国した。結局、私の所にお金は戻ってこなかった。お金を取り戻すためには、裁判ではなく粘り強くナルゲスとの関係を維持し、順番を待たなければならなかったのだろうが、私はもめごとが常に頭の片隅にあることに耐えられず、お金と関係の両方を放棄してしまった。

私はそれまでLAでの調査の際には知人のソイラーの所に身を寄せることが多かったが、この時の調査に限って、ソイラーや彼女の周りの人びとから距離を置いてみようと考えた。私はそれまでに短期調査を何度か実施していたが、次第に訪問先や顔を合わせる人が限られるようになり、行った事のない場所に足を運んだり、新たに人と知り合ったりする機会が減っていった。ソイラーの友人たちや、イスラミック・センターで知り合った人びとの多くは革命前に留学生としてアメリカに来たか、革命後に家族で移住した、五〇代以上のミドルクラスがほとんどだった。そうした人びとが「他者」として語るイランの宗教マイノリティや、ダウンタウンLAのイラン系商人たちについても、会って話を聞いてみたいと思ったのである。しかし、そのような人たちと旧知の人びとはイランでの生活や移住の理由が大いに違うことが予想され、私は両者の間を行き来することをためらった。そこで、あえてソイラーに連絡を取らずに別の滞在先を探したのだった。

帰国から二か月後に私は再びＬＡを訪れたが、ナルゲスとは連絡を取らなかった。イトコとの諍いが収まらないミーヌーは連絡先を変えていたため、彼女にも会うことができなかった。ソイラーは「これからは私の家に泊まればいいから、連絡してきなさい」と言った。ソイラーの友人たちは、私のトラブルの顛末を聞いて、「こんな素朴な子を騙して」などと言っていた。しかし、ナルゲスの巧妙な手口を「なんてずるがしこい！」と感嘆したのを何度か聞くうちに、素朴とはどうも誉め言葉ではないことが分かってきた。ナルゲスがあらゆる手を使って、アメリカの市民権を得て仕事と車を持ち、自転車操業で資金調達を行って生き抜く姿はある種の称賛に値するものであり、ただお金を騙し取られてなす術もない私を素朴と評するのは間抜けに近いニュアンスを含んでいた。

この顛末で特に私と友人・知人との関係が変わることはなかった。しばらくの間は、ナルゲスとの問題がどうなったのかと訊かれることもあったが、段々と話題にのぼることもなくなっていった。しかし、その後も短期の訪問を繰り返しているうちに、彼ら・彼女らもアメリカで生活を続けるために偽装結婚など何らかの「作為」を施さざるを得なかったり、その際にお金をだまし取られたりしていたことを知った。日本とアメリカの間を何度も往復している私は、アメリカの移民ビザを取る気はないのか、このまま残れば良いではないか、と言われることが度々あった。イランのパスポートでアメリカに頻繁に出入りすることは、移民ビザを持たない限り難しい。ここに残る方法を一緒に考えてあげよう、という申し出も何度かあった。それは、苦労してアメリカでの生活を確立した経験からの気遣いだったのだと思われる。そんな人たちにとって、アメリカに残るための知恵を働かせることなしに日本との往来を漫然と繰り返す私は、素朴に見えただろう。

親しくなった後に定住生活のための「作為」についてインタビューを行うことは難しく、依頼はさまざまな形で断られた。反対に、偶然知り合った人がどのようにしてＬＡに来たのかをインタビューの中で話してくれることがあったが、そうした人に限ってその後私と連絡を取ることに消極的だった。偽造したイギリスのパスポートで息子をアメリカに入国させ、その後家族が合流したという人。密輸業者の手引きで国境を越えてパキスタンに行き、インドで難民申請をして第三国定住でアメリカに来た人。家族の一人がグリーンカードの抽選に当たり、市民権を得て家族を順に呼び寄せたが一〇年ほどかかってしまい、家族の関係はすっかり変わってしまったという人。こうした苦労話をしてくれたのは、私を調査者ではなく通りすがりに出会った「よそ者」とみなしたからだと思われる。

私からお金をだまし取ったナルゲスは、幼なじみであること、行きつけの店の女性の生活の手助けをしたこと、日本から来たばかりの調査者に情報を提供したことなど、これまでの人間関係の中で得られた「信用 credit」を、車の購入やアパートの賃料、イランへの帰省のための航空券代などの「現金 cash」へと換えていった。つまりさまざまな負債を信用の下に肩代わりさせたのだった。幼なじみの話によれば、ナルゲスは現金で婚姻関係を買い、永住のための法的文書を作り出した。人間関係を貨幣に、貨幣を人間関係に、そしてドキュメントに…と、さまざまな人やモノを組み合せ、変換することでＬＡでの生活を作っていったのである。

ナルゲスのような極端なやり方でなくとも、ＬＡに住むイラン出身者たちは制度やモノ、人を結び直すことで生活上の制約を解消してきたといえる。しかし、そうした結び直しの「作為」も、たとえばイランから来たのでなかったら、留学するだけの資金と家族の理解があったら、難民の申請が認められる条件が揃っていたら…など、立場が違えばする必要がなかったものである。私の知人たちが、今の日常を成り立たせる過去の作為について語りたがらないのは、もっぱら自分の意志や責任に帰するものではなく、ある条件下で「せざるを得ない *majbūrī*」ことだったからなのだろう。

四　つながり

アメリカの移民法の中では「直近の家族 immediate relative」は物質的（血縁）・法的（婚姻、養子縁組）つながりのいずれであっても、親－子もしくは夫－妻という二つの関係に収斂する。市民権を持つ者の親と未成年の子、配偶者には移民ビザが無制限に発行されるが、兄弟姉妹に対しては年間の発行数が限られており、認定のためには何年も待機することになる。また、祖父母やオジ・オバ、イトコは申請の対象にならない(2)。たとえばオジや兄が渡航にかかる手続きやコスト、口座残高証明やパスポートの取得、学費などを全て工面し、親と同等の監護を行っていても、アメリカの移民法で親に与えられる権利が彼らに与えられることはない。人類学者ジャネット・カーステンが指摘するように、官僚主義的な移住の手続きの中で、既存の親族関係は記録からこぼれ落ちていくのである（Carsten 2020）。その一方で、親族関係にとどまらない既存のつながりが移住によって新しい関係へと変化することもある。

ペルシア語では父方／母方・交差／並行イトコを区別して指す語があるが、ミーヌーはナグメのことをただイトコと呼んでいた。ＬＡではペルシア語による会話でも英語由来のカズン *kazun* という言葉が使われる。フランス語由来のファーミール *famīr* が広く親族を指すのに対して、カズンは第二イトコを含む同世代の親族を指す場合が多い。こうした言葉の変化は、親族語彙の中に含まれていた義務を負う関係の変化ともかかわっていると考えられる。私はＬＡでのフィールドワークを通じて、アメリカでの滞在資格を得てどこに住むかを決める際に親族が誘因となったケースはほとんど確認できなかった。たとえば、姉妹それぞれの家族がカリフォルニア州南部に住んでいる場合でも、姉は留学後にアメリカで就職し、妹は幼なじみの友人の夫がスポンサーとなって就労ビザを発行することで夫や子供と移住したというように、親族が近接して暮らしているのは別のルートをたどった結果だった。

親族関係だけでなく、イランでのつながりは「居候」という一時滞在と移住の間の状態を可能にする。親戚や友人の居候はイラン国内でも行われており、数日から数週間の滞在が普通であるが、海外に住む親族を訪問する場合は更に長く、一か月以上の滞在を続ける場合も多い。滞在は、その人に会うことが目的だとは限らず、別の用事で近くに来たついでに長逗留することもある。滞在する側にとっても行動が制限されるのは気楽ではなく、受け入れる側にとっても世話を焼く負担は大きいが、関係を維持するための儀礼的なものとして居候が行われる（岩崎 二〇一五：二三二）。したがって、ミーヌーのイトコがミーヌーのもとを訪問し、長い居候を続けたのは、イラン人にとって珍しいことではない。そして、彼女のように「儀礼的な居候」を利用してその地で暮らすことを試し、そのまま定住していく場合もある。

私が調査先で偶然出会ったソイラーの家に滞在することになったように、「儀礼的な居候」は親族や旧知の関係に限ったものではなく、旅人を歓待するためにも行われる。「儀礼的な居候」は、つながりを作る実践でもある。私はソイラーの他にも調査中に、「うちに泊まっていきなさい」と何度か言われたことがあり、そのたびに

「タァッロフ *ta'arof*」と呼ばれるイラン流のお世辞であると理解して慇懃なお礼を述べて断ってきた。たいていの場合はその申し出はなかったものとして会話が進んでいくが、ある時にはインタビュー相手の顔からそれまでの笑顔が消え、以後はこちらが訊ねることに対して要件のみをかいつまんで説明するだけでインタビューを切り上げられてしまったことがあった。

もとより、女性に対して「泊まっていきなさい」と言うケースは多くない。ＬＡでもイラン本国でも、見知らぬ人を知ろうとしてまず訊くのは独身なのか既婚なのか、結婚しているのであれば子供はいるのか、父母はどうしているのか…といった家族構成である。先のインタビュー相手は、私の状況と自分の家族の状況を考慮に入れて、男女の性的規範を乱すことがないと判断した上で客人として迎え入れようと考えていたのだが、私がそれをお世辞として片付けたことで、関係を作る実践が切れてしまったのである。

タァッロフは日本語で「お世辞」と訳すのが最も近い言葉だが、お世辞が形式的なコミュニケーションによって相手との関係を維持するものであるのに対し、タァッロフは適切な言動によって相手への親しみや、時には侮蔑や非難といった感情を示す技法である。言語人類学者ウィリアム・ビーマンはタァッロフを、「相互行為における、能動的で儀礼化された身分の差異化」(Beeman 1986: 56) であると説明している。人類学者の松村圭一郎（二〇一七）は、エチオピアで経験した物乞いにお金を渡すことへの戸惑いを手掛かりに、私たちが商品交換と贈与交換というふたつの「交換のモード」の使い分けにいかに縛られているかを説明しているが、イラン人の間ではこの交換のモードは、タァッロフを通じて切り替えられる。

タァッロフとしての「儀礼的な居候」は、贈与交換のモードで行われる場合は関係生成の実践となり、商品交換のモードで行われる場合には法的文書やホテルのような、滞在・移住のためのコストとして消費されることになる。ほとんどの場合、商品交換のモードへと切り換えて利益を引き出すのは居候をする側である。しかし私の部屋の貸主だったナルゲスの場合は、私が家賃を払って滞在していた商品交換による関係を、車での送り迎えや共食によって贈与交換のモードへと変えていき、最後に不動産会社への延滞した賃料の支払いを「貸しておいてほしい」とメールで連絡してきたまま私が帰国する日まで帰ってこなかった。

ナルゲスとのトラブルがあって以来、ソイラーはＬＡに来る時には必ず事前に連絡してきなさいと私に言った。単身で暮らすソイラーの家には空いているベッドルームがあり、さまざまな人が入れ替わり滞在していた。このため実際には、私が彼女のところに滞在できるかどうかは空き状況次第だったが、部屋が空いていなくても、私は「儀礼的な居候」として時折彼女のもとを訪れて何日かの間リビングに泊まるようになった。

ソイラーのもとに滞在する人びとは、近郊に住む甥、イランに住むイトコの夫の甥夫婦、幼なじみや大学時代の友人の娘など、さまざまな関係を拠り所としていた。私と知り合った時のように、偶然近所で出会った中欧出身の留学生を同居人として受け入れたこともある。ジェンダーや年齢、イラン人であるかどうか、もともとどういう関係だったのかなどに関わらず居候を受け入れる彼女のやり方は、高級住宅街のコンドミニアムに単身で暮らす彼女の「自己決定の自由」の現れだった。通常は、出身階層や性的規範に照らして不適切な居候を迎え入れたとなれば評判を落とすことになるが、ソイラーの場合はそうした基準をつとめて無視しており、周囲もそれを認めていた。

二〇一二年に私がソイラーのもとを訪れると、ゴルナーズという若い女性がベッドルームに居候していた。彼女は、ソイラーの幼なじみの親戚だという。幼なじみやその親族の居候を引き受けるケースは、ソイラーに限らずどういうわけか頻繁に見られる。アラブ首長国連邦に住んでいるゴルナーズが、所用があってＬＡに来るのに滞在先が必要だということで、ソイラーは面識のない彼女を受け入れた。一か月ほどして再びソイラーの家を訪ねると、今度はイランから研究のためにLAの大学を訪問している中年の男性が居候していた。彼もまた、別の幼なじみから紹介されたという。私が大きな違和感を持ったのは、男性の滞在中もゴルナーズがリビングで居候を続けていたことだった。男性は滞在の期限が決まっているのに対し、ゴルナーズは何のために、いつまでいるのかわからず、ソイラーは苛立っていた。LAで学校に行くつもりだと聞いていたが、それも定かではないという。

ソイラーの勧めに従い、その日私はソイラーのベッドルームに泊めてもらった。朝になるとソイラーと男性は仕事に出かけていき、私とゴルナーズだけが残った。私はどう接していいかわからず、当たり障りのない会話を少しだけ交わし、知人との待ち合わせの時間になるとソイラーの家を出た。ソイラーの家の近くのカフェで知人と会っていると、ゴルナーズが店に入ってきた。私と彼女は互いに気づいて、遠くから挨拶を交わした。しばらくするとゴルナーズはレジの方から私の所に来て、ちょっと小銭が足りないから貸してほしいという。いくら足りないのか、私が貸す筋合いがどこにあるのか、などと一瞬考えた後に、私は何も言わず二〇ドル札を渡した。ゴルナーズは額面を見て少し意外そうな表情をし、私の方を向いて「ありがとう」と言って去って行った。

その時のLA滞在中に私がソイラーの所を再び訪れることはなく、次に行った時にゴルナーズはいなくなっていた。いずれにしても私は二〇ドルが返ってくることは期待しなかった。ソイラーは折に触れて、私が会ったことのある居候たちの良し悪しを語ることがあるが、ゴルナーズの話が出ることは全くない。どんな形で彼女がソイラーの家を出たのかはわからないが、贈与交換のモードによって差し出されるものを受け取り、そこから関係を生成することなく利益を引き出していったゴルナーズについては、評価の埒外にあるのだろう。

五　おわりに

ＬＡのイラン人たちは、人に干渉されずに自分の意のままに生活を送ることを「自由」であると語り、そのように振る舞うが、実際には逃れられない「しがらみ」を往々にして抱えていた。ところが「自由」は、「しがらみ」を一定の「作為」によって操作することで逆説的に成り立っている。行為としてのしがらみは自発的なものであるのか、外的な強制力によるのかを問うことができないという意味で、自由と不自由の間にある。自由とは、すべての結びつきを断つことではなく、ある結びつきを別の結びつきに変えていくことで可能になるのである（中川 二〇二一：一八三）。

本章では、移動の過程でさまざまな関係がモノや制度を経て組み換えられる中で、よそ者としてやってきたフィールドワーカーも関係の中に組み込まれていくことを明らかにした。あるかかわりあいを永続させたり、切ってしまったりする役割を果たすのがタァッロフという儀礼化されたコミュニケーションである。タァッロフを通じた贈与を単なる経済的利益と捉えれば関係は切れてしまうが、差し出されたものを正しく受け取ればよそ者であっても関係はつながっていく。「儀礼的な居候」はそのようなタァッロフの実践のひとつである。よそ者である私は、ソイラーの家での居候を通じて彼女や周囲の人との関係を作っていった。ミーヌーとイトコ、ナルゲスと彼女の幼なじみの場合のように、交換のモードの違いによって既存の関係が変化していくこともある。

ちなみに、私は二〇一四年にイランで宗教儀礼についての調査を行った際に、ソイラーの紹介を受けてテヘラン郊外の大邸宅に居候をした。しかし、調査の対象である宗教儀礼は家主のような階層の人からは低俗なものとみなされており、その調査のために深夜まで出歩いて昼まで寝ているような生活サイクルが家主の怒りを買い、ほどなくして私は家を追い出された。ソイラーと家主の間にどのような関係があったのか明らかではないが、私は自分の振る舞いが紹介者であるソイラーの信用や評判を損ねたのではないかと心配し、すぐに彼女に電話した。ソイラーは、心配には及ばない、気にするなと私を慰めた。ソイラーは「儀礼的な居候」に失敗した私を、家主との関係の媒介とはみなさず、何をしようが「人の自由だ」としてＬＡのやり方で締めくくったのである。

注

（１）以下、個人名はすべて仮名

（２）在日米国大使館と領事館ＨＰ「家族に基づく移民ビザ」https://jp.usembassy.gov/ja/visas-ja/immigrant-visas-ja/family-immigration-ja/（二〇二一年八月一五日閲覧）

参考文献

Abu-Lughod, Lila（1986）*Veiled Sentiments: Honor and Poetry in a Bedouin Society.* University of California Press.
Beeman, William O.（1986）*Language, Status, and Power in Iran.* Indiana University Press.
Carsten, Janet（2020）Imagining and Living New Worlds: The Dynamics of Kinship in Contexts of Mobility and Migration. *Ethnography,* 21（3）: 319–334.
インゴルド、ティム（二〇二〇）『人類学とは何か』奥野克己他訳、亜紀書房。
岩崎葉子（二〇一五）『「個人主義」大国イラン』平凡社新書。
栗本英世（二〇一九）「調査研究の中立性から『かかわりあい』へ　フィールドにおける助ける、助けられる関係から考える」渥美公秀・稲葉圭信（編）『シリーズ人間科学２　助ける』大阪大学出版会、二三－四六頁。
松村圭一郎（二〇一七）『うしろめたさの人類学』ミシマ社。

中川理（二〇二一）「自由」春日直樹、竹沢尚一郎（編）『文化人類学のエッセンス』有斐閣。

椿原敦子（二〇一八）『グローバル都市を生きる人びと』春風社。

在日米国大使館と領事館ホームページ　https://jp.usembassy.gov

第六章　人脈を辿って「紛争空間」を渡り歩く
――ミャンマー内戦に巻き込まれた人びとの越境的ネットワーク

岡野英之

一　はじめに

二〇一九年二月半ばのある夜、私はある武力勢力の本拠地ロイタイレン（Loi Taileng）にたどり着いた。この武装勢力は、「シャン州軍」（Shan State Army：ＳＳＡ）と呼ばれ、ここロイタイレンにはＳＳＡが組織した自治政府「シャン州復興評議会」（Restoration Council of Shan State：ＲＣＳＳ）が置かれている。ＲＣＳＳ／ＳＳＡはミャンマーの少数民族シャン人（Shan）の武装勢力であり、一九九〇年代後半から活動をはじめた。ロイタイレンは、タイとの国境沿いにあり、私はタイ側からロイタイレンに入った。

武装勢力の本拠地にたどりついたといっても、「ゲリラの拠点に潜入！」というような大それたものではない。私はこの時までにＲＣＳＳ／ＳＳＡの外務担当官Ａ氏と連絡を取っていた。彼は、先進諸国の外交官と交渉したり、開発援助機関との折衝を担ったりしているため、以前から名前を聞いたことがあった。私はロイタイレンに行くにあたり、数か月前からＡ氏とメールでやり取りをし、タイ政府から国境を越える許可を取るためにパスポートのコピーを送ったり、滞在する日数を調整してもらったりした。数日前にタイへと入国してからはスマートフォンを使ってやり取りをした。こうした経緯を経て、私はタイのある町まで辿り着いた。乗合バンを降りて、「着いたぞ」と一報を入れる。すると「しばらく待て」との連絡があった。五時間ほど待ってようやく迎えの車がやってきた。運転手はタイのどこにでもいそうな若者である。

町を出た後、車は国境沿いに向かい、どんどん山道を登っていく。小一時間ほどで国境に着いた。検問所でタイ国軍からチェックを受ける。運転手は窓を開けて「日本人だ。書類はすでに出してある」と告げた。そうすると兵士は書類を確認することもなく、そのまま通過してよいと告げた。検問を越えると、数百メートル先にロイタイレンがある。ロイタイレンに着いた後、車は、ある家の前で止まった。その家からは、一人の中年男性が出てきた。物々しい軍服を身にまとっているものの、足元はゴム草履だ。それがA氏だった。彼は私を見るなり、英語でこう告げた。

「ようこそ、ロイタイレンへ。私が君とやりとりした者だ。君の滞在中、私が君に対して責任を持つ」。

二　武力紛争で「当事者」と関わりあう

私は、ここ五年ほどミャンマー内戦を研究してきた。特に注目しているのは、少数民族シャン人である。フィールドワークでは暴力の主体たる武装勢力とも接してきたし、内戦の被害者である難民ともかかわってきた。本章では、シャン人、そして、シャン人を取り巻く内戦を理解するために、私がどのようなフィールドワークを実施したのかを記したい。

文化人類学とは、フィールドワークを通して研究対象と関わり合い、信頼関係を築きながら、「他者」および「他者のおりなす社会」に対する理解を目指す学問である。では、武力紛争を調査する時、いかに「当事者」と関わり合い、彼らをどのように理解すべきなのだろうか。武力紛争を研究する場合、フィールドワークには、つねに政治性や倫理性が伴う。武力紛争は政治性を伴う事象であり、社会を混乱させ、人の命を奪うこともある。誰とどのようにかかわるのかさえも、センシティヴな問題となる。

私は、武装勢力の関係者、ローカルＮＧＯ、移民コミュニティ、研究者、ジャーナリストという「当事者」を訪ね歩いた。内戦のさまざまな当事者に話を聞き、それにより内戦のことを理解しようとしたのである。話を聞き重ねるにつれ、ミャンマー内戦に関与するさまざまな当事者間のつながりが見えてきた。そのつながりの網目に巻き込まれながらも、私は調査を続けた。やがて、私は、こうしたつながりを描きだすことが「他者」そして「他者のおりなす社会」に対する理解を深めるひとつの方法なのではないかと考えるようになった。

三　人脈を辿って「紛争空間」渡り歩く

武力紛争とは多様な主体がかかわる事象である。ロッベンとノルドストロムが指摘するように、武力紛争とは単に戦闘や軍事活動だけを指すのではない（Robben and Nordstrom 1992: 5）。隣国に住む移民や難民も武力紛争の主体であるし、ＮＧＯや国際機関も武力紛争における現実を作り出している。さらには、研究者やジャーナリストも、ある意味、武力紛争の「当事者」である。こうした多様な「当事者」が、それぞれの行為を営む中で、武力紛争という現象が形作られる。たとえば、国軍と武装勢力の間で戦闘が発生することで、難民が隣国に流入する。隣国では難民に対してＮＧＯや国際機関が支援を実施する。ニューヨークの国連本部では、情勢の悪化に対して非難声明が起草される。ジャーナリストがそれを報じ、研究者もそれに対する調査をして論文を執筆する。こうした経緯を経て武力紛争が現実となり、言説としても形を持っていく。

ここで強調したいのは、研究者やジャーナリストなども、武力紛争をとりまく「当事者」だということである。つまり、調査すること（あるいは取材すること）や書くことで武力紛争に対する解釈を作り上げている（岡崎 二〇一〇、栗本 二〇一九）。

そうした「当事者」がそれぞれの行為を実践する概念的な場をここでは提唱したい。それを「紛争空間」と名付けよう。「紛争空間」とは、ひとつの地理的な領域を指すのではなく、複数の場が結びつくことによってなりたつ抽象的な空間である。その中には、戦闘がおこる現場や武装勢力の支配地域が含まれるが、それだけではない。難民が暮らす隣国の町、和平交渉が進められる会議場、国際機関が活動する場（その中には現地での支援の現場も含まれるし、ニューヨークやジュネーブなどにある本部も含まれる）、ジャーナリストや研究者が調査をする場、などが含まれる。このように考えると、研究者である私もまた、ミャンマー内戦の「紛争空間」で「当事者」としての実践を重ねる主体なのである。

フィールドワークでは、人脈を辿ることで「紛争空間」を渡り歩いた。すなわち、新しい場所を訪問する際、その場所の関係者を紹介してもらいながら調査を進めた。私という「当事者」が、その他の「当事者」たちを訪ね歩いたのである。こうした取り組みによって「紛争空間」の全体像がおぼろげながらに見えてきた。

四　チェンマイにあるＮＧＯとＲＣＳＳ／ＳＳＡ

冒頭で記したように、私は外務担当官Ａ氏に頼ることで、武装勢力ＲＣＳＳ／ＳＳＡの拠点ロイタイレンにたどり着いた。私がＡ氏と接触することができたのも人脈を介してであった。Ａ氏と知り合うまでに、すでに私はタイ北部の都市チェンマイでシャン人移民や避難民についての調査を進めていた。そこでのツテからＡ氏ともつながったのだ。

私はミャンマー内戦の研究をしているのだが、主な調査地はミャンマーではない。隣国タイを主たる調査地にしている。なぜなら、シャン人の中には、難民や出稼ぎ移民としてタイに住んでいる者が少なくないし、タイには、亡命政治家や武装勢力の関係者も住んでいるからである。なかでもタイ北部の都市チェンマイは、ミャンマーの少数民族が集まる都市であり、ジャーリストにとっても研究者にとってもミャンマー内戦にアクセスするための玄関口となってきた（高野 二〇二一：Lintner 1999）。私もその方法を踏襲し、まずはチェンマイで調査を始めた。

シャン人は、ミャンマーでは少数民族という位置づけである。ただし、少数民族としては規模が大きい。ミャンマーの人口は約五〇〇〇万人であり、そのうち一割ほどがシャン人だとされる（主要民族ビルマ人は人口の六～七割だとされる）。そのシャン人が最も多く住んでいるのがシャン州である。シャン州はタイとも隣接しているし、シャン語とタイ語は近い（高野 二〇二一）。こうしたことから、シャン人はミャンマーからタイへと国境を越えて移動してきた。内戦によって避難民となった者もいるし、就労機会を求めてミャンマーからやってくる者もいる。ゆえにシャン州に近いタイ北部では多くのシャン人が低賃金労働者として働いている。北部最大の都市チェンマイにも多くのシャン人が働いており、チェンマイ大学の研究者、アンポーン・ジラッティコーン（Ampom Jirattikorn）によると、チェンマイ市域の人口一二〇万人のうち、約二〇万人がシャン人であるという（Ampom 2017）。彼らは掃除夫、屋台の店員、建設作業員などとして働いており、街中ではしばしばシャン語を耳にする。

彼らはタイでは社会的弱者にあたるため、支援を提供するローカルNGOが多数ある。チェンマイの都市部で低賃金労働者やその家族を対象に支援活動を実施する団体もあれば、国境地帯に住む農業労働者や避難民に対して支援を実施する団体もある。さらには、国境を越えてミャンマーに住むシャン人を支援対象とする団体もある（こうした団体は、武装勢力の支配地域で支援活動を実施する）。

私は、そうしたローカルNGOの活動を把握することから調査を始めた。なぜなら、ローカルNGOには、たいてい英語をしゃべる人が働いているからである（海外の援助機関から支援を受けるためだ）。言語の壁があってもNGOの活動なら調査は可能である。

私がミャンマー内戦の研究を始めたのは博士論文を執筆した後のことであり、三〇代も半ばであった。この歳になると、大学に勤め、講義を担当することになる。現地調査ができるのも夏休みと春休みに限られる。ゆえに、一つの村に長期間住み、フィールドワークをするのは現実的ではない。一般的に人類学者がするように「その土地に生まれた子供が言葉やしきたりを学び、さまざまな知識を身に付けていく」（佐藤 一九九二：一四六）には、歳を取りすぎていた。そのため、まずは英語で調査をすることにしたのである。タイでの調査を始めたのは二〇一五年であったが、その後、毎日タイ語を勉強し、二〇一八年頃までには片言のタイ語で聞き取り調査ができるまでとなった。ある程度、タイ語ができるようになるとシャン語の学習を始めた（タイ語とシャン語の学習は日本でも毎日欠かさない）。言語が上達するにつれ、現地で聞けることも増えていった。

数年間かけて、チェンマイでローカルＮＧＯを回り、その設立経緯を聞き重ねた結果、これらのＮＧＯは、一九九〇年代に設立されたひとつのＮＧＯから派生したものであることがわかってきた。そのＮＧＯを設立したのは、武装勢力から離脱したインテリたちであった（岡野 二〇二〇）。

一連の調査の中で気づいたのは、ミャンマー内戦の「当事者」間の距離が近いことである。避難民や移民、ＮＧＯ、武装勢力、研究者、ジャーナリストの関係が密なのだ。

そのことに気づくきっかけは、チェンマイ大学の修士課程に在籍するシャン人の学生に調査を手伝ってもらったことであった（前述のアンポーン先生に彼女が指導する学生を紹介していただいた）。調査を手伝ってくれたのは、三〇代後半の男性、プームアンさんである。彼はシャン州からの留学生だった。私は、ある時、プームアンさんに、ＲＣＳＳ／ＳＳＡの関係者に話を聞きたいと相談したところ、すんなりと紹介してくれた。紹介してくれたのは教育担当官である。チェンマイ市内にＲＣＳＳ／ＳＳＡ教育局のオフィスがあるのだという。そこへバイクで連れて行ってもらった。オフィスの様子はＮＧＯのそれと変わらない。パソコンが並んでおり、印刷された教材が積まれている。オフィスの前には「少数民族支援の会」という看板がカモフラージュとして掲げられていた。この時、私は教育担当官である男性にライフヒストリーを聞き取った。

彼は、もともと、チェンマイにあるひとつのＮＧＯで働いていたのだが、シャン人のために貢献したいと思い、ＲＣＳＳ／ＳＳＡに「転職」したのだという。彼が働いていたＮＧＯは、タイに住むシャン人労働者の子供に対して教育活動を実施していた。彼にいわせると、「ＲＣＳＳ／ＳＳＡに転職したからといって仕事内容はあまり変わるわけではない」という。

ＲＣＳＳ／ＳＳＡは、支配地域で学校教育の拡充を図っている。国境沿いにある五か所の拠点にも、一般住民を対象とした学校がある。解放闘争を掲げるＲＣＳＳ／ＳＳＡにとって、住民に社会サービスを提供することは正統性を確立するためにも必要である。教育担当官は、チェンマイを拠点にしながら、教育制度の拡充や教科書の作成に当たっているのだという（インターネットのアクセスや印刷所への発注などの都合から、チェンマイが便利なのだとか）。聞き取り調査の後にプームアンさんに話を聞くと、二人はかつて、同じＮＧＯで働く同僚だったという。一人は奨学金を得て、「留学生」の立場になり、もう一人はＲＣＳＳ／ＳＳＡに転職したのだ。その後の調査でわかったのだが、教育担当官の他にも、ＲＣＳＳの幹部（すなわち、自治政府の文官）にはＮＧＯで働いた経験を持つものが何人かいた。

その一方で、ＮＧＯの職員の中には仕事を辞めて、大学や大学院で学ぶ者も少なくない。修士号を持っていると、より条件のよいところに転職できるからである。チェンマイにキャンパスを構えるチェンマイ大学やパヤップ大学は、そうした学生の受け皿になっている（シャン人だけではなく、その他の少数民族もいる）。彼らは民間の財団が提供する奨学金を取ったり、大学側の用意する学費免除プログラムを使ったりして学位を取っていく（実は私も、知り合いのＮＧＯ職員がチェンマイ大学に応募するというので研究計画書の作成について相談に乗った経験がある）。さらにこうした学生は研究者をも助ける。なぜなら彼らを介して、避難民や武装勢力にアクセスできるからである。このようにミャンマー内戦では「当事者」の関係が密である。

私がＲＣＳＳ／ＳＳＡの外務担当官、Ａ氏に会うきっかけとなったのは、上述の教育担当官や調査を手伝ってくれたプームアンさん、そして、その他、チェンマイで出会った多くのシャン人に「シャン人に興味があるなら、ロイタイレンに行くといい」といわれたからである。「シャン国民の日であれば通行に問題はないし、楽しいぞ」とのことだ。RCSS／SSAは、二〇一一年にミャンマー政府と停戦合意を結んでいるため、危険もないという（停戦合意後、RCSS／SSAは、武装および支配地域の維持を認められたまま、政治的解決に向けた話し合いを中央政府と続けている）。シャン国民の日にあたる二月七日はちょうど日本でも大学の春休みにあたる。私はフェイスブックを通してシャン人の知人からA氏を紹介してもらった。そうして、A氏とコンタクトを取り、ロイタイレンへと向かうことになった。

写真 6-1　シャン国民の日には、一般のシャン人もロイタイレンに遊びに来る（2019 年 2 月）

五　ロイタイレンからつながる人脈

一九四七年の二月七日、シャンの代表者たちは、新生ビルマへと参加することに決めた。それによりシャン人はビルマ人を主体とするビルマ独立のプロセスに加わる。シャン国民の日は、それを記念した日である。

ニュースで見る限り、シャン国民の日は政治的な祭典であった。ミャンマー国内には数多くの武装勢力がある（ICG 2020）。シャン国民の日についての報道を見ると、RCSS／SSAが、同盟関係のある武装勢力や諸外国（和平プロセスに関与している国が多い）を来賓として招き、軍事パレードを見せつけるという政治色が強いものにみえた。しかし実際にロイタイレンを訪れてみると、それは一部にすぎないことがわかった。シャン国民の日は、一般のシャン人を対象としたエンターテイメント・イベントでもあったのである。タイ側からシャン人が大挙して参加するのだ。

祭典の前後は、タイ側からロイタイレンへと至る道が大渋滞する。バンコクやチェンマイのナンバーをつけた車であふれるのだ。タイ国境の検問も簡単な手続きで通れる。ロイタイレンのあちこちにテントが張られ、車座になって酒を飲んでいる男女もいる。さしあたり、どこかの野外音楽フェスティバルを彷彿とさせる開放感がある。実際、シャン国民の日前後の数日間は、夜通しコンサートが開かれ、参加者はみな、それを楽しんでいく。シャンの流行歌には政治的な歌が少なくないため、ＲＣＳＳ／ＳＳＡにとってはコンサートをするだけでもプロパガンダになる（Ferguson 2012）。私がロイタイレンに来たのは、そんな祭典が開かれるタイミングであった。

すでに述べたように、Ａ氏は外務担当官である。彼は、仕事の一環としてメディア関係者の受け入れを担当していた。私は、ロイタイレンでの滞在中、報道関係者のひとりとして扱われた。滞在中は、彼の家にある宿泊棟で、何人かと雑魚寝をした。いっしょに「合宿」した者は、アルジャジーラのテレビクルー（インド人とタイ人）、ヨーロッパ人のフリージャーナリスト、オックスフォード大学で博士課程に通う人類学者など一〇人ほどである。その中でも、ジャーナリストのアンドレ・ボーコー（Andre Baucaud）氏は生き字引のような存在であり、フランス語訛りの英語で惜しげもなく皆に過去の経験を語ってくれた。彼によると、もともとロイタイレンは、ＲＣＳＳ／ＳＳＡの前身である武装勢力、モンタイ軍（Mong Tai Army）の小さな駐屯地があったところだという。

私たち「報道関係者」はロイタイレンでいろいろなところを連れまわされた。シャン国民の日の祭典は、ＲＣＳＳ／ＳＳＡの重役たちが集まる時期でもある。日中は各種会議が開催されるようでＡ氏も忙しく行き来している。夕方からは重役たちの交流会と称した飲み会が開かれるため、私たちもそこで挨拶するように促された。ありきたりの挨拶やスピーチはいささかつまらない。しかしながら、古参のジャーナリストであるブークー氏は、こういう場が大事なのだという。「ちゃんと顔と名前を覚えておけ、何度も顔を合わせれば向こうも覚えてくれる。それが後で活きてくるはずだ」と彼は語った。ロイタイレンには四日間滞在した。報道陣見学ツアーの他、私は現地で仲良くなった一般のシャン人と寺に祈祷をしにいったり、病院を見学させてもらったりした。そして、大方のシャン人がいなくなるまでの様子を見届けたうえで、タイ側へと送り届けてもらった（比較的遅くまで滞在したのは、帰りも大渋滞になるのでそれを避けたという事情もある）。

写真 6-2　報道陣の一人として RCSS／SSA 議長の会見に参加した（2020 年 2 月、2 回目の訪問時）

この経験自体は、「報道陣向けの見学ツアー」に過ぎず、さしたる経験ではないかもしれない。しかし、ロイタイレンでの経験は後になって活きてきた。まず、RCSS／SSAの幹部と顔をあわせただけのことが、後に役に立った。たとえば、ある村で退役した老兵に、ロイタイレンでひとりの司令官にあったことを話すと、「あいつは私の部隊にいた」と語ったことがあった。また、同じ村で村人にロイタイレンで取ったスナップ写真を見せたら「ああ、彼の親戚は隣の家に住んでいるよ」と教えてくれたりした。それがきっかけで話が弾み、多くの話を聞くことができた。話を聞き重ねるにつれて、この村の歴史が見えてきた。シャン人武装勢力はこれまでいくつか台頭してきたが、その多くがタイとの国境沿いに基地を設けた。この村もそのうちの一つであった。当初、この村では基地周辺に戦闘員の家族や、その親族が移り住んだ。彼らは未開地を開墾したり、越境交易に従事したりすることで生活を築いた。移り住んだ者が親族を呼び寄せることを繰り返して、村人が増えていったのだという。現在ではタイ政府による住民管理や土地管理が厳しくなっているため、非公式な越境交易は難しくなっているし、入植するような無主地もない。しかしながら、この村では移民を受け入れ続けている。農業労働者として雇用するのだ。彼らは低賃金で働いているものの、たいていの場合、やがて都市部で好条件の仕事を見つけて辞めていくのだという。この村では、ロイタイレンでＲＣＳＳ／ＳＳＡの幹部の顔を見たことがあるというだけのことで、村人が私に親近感を抱いてくれた。それによって調査がスムーズにいったのである。

その他にも、ロイタイレンの訪問は、欧米人のフリージャーナリストたちと交流を持つきっかけになった。チェンマイには、ミャンマー内戦を取材するフリージャーナリストが多く住んでいる。ロイタイレンから帰った後は、彼らと飲むことが何度かあった。ビールを片手に話し合うようになると欧米人ジャーナリストたちが、意外にもアカデミズムとつながりがあることがわかってきた。前述したようにチェンマイ大学では、ミャンマーの少数民族が留学生として多く学んでいる。彼らは修士論文を英語で執筆するも、英語能力はそれほど高くはない（特に文法がひどい）。しかしながら、現地の情報が多分に含まれているため、出版する価値はある。チェンマイ大学の研究所は、少数民族による修士論文をモノグラフとして英語で出版しているものの、出版に耐えうるものにするには大幅な修正をする必要が出てくる。そこでチェンマイに住む欧米人フリージャーナリストが雇われる。彼らの中には大学に雇われ、出版物の編集作業やネイティブチェックを請け負っている者が少なくない。こうした作業を通してジャーナリストは、留学生と知り合いになる。留学生にとってジャーナリストは、自らの修士論文をちゃんとした英語に修正し、立派な出版物に仕上げてくれる恩人になるし、ジャーナリストにとっても彼らと知り合うことのメリットは大きい。なぜなら、この学生たちは将来、ミャンマーの少数民族をけん引するエリート層となっていくからだ（そもそも修士課程に入学する前からNGOや政治団体で活躍している人も少なくない）。このようにミャンマー内戦では、内戦の「当事者」たちの距離が近い。私の研究も、こうした関係の網の目に巻き込まれることで進んでいった。

写真6-3　チェンマイ郊外の建設労働者が住む一時的な集落（2020年2月）

ここではローカルNGOが講師を派遣し、子供たちにシャン文字を教えている。普段、子供たちはタイの公立学校へ通う。週1回、夜にシャン語教室が開かれる。

六　生活空間を垣間見る

これまでの記述からもわかるように、私の調査は「紛争空間」を理解することが中心であった。しかしながら調査を進めるとシャン人の生活世界も見えてきた。ここではほんの一例だけ紹介したい。

私はある時、オートバイでシャン人の村々を訪ね、国境沿いの村々の歴史を聞いて回った。その旅の途中で、たまたまA氏とフェイスブックでやり取りしていると、「俺の姉さんが近くに住んでいるから、飯でも食っていけ」というメッセージをもらった。その後、すぐにお姉さんから連絡が入り、わざわざわかりやすい場所まで車で迎えに来てくれた。食堂を経営しているらしい（シャン料理はなく、タイ料理がメニューに並んでいた）。お姉さんは、数年前にこの村に来たのだという。バンコク（タイの首都）で長年働き、貯めたお金で母をミャンマー側から呼び寄せ、今の場所に落ち着いたというのだ。A氏がバンコク近郊の寺で僧侶だったという話も聞いた。その他、村での最近の出来事や開催された祭りの話を聞きながら、時間が過ぎていった。小一時間ほどの世間話で生活の一幕に触れることになったのだ。

この例に限らず、フィールドワークの中でシャン人の生活世界に触れることは少なからずあった。家にお邪魔すると家族の写真が立ててあったり、学校から帰ってきた子供がいたりする。そうしたことをきっかけに世間話をすると、「紛争空間」が生活空間と隣り合わせであることがわかってくる。

七　考察

武力紛争を調査する時、いかに「当事者」と関わり合い、彼らをどのように描くべきなのだろうか。私が現在考えているのは「武装勢力といえども、彼らはシャン人を取り巻く社会の一部分を構成しているにすぎない」という現実を伝えることではないかと考えている。武装勢力の構成員であっても、当然のことながら、親族や知人との付き合いがあり、そして、「仕事上」の関わりがある。いわば、内戦は彼らの社会を構成する一部なのだ。「紛争空間」が生活空間とともにある。そのことを書くことで政治的な不利益を被る者はいないはずだ。

もちろん、政治性を持たないと思っていた自分の執筆物が思わぬところで政治性を持ったり、調査対象者に不利益を与えたりする場合もある。「物書き」としてそれを常に留意しなければならないことは自覚しているつもりだ。

私は、調査を進めるうえで書けないことも知る機会があった。しかしながら、当事者にとって「バレて」ほしくないことを書くわけにもいかない（当事者が不利益を被るような内容を書くことは倫理的にも問題があるし、今後、関わってもらえなくなるかもしれない）。その一方で、武装勢力の関係者から書いてほしい事柄を説明されたり、見せられたりした経験もある。しかしながら、彼らの主張を代弁する「御用学者」になるわけにもいかない。先に書いた私の考えはこうしたジレンマの中で導き出したものである。

八　おわりに

ミャンマー内戦の「当事者」とかかわるには、ある種の緊張関係が伴う。武装勢力の関係者とは、ことさらそうした緊張関係が強い。しかし時にはそうした緊張関係を忘れさせるような関係性を持つこともある。A氏とは、ロイタイレンで会って以来、数度顔を合わせた。予定があえば、飯を食う仲になった。しかし、一緒に飯を食っても情報を得ようとはしなくなった。結局、なんとなくウマが合うのだ。チェンマイでも会ったことがあるし、ヤンゴンでも会ったことがある（二〇一一年の停戦合意後、ＲＣＳＳ／ＳＳＡ関係者も政府支配地域内に合法的に滞在できる）。彼は公務で、さまざまなところを転々としており、忙しいようだ。

一度できた人間関係は、大事にしたい。ウマが合う人とはなおさらである。もちろん、それはＡ氏に限ったことではない。筆者には研究者としてではなく、人としてそういう思いがある。

これまでにも一度会ってお世話になった人には、できる限りのかかわりを持とうとしてきた。太くなくてよい。軽くでいい。たとえば、オートバイでチェンマイを移動していた時、ふと前年、聞き取り調査に応じてくれた方の家の前を通りがかることに気づき、立ち寄ることにした。しかし、思い立ったものの手土産がない。目の前にある市場でドーナツを買った。家の軒先にオートバイを止め、軽い挨拶をする。

「ちょっと通りがかったので、顔を見に来ました。」

そういいながら数分の世間話をし、手土産を渡す。「今年もシャン人について調べに来ました。また色々聞かせてください。」とも付け加えておく。日本での付き合い方と変わらないように見えるかもしれないが、細部は現地のやり方に合わせている。あまり大それたお土産を持って行かない方がいいし、気軽な挨拶として適切なフレーズもだいぶ使い慣れた。

本章執筆時（二〇二一年七月）、コロナ禍がはじまり一年半が経ようとしている。長い間、現地には行けていない。コロナ禍の間、私はこつこつとシャン語を勉強し続けた（まだまだ調査のために使うにはほど遠いが…）。これまでタイ語をメインの調査言語としてきたものの、少しくらいはシャン語を使う機会が増えそうだ。しかしながら、現状を見ると、フィールドワークができるのはまだ先のことだといわざるを得ない。タイでは、インドで最初に確認されたデルタ株の影響で新型コロナウイルスの感染が未曽有の拡大を見せている。コロナ禍が落ち着き、渡航が可能となった日には、これまでのように手土産を持って、お世話になった人たちのもとを訪ねたいと思っている。いつものようにオートバイを家の前で止め、「お久しぶりです、今年も調査に来ました」と話しかける。その時には以前のようにタイ語を使うのではなく、シャン語を使おう。心にそう決めている。

参考文献

Amporn Jiratikorn (2017) "Forever Transnational: The Ambivalence of Return and Cross-Border Activities of the Shan across the Thailand-Myanmar Border," *Singapore Journal of Tropical Geography*, 38: 75–89.

Ferguson, Jane M. (2012) "Sublime Rock: Burmese Popular Music, Language Code Switching and Sentimentalism among Shan Migrants at The Thai-Burma Border," *Wacana Seni*, 11: 19–37.

International Crisis Group (ICG) (2020) *Identity Crisis: Ethnicity and Conflict in Myanmar*, Crisis Group Asia Report No. 312, International Crisis Group.

栗本英世（二〇一九）「繰り返される強制的移動と開発――エチオピア西部ガンベラ州における集村化と土地収奪」石井正子・中川理・マーク・カプリオ・奥野克巳（編）『移動する人びと――多様性から考える』晃洋書房、一五八－二〇七頁。

Lintner, Bertil (1999) *Burma in Revolt: Opium and Insurgency since 1948*. Silkworm Books.

岡野英之（二〇二〇）「タイにおけるミャンマー避難民・移民支援と武装勢力――シャン人武装勢力ＲＣＳＳ／ＳＳＡと隣国で活動するＮＧＯ／ＣＳＯ」『難民研究ジャーナル』九：八六－一〇一頁。

岡崎彰（二〇一〇）「持続可能な戦争――スーダンの内戦を通して考える」足羽與志子・濱谷正晴・吉田裕（編）『平和と和解の思想をたずねて』大月書店、三〇〇－三一四頁。

Robben, Antonius C. G. M. and Carolyn Nordstrom (1992) "The Anthropology and Ethnography of Violence and Sociopolitical Conflict," Carolyn Nordstrom and Antonius C. G. M. Robben (ed.) *Fieldwork under Fire: Contemporary Studies of Violence and Survival*, Berkley, University of California Press, pp. 1–23.

佐藤郁哉（一九九二）『フィールドワーク――書を持って街へ出よう』新曜社。

高野秀行（二〇二一）「混沌のゴールデントライアングル言語群篇（4）――麻薬王のアジトでシャン語に出合う」集英社インターナショナル、七月九日〈https://shueishaintbooks.com/n/n146e4ebb5935〉

第七章　戸惑いの帰趨
――観光開発とのかかわりあいから考える

上田　達

一　はじめに

本章では、私がこれまで調査を行ってきたマレーシアの都市集落で遭遇した、観光開発をめぐる出来事の記述を通して、人類学とフィールドとのかかわりあいについて考察する。以下でも述べるように、観光開発の動きはまだ明確な像を結んでいない。集落のリーダーや住民たちが一歩を踏み出せば動き出したかもしれないプロジェクトは、耳にしてから数年が経った今も前に進まない。しかし導入が試みられた観光開発によって何らかの現実は作られていき、それは集落の人びとだけでなく、彼らと私とのかかわりあいにも影響を及ぼしている。

カプフェラー（Kapferer 2015）は、人類学における出来事（event）への注目を概観している。ある文化の全体性が現れたものとして出来事を捉えるのではなく、むしろ出来事の記述を通して、社会の動態性を描くアプローチに注意を促す。グラックマンらマンチェスター学派の状況分析から、近年のドゥルーズらの影響を受けた諸研究を顧みながら、出来事を民族誌的に描くことの可能性として、彼は次のように述べる。「出来事の諸実践を詳細に考察することの重要性は、比較的閉じた（それゆえに反復する）システムのロジックを示すことにあるのではない。むしろ、常に未完の状態にある生成の新しい可能性を探求することが重要なのである」（Kapferer 2015：16）。

以下では、マレーシアにおける観光開発に関する出来事の記述を試みる。その中で、そこにみられる二つのかかわりあいについて取り上げる。ひとつは、私が調査してきた集落における、観光開発と住民とのかかわりあいである。もうひとつは、その観光開発と私とのかかわりあいである。ふたつのかかわりあいのいずれにおいても、当事者には戸惑いが生じている。住民の戸惑いは、先住民という政治的なカテゴリーの解釈の揺れに付随しているもので、私の戸惑いは開発やそれによる変化へのコミットメントをめぐる迷いから生じたものである。二つに共通しているのは、どうなるかわからない不確実なものに対する身の構えである。

二　観光、開発、文化

二・一　マレーシアにおける観光と開発

マレーシアはマレー半島とボルネオ島北部の二つの部分からなる。マレー半島部が一九五七年に英国から独立した後、一九六三年にボルネオ島の英領部が編入してマレーシア連邦として成立した。二つの地域は異なる歴史的経緯を経ているものの、ともに英国の植民地であったことが、多民族からなる社会構成に濃く影を落としている。二〇一〇年のセンサスを紐解くと、マレー人などの先住民、華人、インド人という三つの主要な民族集団が数えられている。多民族であることは、マレーシアを特徴づけるものとして内外に広く喧伝される。マレーシア人を図像で表現する際には、主要な三民族集団のみが登場するか、三つに加えて歴史的文脈を異にするボルネオの二州の先住民を加えたものが登場するかのいずれかである。

こうした多民族性はマレーシアの観光資源となっている。輸出品に依存した経済からの脱却を図るため、一九七〇年代からは多角的な産業発展が指向された。観光産業も、そうした産業の多角化のなかに位置づけることができる。一九八七年にはマレーシア連邦政府の中に文化芸術観光省が新たに設置され、内外への情報発信を行っていくようになる。マレーシアを訪れる観光客の数は、二〇一〇年に二〇〇〇万人を数えるようになり、観光産業への注力は一定の成果を見せている（Azizan Marzuki 2010）。

同省に設置されたマレーシア政府観光局は国外でも精力的にプロモーション活動を行う。観光局が掲げる観光事業の目的は「マレーシアを素晴らしい旅行先として売り出すこと、そして、観光産業を国の社会・経済的発展（the socio-economic development）に強く貢献させること」である。[1]「社会・経済的発展」という語は、一九七一年から実施された「新経済政策（New Economic Policy / *Dasar Ekonomi Baru*）」を想起させる。流血の事態を招いた一九六九年の民族衝突事件を乗り越えるべく、民族間の経済的格差の是正を図るとともに、国全体としての経済発展を目指すのが新経済政策の論理である。経済発展と社会統合がリンクした新経済政策と同様、観光産業もまたマレーシア社会の「民族」の磁場に位置づけられていることが看取できる。

二・二「文化のショーケース」

経済発展や市場経済のなかへの「民族」やその担い手としての「文化」の組み込みは、世界各地で見ることができる現象である。コマロフらはエスニシティや国民性が、アイデンティティや消費文化との結びつきを通して、経済活動のためのリソースとなっていることを指摘する（Comaroff and Comaroff 2009）。マレーシアもその例外ではない。上述のように、植民地時代から引き継いだ多民族からなる社会状況は、観光産業と親和的であり、グローバルな消費文化の格好のコンテンツとなっている。

観光開発が多民族社会とかかわることが明確になるのは、一九九一年に定められた「国家観光政策」と呼ばれるマスタープランにおいてである。そこでは自然資源と並んで、文化の多様性がマレーシアのユニークなイメージを作ることが強調されている。また、民間部門の投資によって観光産業のより一層の交流を図るとともに、「観光活動とプロモーションを通じてローカル・コミュニティの認知を高めて、参加を促す」試みが肝要であると述べられている。

多民族社会と観光産業との絡み合いは、二〇〇一年に出された経済開発プランである「第八次マレーシア計画（*Rancangan Malaysia Ke-8*; *RMK8*）」[2]で、より明確な像を結ぶようになる（Cai 2020: 48–49）。同計画には観光産業のさらなる発展のために、いくつかのモデルが示されている。エコツーリズムや、農業ツーリズムなどと並んで、「地方」「文化」「遺産」がキーワードとして挙がり、とりわけ文化遺産が環境と並んで主たる観光商品とされる（RMK8: 367）。

こうした取り組みのなかで語られる民族や文化は、固定化された、数えることのできる対象となる。観光局ホームページに書かれた次のようなフレーズは、観光の文脈での民族や文化の位置付けを示している。「マレーシアは多様な文化に恵まれているので、新しいキャンペーンはマレーシアの豊かで多様な文化と種々の祝祭を展示して（to showcase）、世に発信することを目指す」[3]。ショーケースに並ぶ文化は衣服、舞踊、言語、信仰といったものを含み、マレー人、華人、インド人という主要な民族の構成のイメージを実体化して、人びとの前に提示され続ける。冒頭でも述べたように、サバ州とサラワク州の先住民族もそのショーケースに並ぶ（写真７－１）[4]。先述のコマロフら（二〇〇九）に倣えば、単なる展示としてではなく、文化や民族をめぐる観光の文脈で消費される商品として陳列されていることになる。

写真 7-1　マレーシアを構成する民族集団のイメージ写真

左から、イバン人、インド人、マレー人、華人、カダザンドゥスン人を示す。
出典：マレーシア政府観光局ホームページ
https://tourism.gov.my/frontend/images/about-us-1.png

二・三　「サバ州の先住民」

マレーシアは国として多民族社会を標榜しているが、マレーシアを構成するサバ州も同様である。ただ、その構成においてマレー半島部との異質性を指摘できる。英国統治時代の統計官たちは民族名なのか居住地名なのかを同定することが困難であると、しばしば報告書に記している。たとえば、主に内陸部に住む言語学的にドゥスン系と一括することが可能であった人であっても、人びとはそれぞれ異なる居住地の名前で集団意識を持っていた。

独立後、マレーシアへの編入によって、域内に住む人びとを括りあげるカテゴリーが創出された。内陸部に住む非ムスリムのドゥスン系の人びとを例に挙げると、カダザンと称されるようになることもあったが、一九九〇年代からは二つを繋げたカダザンドゥスンという呼称が公の場においても採用されることになった(5)。カダザンドゥスン文化協会は、四〇もの方言集団がカダザンドゥスンの名の下に包摂されているとしている(6)。四〇の集団の間に微細な差違があることは、私のインフォーマントらがしばしば指摘することである。しかし、そうした差違があるとしても、本章との関連において強調すべきなのは、カダザンドゥスンがサバ州において最も人口の多い先住の民族集団だと内外に認知されていることである。独自の文化――衣服、舞踊、言語、信仰等――を有するサバ州の先住民という位置付けがカダザンドゥスンに与えられている。

三　戸惑い

三・一　K集落との出会い

観光をめぐる言説に見られる民族や文化は、人びとの生活においてどのように語られているのか。以下では私

図7-1　マレーシアの地図

出典：Wikicommons（パブリックドメイン）

の調査地であるマレーシアのサバ州にあるK集落の事例から明らかにしていく。二〇〇三年に私はマレーシアのサバ州を訪れて、現在までかかわりを持つ調査地に出会った。バジャウなどのムスリム系の人びとや、華人の人びとがわずかながら暮らしているが、K集落の住民の多くはカダザンドゥスンの人たちである。カダザンドゥスンの文化行事である収穫祭を公的に開催していることなどからも、集落内外においてK集落はカダザンドゥスンの人びとが住む集落であると見なされている。

私がK集落に最初に出会ったのはコタキナバル市内をバイクで動きながら、調査地を探していたときのことだった。いくつか目星をつけた村の一つだが、知り合いもいなかったため、現地大学の先生に紹介のツテを頼んでみた。現地調査をするために、現地の大学とのコネクションが必要だったため、サバ大学のロスラン・アフマド教授（仮名）にカウンターパートを引き受けて頂き、調査地の推薦をお願いすることにした。しかし、ロスラン教授からの返答は、市役所の村落行政に関わる人物を紹介するから、彼の指示に従うように、というものだった。ロスラン教授はマレー半島の出身者であったため、現地社会に強いコネクションを有していないからというのがその理由であった。ロスラン教授の指示どおり、私は市役所に向かい、紹介されたアブドゥラ・ハナフィ氏に会っていくつかの集落の名を聞き、それぞれの村長へのレターをもらい、後日それぞれコンタクトをとり、会いに行くことにした。さらに、集落の住民構成や簡単な歴史などをアブドゥラ氏から聞いて、調査のトピックから考えてＫ集落が調査地として最も適していると判断した。だが、そうした表向きの理由以外に、訪れた集落の中で、村長がもっとも「親切」だったからというのも大きかった。彼が親切だったという最初の印象は、その後の付き合いから考えても何ら間違いなかったと思える。だが、最初に彼に会った時に、私の処し方が他の村長たちと明らかに違うとまで感じさせたのは、当時のＫ集落の置かれている立場によるところが大きかったのだろうと、その後の調査を通じて気づくことになる。

というのも、私が訪れた二〇〇三年は、まだＫ集落が、無許可で公有地に建てた家々からなる不法居住のスクオッター集落の地位を脱して数年しか経っていなかった時期に当たる。私に紹介状を書いてくれたアブドゥラ氏は村落行政に関するセクションの長であり、彼からの紹介状は、行政とＫ集落との関係を考えると、私が考えていた以上の重みがあったと推測される。

三・二　開発と発展

Ｋ集落は内陸部からの出稼ぎ民が居住する集落である。周囲と比べて小高い丘になっている緑地の「山麓部」に家々が並ぶ（写真７－２）。私が長期のフィールドワークを行っていた時期（二〇〇三～二〇〇四年）、三百ほどの家屋が確認されていた。K集落に興味を引かれたのは、移住者が多い歴史の浅い集落であり、都市の中心部にある「村」であるという点である。すぐ前にバイパス道路が走り、道路を隔てたところには区画整備された住宅地が並ぶ。丘を上まで登りきると、幾度となく増改築をして立派な構えを持つようになったコタキナバル国際空港を望むことができる。周囲の都市圏を含めると五〇万人の人口を抱える地域最大の都市で、住宅などの建物、道路などのインフラの整備が進むコタキナバルにおいて、K集落の姿は、私がフィールドワークを始めた時から、独特の外観を纏っていた。

写真 7-2　丘の斜面に立ち並ぶ家々（2008 年 2 月筆者撮影）

K集落の特殊性は、たどってきた経緯を踏まえて見る必要がある。K集落のある土地は、もともと公有地であって、内陸部から都市へと移住する人びとが住むところを探して、見つけた場所に当たる。当初、木々が茂る森で会ったところに数軒の住居が建てられたのを端緒として、中心部へのアクセスの良さからその数を増やしていく。いわば、都市に就労機会を求めて移動してきた州内移民による不法居住の集落だったのである。

そのため、K集落はしばしば行政による立退き要請に直面してきた。しかし、住民らの働きかけなどによって、住居の取り壊しなどのハードな介入は免れてきた。政府の不法集落対策は、フィリピンやインドネシアからの移民の集落対策を再優先としつつ、都市開発のために必要な用地であるか否かを判断基準に進んできた。K集落の位置する土地も、すぐに何らかの用途に供されるわけではなかったため、当座の立場を保持し続けた。住民たちは、自分たちが周囲の外国からの移民ではなく、マレーシア社会において保護されるべき先住民であるという論理で政治家への陳情を続けてきた。その結果、一九九九年に集落の土地の半分ほどが合法化されて、K集落はコタキナバルにあるいくつかの村と同等のステイタスを得るに至った。英国植民地時代に作られた土地法に基づき、K集落は「サバ州の先住民あるいはサバ州のコミュニティの過去および未来における利益と福利を保護する」（サバ州土地法）べく、合法的な「村」となったのである（上田 二〇一〇）。

村への昇格は、サバ州の行政機構の末端に位置づけられたことを意味する。マレーシアの他の地域と同じく、村長が選出され、村落開発機構が設置された。また、開発のための公的な予算が施され、一部の道路はアスファルトで舗装された。車が入れない通路は、人びとが踏み固めた「土の道」だったのが、コンクリートで整備された箇所が増えた。そうした通路のなかには手すりがついたところもある。私が調査していたときにも目にした、こうした変化は集落の合法化によって公的な予算がつくようになったことが大きく寄与している。

三・三　「耕作者」というNGO

インフラ面での変化だけでなく、「先住民のNGO」の設立も大きな変化といえるだろう。団体のメンバーたちは、住民の福利厚生と相互扶助のために活動する団体として二〇一二年から活動を開始している。組織の中心となったのは、以前から私が付き合ってきた人びとで、内陸部の先住民たちの生業としての農業を示唆するべく、「耕作者」という団体名が冠された。その活動は毎月の会費により、慶弔事があれば既定の金額を拠出したり、定期的な清掃活動を行ったりするなど、基本的には会員間の親睦を深めるための活動をしている。しかし、彼らの活動は、時として政治的な色彩を帯びることがある（上田 二〇一五）。年次活動報告書には慶弔費の支出や清掃活動の記録が記されている一方で、将来的にはK集落の外側にある公有地を「耕作地」として自分たちの活動のために獲得するという大胆な計画が記されている。ただ、その計画は単に無謀だと片付けられるものではない。そのための地均しも周到になされている。五月に行われる文化行事や、彼らが企画する種々の行事には、政府や与党有力者をゲストとして招き、先住民の社会・文化活動をアピールする。その様子は先住民組織の活動として地元メディアに報じられる。

数年前の夏に集落を訪れて、いつものように彼らと食事をしていたときに、丘の上にゲストハウスを建てる計画を聞いた。ただ、建設予定地はK集落の土地ではない公有地である。そこに建造物を建てるのは難しいのでは、と私は問い返した。過去に隣接した土地に家屋を建てた人がいたが、まもなくその家屋は当局に撤去されて、土地は更地になってしまった。こうした例が集落の近くでいくつもあったため、ゲストハウスの建設は難しいと思われた。しかし、話をした人物は、何とかなる、と不敵に話していた。「ここは景色も綺麗だ」「学生を連れてこい」と。

K集落の潜在的な観光資源の可能性について、彼の自信には裏付けがあったのだろう。少し前からは整備された道のためか、村としての知名度が上がったためなのか、集落の位置する丘の尾根部分がランニングトレイルとして知られるようになった。マレーシアにも健康ブームが来ており、朝夕にランニングをする人たちを他のさまざまな場所で目にするようにもなっていた。人びとが村の丘を走る姿は、最初に調査のために滞在していた二〇〇三年～二〇〇四年には目にしなかった光景だが、近年は私が訪問するときに、そうした姿をみることが多くなった。そこを走るのは、村人ではなく、村の外部からくる人びとである。彼らが丘の尾根を走るのは、健康志向が強まったことがその一因であると思う。しかし、彼らを惹きつけるのはそれだけではない。丘の上からの眺望もその理由として挙げることができるだろう。ランニングをする人びとが訪れる朝夕の時間帯は景色が楽しめる。朝は地域最高峰のキナバル山を望めることもあり、夕方は南シナ海に沈む夕日を眺められる。標識まで備えて整備されたトレイルは、こうした人びとを村に招き入れた。彼らはその景色をＳＮＳやGoogleマップにアップする。Ｋ集落は、町の中にある身近な景勝地として、くだけた言い方をすれば「映える」場所として知られるようになってきている。自分たちの集落に、外部の人びとを惹きつけるセールスポイントがあるのは、少し前から知られていたのかもしれない。

Ｋ集落と観光を結び付ける話が酒の席のよくある法螺話でないことは、二〇一八年夏に知ることになった。ちょうど私が訪問した時に、州の観光局によるブリーフィングが開催されていた（写真７－３）。この集まりを主催したのは、インフォーマントらによる「耕作者」であった。この日の話のポイントは、村レベルの観光開発であった。おそらくは州の各地で開催しているように、観光局の男は観光地化することのメリットを人びとの前で話し続けた。農業ツーリズム、エスノツーリズム、ホームステイ、など、各種の可能性を彼は小一時間プレゼンテーションし続けた。サバ州において既に観光開発に乗り出している具体的な事例を示して、観光事業が経済的な利益を生むものであること、そして、まさに先住民という文化的な資源が商品になり得ることが、すでに事業を始めている他地域における具体的な金額とともに参加者に提示された。観光局の男は、「耕作者」が主体となり、村の人びとをコーディネートする形を提示して話は終わった。

観光開発についてのこの日の集まりを通じて、乗り気であったように見えたのはごく一部の人であった。質疑応答などがなされたものの、主催者であるNGO関係者以外にはあまり発言する者もいなかった。また、NGO関係者のなかでも冷めた視線が共有されているかのように思われた。集まってきた人びとも主催者たるNGO関係者も、観光開発について、強力に推し進めたいようには見えなかったのである。賛成している人もいれば反対している人もいるという話でもない。観光局の男の話が上滑りの様相を呈していることは、私を含めた誰もが感じていることだったはずである。

写真 7-3　観光事業のブリーフィング後の記念撮影
（2018 年 8 月筆者撮影）

私に学生旅行の行き先をオファーした人物は、二〇一九年に村長になった。ホテルの話をしている時に、いちばん前のめりだったのは彼だった。その場に居合わせた他の面々は、それほどホテルの計画や学生が来る話には乗ってこなかった。そして、村長になった彼もまた、前のめりではあったが、どこかで「ここ以外にも他にいいところがある」とでも言いたげな印象だった。NGOの関係者らもコミットしつつ、そこから片足が抜けているような状態であったため、私が積極的に関わっていくような話でもないように思われた。

「ここは先住民の集落だから、先住民の暮らしを体験できる」と観光局の男はメリットを強調したが、住民の多くはコタキナバルで賃労働に従事している。彼のいう「先住民の暮らし」が何かは判然としないが、それを体験する観光施設としての文化村はコタキナバル近郊にいくつかあり、ショーケースに並ぶような形で、サバ州を代表するカダザンドゥスンの文化が展示・実演されている。そこで示されているのは、内陸部で田畑での労働に従事して、稲などに宿る精霊を信仰する人びとの姿である。そうしたものと自分たちの暮らしが違っていることは、誰もが自覚していることである。K集落で暮らす人びとの多くは都市で働く賃労働者である。彼らは退職後にそれぞれの故郷に戻る。故郷の暮らしが必ずしも伝統的なそれではないとしても、一時住まいのK集落と、生まれ育った故郷は異なるものとして認識されている。

こうした一時住まいの場所としてのK集落の性質を物語るエピソードとして、墓と文化をめぐる語りがある。集落に住む老人が亡くなったとき、棺を集落の若者たちが担いで坂を下り、自動車が通れる道まで運び出していた。それを見た住民の一人が、「ここには墓がない。私たちは死んだら故郷に帰る」と述べた。また、人びとがカダザンドゥスンの文化行事として開催する収穫祭を語る際にも、その真正さに疑問符を付ける。曰く、故郷の収穫祭はもっと華やかである、と。

ショーケースの中に見られるような、農業を営み精霊を信仰するカダザンドゥスンは、K集落の人びとにとって故郷にも見出すことはできないかもしれない。ましてや、一時住まいの都市集落において自分たちの暮らしが先住民らしさを体現しているかというと、そこに躊躇を覚えざるを得ないと考えられる。観光局や先住民のNGOが主導して文化を前面に押し出して観光事業を行う、というときに、人びとが戸惑いを覚えるのはこうした理由による。

三・四　観察者

その後、この話がどうなっているかはわからない。ＳＮＳで「耕作者」のグループに参加しているが、ゲストハウスがオープンした話はおろか、建設を始めたという話もまだ流れてきていない。コロナ禍で海外からはもちろんのこと、国内の移動にも制限がかかったため、観光事業の苦境は、日本国内の観光業をめぐる状況を見ていても、想像に難くない。この話がこのまま立ち消えになるのも十分に考えられる。

しかし、計画の行く末がどうなるにせよ、文化観光事業を提示されたときの人びとと同様に、「学生を連れて来い」というオファーを受けたときに、私が複雑な感情を抱かずにはいられなかったことは記しておきたい。それは、観光開発計画に対する村人の戸惑いとは異なる種類の戸惑いである。

先住民のＮＧＯによる現地の暮らし体験は、日本人に受け入れられる部分が多少はあるように思う。海外で行うプログラムは、現地でただ何かを見たり受動的に学んだりすることよりも、参加することや実際に何かに触れることに重きを置くようになっている。確かに、二つ返事で学生を連れて行くということもできたのかもしれない。そうすれば、いくばくかの収入がＮＧＯやそこにかかわる人びとにもたらされる。彼らは、よそ者としての私に、これまでずっと興味深い話を提供してくれた友人でもある。その恩義に応えることには道理があるようにも思える。だが、彼らのオファーを受け入れることは、これまで傍観者としてＫ集落の発展や開発を見てきた自分の立場を大きく変えることになる。そうした加担のしかたを望まないから、返事の言葉を濁したといえるだろう。これは、開発人類学が向き合ってきた課題と通底しているのかもしれない。指摘されてきたのは、まったき観察者として関わることの難しさである。

鈴木（二〇一二）は開発に関わる人類学者のスタンスとして「使われる」立場だけでなく、「影響を与える」立場の可能性を指摘している。彼は次のように主張している。

開発援助と人類学の関係は「冷戦」状態であったが、「手をこまねいているだけでは開発の対象となる人の状況が悪化することもあり得る」ことを痛感した人類学者の間から関わりがうまれ、両者の関係は現在（不十分な相互理解を抱えたままとはいえ）「使う‐使われる」という表面的な「蜜月」関係に入っているように見える。これは開発の側から見れば「進歩」だろう。しかし、人類学の側から見ると「使われる」だけでは面白くない。われわれはこの「蜜月」に安住するのではなく、影響を与え合う「パートナーシップ」関係を目指すべきなのだろう。」（鈴木 二〇一二：三九）

長らく開発の現場に身を置いて研究を続けてきた鈴木の提示する主張は説得力を持っており、「影響を与え合う」さまざまな試みが鈴木の論考が所収されている論文集『開発援助と人類学』の他章でも提示されている。確かに、私の調査地に、開発の人類学が対象とするような大規模な援助プロジェクトは入ってきていない。しかし、州政府によるものはインフラ面の改善のために入ってきているし、先に述べた観光開発が端緒につき始めている。はじめてフィールドに入った時から十五年以上が経ち、内発的というよりは外発的な要因による、目に見える変化は強く感じられる。小さなものかもしれないが、地方都市の片隅で起きる変化を追い続けるのは意味のある営みであると考えてきたし、何よりも、毎年の訪問のたびに少しずつ変わる集落のあり方が私の興味を引いてきた。

けれども、こうした観察者然とした視点の設定の仕方が問い直されるのは、その変化のうねりのなかに参与することが求められるときである。「学生を連れてこい」というオファーは酒席での軽い話題だったのかもしれないが、実際にブリーフィングで提示された観光開発が進んでいけば、身近な外国人である私は潜在的な顧客となる。そのとき、援助をもたらす側と現地社会という設定された軸の中で、パートナーシップという双方向的な関係で自らを位置づける開発の人類学者のように自らが振る舞えるかというと、私は自信がない。数名の学生をせいぜい数回連れて行ったことで、K集落の相貌が変わったり、彼らの生活が変わったりするわけではないだろう。それほど大きな問題として捉えることもなく、話に乗ることも可能である。だが、それは今日まで「つかずはなれず」の姿勢で、保ち続けてきた観察者の距離感とは異なる位置に自らを置くことになる。場が酒席といえども、私が即答できなかったのには、こうした逡巡があったからである。

四　むすびにかえて

本章を書いている二〇二一年八月の時点で、コロナ禍は今なお終息の兆しが見えないままである。先住民のNGOのSNSグループではメッセージが交わされ続ける。野菜や果物販売の連絡や、集落内の清掃や設備修繕のための共同作業の知らせは、今までと何も変わらない。時折投稿される政権批判のメッセージが「先住民のNGOは福祉目的で、政治活動目的ではない」と注意を受けるのも、見慣れた一コマである。これらのメッセージの間にコロナウイルスの感染状況や真偽不明の情報が飛び交うなかに、観光事業の帰趨を見定めることは難しい。観光産業そのものが世界的に大きな打撃を受ける中、住民たちと私が感じた戸惑いは、もはや遠い過去の事になった感さえある。期せずして生じた、この暇にK集落の観光開発をめぐる一連の動きを捉え直すと、それは変化の可能性に開かれた出来事であったといえるだろう。

集落の住民たちにとっては、先住民の村というK集落の性格を問い返す機会でもあった。住民たちの出自を考えると、文字通り、K集落は先住民が住む集落であり続けた。しかし、それは公有地に不法で建てられた不法集落であった。撤去や立ち退きを回避したのは先住民の村と公的に認められたからである。ただ、そこに文化観光の導入が模索されたときに、求められる先住民の村のイメージと、人びとの認識との間にある齟齬が露呈する。補助的な収入源として、インフラの再整備の口実として、観光開発の話に魅力的な部分があったのは否めない。人びとが「らしい」ふるまいをしてショーケースに収まる道を選ぶこともありうる。だが、それはこれまでのK集落についての人びとの認識を変えることになる。観光開発をめぐる動きは、人びとの前に岐路を示すものでもあった。

観光開発が示す岐路は、調査者としての私にも示された。綾部（二〇一七）は調査地の文化復興を手がけるNGOとの関係を同床異夢という言葉で特徴づける。彼自身は人類学者として人びとの暮らしに起こる変化を「可能な限り中立的なスタンス」で向き合う一方で、調査地に対する支援にも乗り出している。現在はバランスがとれていると言える状況もまた、周囲との関係の中で変化するかもしれないことを彼は示唆する。K集落と私の関係は、観光開発をめぐる住民の判断によって変わりうる。ブリーフィングの当日に見た限りでは、観光事業に乗り出す可能性は低そうだったが、観光開発の動きは、K集落と私の関係もまた微妙な均衡の上にあることを再認識させるものだった。

K集落の観光開発をめぐる出来事は、住民たちと私に多かれ少なかれ戸惑いを与えた後、コロナ禍のただ中で暗礁に乗り上げている感さえある。その限りにおいて、私は辛うじて先住民のNGOやK集落の人びととの関係を以前と同じく保つことができている気がしている。それがＳＮＳのメッセージのみを介したものであったとしても、である。しかし、綾部も述べるように、この平衡は変化の相にあり、さまざまな潜在的な可能性を内包したものである。いずれ渡航したときに、丘の上にゲストハウスが完成して、ランニングトレイルが何らかの先住民の文化的趣向を凝らしたものになっているのかもしれない。そのときに住民やＮＧＯのメンバーがどういう言葉で何を語るのか。また、その時に私は支援という修辞を用いて変化のただ中に身を委ねるのか。人びとの戸惑いを見つめる観察者の立場を保ち続けることができるのか。これらについて明確なイメージを、今なお私は持てないままである。

注

（1）マレーシア政府観光局ＨＰ（https://tourism.gov.my/about-us/about-tourism-malaysia）
（2）第八次マレーシア計画（https://www.pmo.gov.my/dokumenattached/RMK/RM8.pdf）
（3）マレーシア政府観光局ＨＰ（https://www.tourism.gov.my/campaigns/view/year-of-festivals）
（4）マレーシア政府観光局ＨＰ（https://tourism.gov.my/about-us/about-tourism-malaysia）
（5）これらの「まとめあげる」カテゴリーは、州の独自性をめぐるマレーシア国内のポリティクスにおいて、意味のあるカテゴリーとなっていた。
（6）カダザンドゥスン文化協会ホームページ（https://kdca.org.my/about/kadazandusun）

参考文献

綾部真雄（二〇一七）「知的負債の返済は可能か――タイ先住民ＮＧＯワーカーと人類学者」信田敏宏他（編）『グローバル支援の人類学――変貌するＮＧＯ・市民活動の現場から』昭和堂、二二一―二四八頁。

Azizan Marzuki (2010) Tourism Development in Malaysia: A Review on Federal Government Policies, *Theoretical and Empirical Researches in Urban Management* 8(17): 85–97.
Cai, Yunci (2020) *Staging Indigenous Heritage: Instrumentalisation, Brokerage, and Representation in Malaysia*, Routledge.
Comaroff, John and Jean Comaroff (2009) *Ethnicity, Inc.*, University of Chicago Press.
Kapferer, Bruce (2015) "In the event: Toward an Anthropology of Generic Moments", Lotte Meinert and Bruce Kapferer (eds.), *In the Event: Toward an Anthropology of Generic Moments*, Berghahn.
鈴木紀（二〇一一）「開発援助と人類学の関係」佐藤寛・藤掛洋子（編）『開発援助と人類学――冷戦・蜜月・パートナーシップ』明石書店、四五－六六頁。
上田達（二〇一〇）「居座る集落、腰かける人びと――マレーシアの都市集落の事例より」『文化人類学』七五（二）、二一六－二三七頁。
上田達（二〇一五）「先住民というアスペクト――マレーシア・サバ州の先住民の語りに関する人類学的研究」『年報人類学研究』第五号、七二－九二頁。

第八章　「文化」の収集における協働と葛藤
――南スーダンと難民キャンプにおける現地の人びととのかかわりあい

村橋　勲

一　はじめに

人類学者のフィールドワークは、ある社会や集団についての「文化」を記録、収集する行為を伴う。こうした調査の過程で、研究者と研究をとおしてかかわる人びととは、さまざまな形でつながりをもつが、民族誌において両者の関係性がつねに中心的に記述されてきたわけではない。本章では、研究活動をつうじた私と南スーダンの人びととのつながりから、両者のかかわりあいが民族誌を書くことにどのように作用しうるのかについて考えていきたい。ここで、「文化」を収集するという言葉で指すものは、後述するように難民キャンプにおいて人びとが〝カルチャー〟と呼ぶ歌、ダンス、口頭伝承といったパフォーマティブな行為とそこに残された記憶に関する情報の収集と記録を指すものとする[1]。

人類学者は、フィールドワークという他者とのかかわりあいをとおして、他者が生きる生活空間を共有し、彼らがもつ有形無形の情報にアクセスし、それを民族誌的な「データ」として収集、記録することを行ってきた。

彼らは、インフォーマントから聞くさまざまな情報をノートに書きとり、写真、カセットテープ、フィルムなどをとおしてそれらを記録していく。ヨーロッパの植民地統治が世界に拡がるなかで、人類学はフィールドワークという手法を確立し、人類学者は主に植民地統治下にある国々において、民族誌的資料の収集を行ってきた。

こうして収集された資料の保存に大きな役割を果たしたのは博物館である。一九世紀半ばに始まる博物館による文化財の収集は、人類学者や宣教師などが、近代化によってローカルな文化は消滅しつつあり、彼らに関する情報や資料を次世代に残すべきだという考え方に基づいて行われた。しかし、当時の資料収集は、現地の人びとの関心や利害に応じていたわけではなく、むしろ、統治する側の人びとの未開への関心を満たすものだったと言える。

一九八〇年代以降に論争を巻き起こした民族誌批判(2)では、ある社会や民族に関する「客観的な」記述とみなされてきた民族誌において、研究者と研究の対象となった人びととの権力関係が不問にされてきたという点が問題となった。調査時におけるフィールドワーカーと調査対象者との個別具体的なかかわりあいが民族誌を書くという段階で抜け落ち、客体化された「文化」だけが提示されてきたと批判されたのである。また、民族誌的資料を収蔵する博物館に対しても、アーカイブ資料とそれらを所有していた人びとやその子孫――博物館学では「ソースコミュニティ(source community)」という用語も使われるが、ここでは「現地の人びと」としておく――との関係が断たれてしまっている状況に対し、それが植民地統治下における収集家と現地の人びととの間の不平等な関係性を示すものとして捉えられるようになった(Peers and Brown 2003)。

こうした批判を受け、欧米の博物館を中心に、アーカイブ資料を脱植民地化するという取り組みをつうじて、現地の人びとと協働しながら民族誌的資料による知の創造を図ったり、資料そのものを現地の人びとに返還したりする試みが行われている。私もこうした活動に関心を持ち、分離独立後のスーダンの南部に暮らすヌバ（Nuba）の人びとに関するアーカイブフィルムをヌバの人びとに返還するというプロジェクトを行ったことがある（Murahashi 2020）。このプロジェクトでは、一九六〇年代にドイツの国立科学映画研究所（ＩＷＦ）が制作したヌバの一言語集団の生活を記録したフィルムをデジタル化して、それをウガンダやケニアで難民として暮らすヌバの人びとに上映する試みを行った。(3) これらの映像は、ドイツや日本の図書館や博物館にはフィルムが保管されているものの、ヌバの人びとにはその存在が十分に知られていなかった。私がビデオとして彼らに公開したアーカイブ映像は、とりわけヌバの若者の関心を強く引いたようであった。数時間にも及ぶ映像を見た後、あるヌバの若者は、半世紀前まで先祖たちが素っ裸で暮らしていたことに驚きを隠せないと言いながら「（映像に出てくる）彼らはまさにわれわれであり、こうした映像の存在を知らなければ、われわれは、どこからきて、どこに向かうのかわからなかっただろう」と興奮した面持ちで語った。この経験は、ふだん何気ない日常生活を送っている人びとの間に、自分たちのルーツを求める強い動機と欲求が潜在しており、それはフィルムに記録された映像という視覚的な情報によって強く喚起されるらしいということを私に印象付けた。言い換えれば、アーカイブを公開するということが、それを見た人びとの間に何らかの意識の変化を起こしているのではないかという感覚を得たのである。

さて、民族誌批判を経た後の人類学において、研究者はある社会や民族を構成する要素からなる「文化」を「客観的に」収集できるはずだという想定には疑問が投げかけられるようになっている。それは、民族誌的資料の収集において無視されてきた権力関係の不均衡を是正する取り組みにつながっている。しかし、こうした取り組みにおいても、現地の人びととかかわりあいながら人類学者が「文化」を収集するということが、人類学者と彼らとの関係性にいかなる影響を及ぼすか、あるいは両者のいかなる関係が「文化」を収集することに反映されるのかについては十分に検討されているとは言いがたい。

そこで、以下では、私が南スーダンのロピット（Lopit）の人びととともに行った歌、ダンス、口頭伝承、儀礼についての情報の収集と共有という活動をとりあげ、「文化」の収集における協働と葛藤について考えたい。文化人類学者のローとメリー（Low and Merry 2010）は、「かかわりあいの人類学」（Engaged Anthropology）を提唱するにあたり、かかわりあいのアプローチのひとつとして、被調査者と協働して調査、実践を行うことをあげている。本章の例は、こうした協働の事例のひとつでもあるだろう。

二　南スーダンにおけるかかわりあい

二・一　ロピットの人びととの出会い

まず、ロピットの人びととの最初の出会いについて述べたい。なお、本章では、特定の個人や集落に不利益とならないように、集落に関する名前については必要最小限にとどめ、個人名については記さないこととする。

南スーダンでフィールドワークしてみようと思い立ったのは、修士課程を終えて就職し、その六年後に大阪大学の博士課程に入学を決めた時である。とくに研究の方針が明確に決まっていたわけではなく、独立直後の国家で起こりうる社会の変化を見たいという漠然とした動機からであった。アフリカでのフィールドワークは初めて

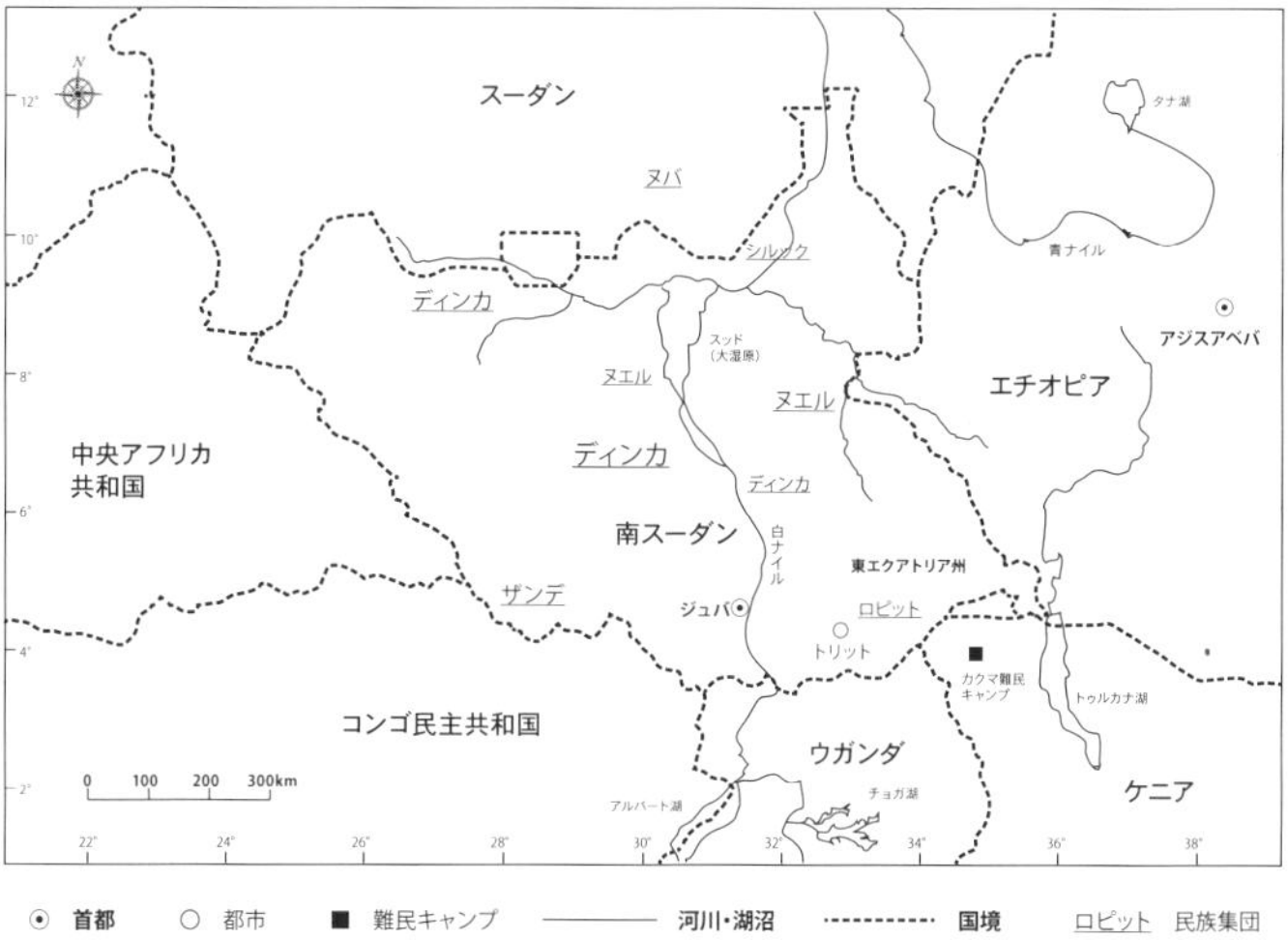

図 8-1　南スーダンとロピット（筆者作成）

ではなかったものの、南スーダンについては限られた情報しかなく、現地に行ってからフィールドを探そうといった心づもりしか持っていなかった。そのような時、博士課程の指導教員である栗本（本書序章の執筆者）からロピットという地域を紹介され、どのようなところかよくわからないままだが、とりあえず行ってみようと決心した。

栗本に同行して初めて南スーダンに入国したのは二〇一二年末のことである。ロピットに行くには、首都ジュバから東エクアトリア州の州都トリットを経由しなければならない。トリットからロピットの集落までは、週二回、人や荷物を載せる乗合タクシーが行き来しているが、この時は、ジュバ大学の先生が自分の車を出すと言ってくれたので、彼の車でロピットの村まで向かうことになった。トリットからケニア国境に向かう道路を東に進むと、北東の方角に小高く連なる山々が見えてくる。それぞれの峰のピークが標高一〇〇〇～一四〇〇メートル前後のこれらの山々がロピットである。

ロピットとは、これらの山々だけでなく、そこに暮らす

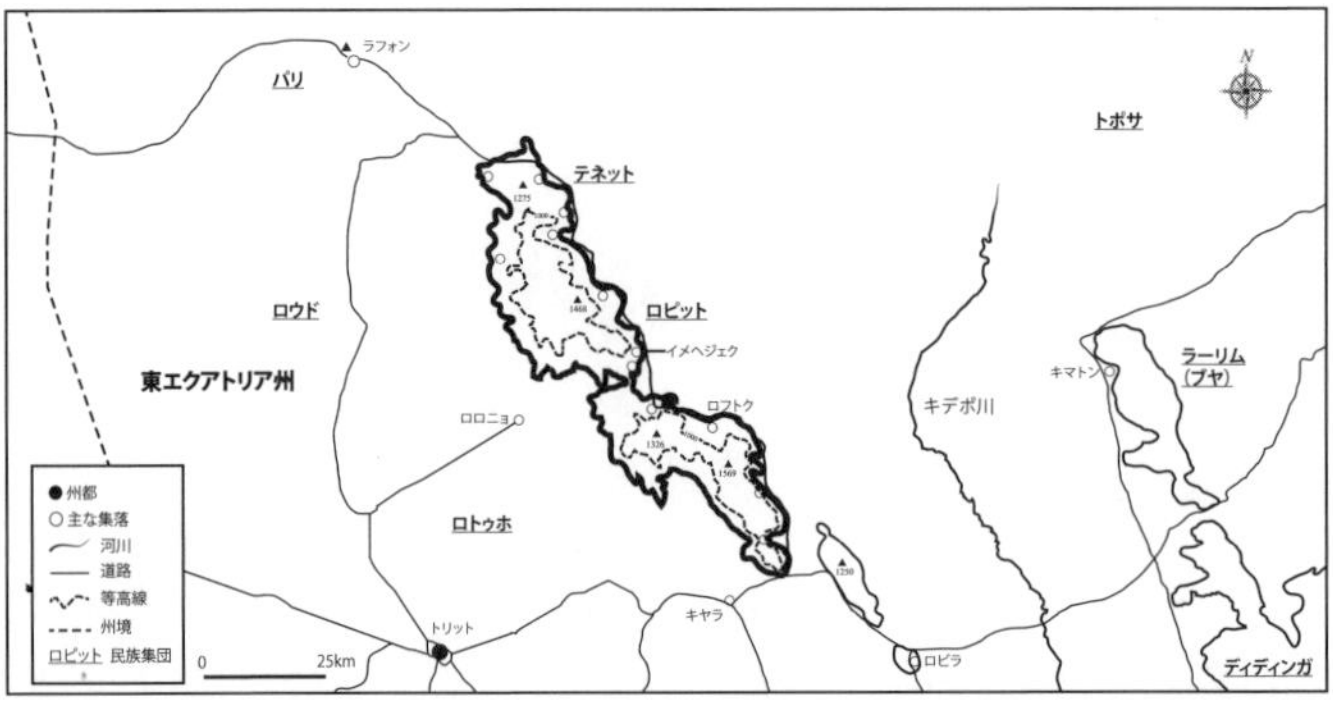

図 8-2　ロピットとその周辺地域（筆者作成）

太い実線は標高 500 メートルを示す等高線。この等高線に囲まれた部分が、一般にロピットと考えられている領域。

人びとをも指す。ロピットの人びとは山々を取り囲むように五〇近い集落を作っており、総人口は八万～一〇万人になると推定される。彼らは、ナイル・サハラ語族東ナイル諸語に属する固有の言語（ロピット語）を話すが、それは六つの方言に分けることができる。それぞれの方言話者は異なる帰属意識を持っており、ロピット人はどの下位集団に入るかで、自分たちが属する集団を他の集団と差異化する。

最初の調査は、ロフトク（Lohutok）という集落で行った。二ヶ月近く住み込み、英語を話せる学生を頼りに、ロピット語での挨拶や基礎的な単語を集めるという作業を続けた。しばらくすると葬礼などの儀礼に参加する機会も得て、少しずつロピットという集団に関する資料も集められるようになった。

ロピットは、隣接するパリ（Pari）と集団の原理がよく似ている。栗本（二〇一九）によれば、パリは、縦のつながりを生み出す父系出自集団（共通の始祖の子孫と信じられている集団）と横のつながりを生み出す年齢組織（年の近い者から組織される年齢組を基盤に集落における役割と責任が定められる制度）からなるが、この点はロピットも同じである。

ロフトクに暮らす間、私は自分より一〇歳ほど若い青年と行動を共にしていた。彼は、毎日、私の様子を見に来てくれ、時々、集落の中を案内してくれた。そのうち、彼は自宅にある藁葺きの小屋（*tukul*）を寝泊まりする場所として私に貸してくれた。とはいえ、私は、栗本のように現地語で名前を与えられるという形で特定の家族の一員となったわけではなかったので、あくまで生活文化に関心をもっているらしい（一風、変わった）外国人として扱われていたにすぎなかっただろう。それでも、若者たちといっしょに食事をしたり、酒を飲み交わしたりしながら生活を共にした(4)。

写真 8-1　雨上がりの集落
（2013 年 2 月、ロフトク集落にて。筆者撮影）

ロピット人は、自分たちのことを「山に住まう人びと」であると言う。写真右奥の山は、英語で「Three sisters（三姉妹）」と呼ばれている。ロピットでは、雨が来る山と考えられている。雨は作物の豊穣をもたらす祝福とされる。

二・二　紛争による調査の中断

前述の短期調査から約半年後、今度は本格的な長期調査を行う計画でロピットを再訪した。この時は、ロフトクと郡庁役場があるイメヘジェク（Imehejek）という集落を訪れた。

この長期調査の目的は、首長制と階梯式年齢制度が組み合わさったモニョミジ（*monyomiji*）という政治体系に関する情報を収集することにあった。ロピットを含めこの地域一帯にみられる複数の社会に共通してみられるモニョミジ(5)は、壮年の年齢階梯を指す言葉であり、彼らの言葉で「村の父」を意味する。モニョミジに属する男性たちは集落の意思決定を担い、集落内の規則や慣習の維持を担うだけではなく、対外的には他集落や民族からの家畜掠奪から集落を守るという自警団のような役割も果たしている。また、モニョミジは、降雨術をもつと信じられ、世襲によって継承される雨の首長に仕える立場でありながら、首長が降雨に失敗すると、その責任をめぐってしばしば首長と敵対する。

モニョミジについては、これまでも植民地行政官、宣教師、人類学者によって報告書や民族誌が書かれてきたものの、ロピットに関する記録はほとんどない。また、無文字社会であるロピットでは、歌、神話、その他の口頭伝承は文字で記録されることはなく、歌い／語り継ぐことによって継承されてきた。そのため、現地語についての情報がほとんどない状況で、ほぼ白紙の状態から歌や口頭伝承に関する聞き取り調査を手がけることになった。とはいえ、最初から神話や口頭伝承について教えてほしいと尋ねたところで、彼らが知っていることをすぐに教えてくれるというわけでもなく、村長から紹介された集落の若者といっしょに集落内を歩き回りながら、集落における生活の雑感をフィールドノートに書き留めていく日々が続いた。

しかし、始めたばかりのフィールドワークは突然の中断を余儀なくされた。それは、二〇一三年末に南スーダンの首都ジュバで発生した紛争により国外退去をせざるをえなくなったからである。結局、その後、南スーダンは七年間も内戦状態が続き、今に至るまで南スーダンへの渡航は実現していない。二〇一四年以降、私はウガンダにフィールドを移したものの、二〇一六年までは、直接的な戦闘に巻き込まれなかったロピットの人びとのなかで難民となる人は少数にすぎず、ウガンダで知り合ったロピット人とのつきあいは個人的なものにとどまっていた。

こうして数年が経った。この間、オーストラリアの大学でロピット語の調査を行っていた言語学者と情報交換をしながらロピット語の語彙集などを作成していた(6)。とはいえ、私のロピット語の能力と知識が著しく向上したわけではなく、調査再開の目処も立たなかった。

三　難民キャンプにおけるかかわりあい

三・一　難民の自主組織への参加

再び、ロピットの人びととつながりをもつようになったのは、二〇一七年からケニアにあるカクマ難民キャンプを訪れるようになってからである。訪問のきっかけは、先述のオーストラリア人の言語学者が、その前年に始めたメルボルンに再定住したロピット人から彼らの歌や民話を採録するプロジェクトに参加したことである。カクマに暮らすロピット人からこのプロジェクトへの参加を呼びかけられた時、私は快く応じた。そして、このプロジェクトへの参加は、これまで個人的なレベルだったロピット人との関係性を広げ、より共同体レベルのつきあいへと変化させる転機となった。

カクマに暮らすロピット人について簡単に触れておく。彼らの難民キャンプへの避難は、第二次スーダン内戦期の一九九〇年代前半に遡る。二〇〇五年に第二次スーダン内戦が終結し、帰還事業が始まると、大多数が南スーダンに帰還した。

カクマ難民キャンプは、二〇〇〇年代には、さまざまな国籍、民族出身の難民が集まる都市空間へと成長していき、ケニア辺境における地域交易のハブとして地域経済の拠点になった（Jansen 2018）。また、カクマは、難民が目指す目的地というだけでなく、カクマから欧米諸国へ再定住を目指す者たちにとっての移動の通過地点でもあり、再定住者がキャンプに残る家族や友人に送金することで、難民キャンプと欧米諸国をつなぐ送金ネットワークが生まれている。一方、キャンプの中は、その外面的なグローバルでコスモポリタンな性格にもかかわらず、地域や民族のつながりを基盤に成立した無数の「コミュニティ」が形成されている（栗本　二〇〇四、Kurimoto 2009）。

カクマに暮らすロピット人は、自主的に組織した地域社会組織（Community Based Organization：ＣＢＯ）[7]をケニアで登録して、国連難民高等弁務官事務所（The Office of the United Nations High Commissioner for Refugees：ＵＮＨＣＲ）やＮＧＯからの支援を得ようとしていた。このプロジェクトの目的は、ＣＢＯのメンバーが〝カルチャー〟と呼ぶロピットの神話、歌、民話などの口頭伝承を収集し、それを所蔵するためのコミュニティ図書館を建設することにあった。こうしたＣＢＯを設立した背景には、スーダンの「アラブ化」[8]や近代化によってロピットの豊かな「文化」が消失しつつあること、そのなかで、口承によってしか伝承されてこなかった自分たちの「文化」を文字で記録しようとする動機がある。南スーダンの集落では、これまで彼らの神話や歴史が口頭でしか伝承されなかったことを考えると、文字で自文化を記録しようとすることは大きな意識の変化である。

南スーダンの彼らの集落では、自文化を継承するためにＣＢＯを結成するという動きはない。住民はその必要性も感じていないからである。一方、難民キャンプでは、ＵＮＨＣＲが支援のなかで難民による自助活動を推奨しているため、「コミュニティ活動」という形で難民自身がアソシエーションやＣＢＯを組織することは珍しくない。ただ、こうした自助組織は開発、貧困削減、女性の権利向上などを目的としたものが多く、「文化」の保存を

写真 8-2　コミュニティ図書館の開所式
（2017 年 1 月、カクマ難民キャンプにて。ロピットのコミュニティリーダー撮影）

開所式では、スピーチをしたほか、ダンスに参加した。私が手に持っているのはロピットの伝統的な形をした槍と盾（実際に儀礼に使われる槍や盾を模して作られている）。

目指す組織は多くはない。

CBOの設立には研究者側の意向も反映されているようにも感じたが、一方で、彼ら自身が、「コミュニティ活動」という形で、キャンプにおけるさまざまな問題――とくに埋葬や葬礼などの儀礼にかかわる問題――を解決しようとしているようにも思われた。

初めてカクマを訪れたのは二〇一七年一月であった。この年、治安の悪化や旱魃により、ロピット人が再びカクマに避難するようになり、数千人のロピット人が暮らすようになっていた。私のカクマ訪問に合わせて、カクマのロピット人が建設したコミュニティ図書館の開所式が行われた。この式典には、オーストラリアやアメリカに再定住したロピット人、UNHCRのコミュニティ開発担当の職員、そしてNGOのスタッフなどが参加した。開所式では、まずこうした「外部」の人びとのスピーチによる公式な式典が行われ、その翌日にカクマの人びとによる歓迎のダンスが披露された。

支援者側は、ロピット人による自助的な「コミュニティ活動」に賛同しながらも、設立された図書館はロピット人以外の難民もアクセスできるようになってほしいと考えていた。一方、カクマのコミュニティリーダーは、この活動がロピット人どうしの連帯の強化だけでなく、教育の振興と開発につながってほしいと思っていた。彼にとって、コミュニティ図書館の設立は、南スーダンの「遅れた」村の出身である自分たちが「進歩的」になった証と考えていたのである。

三・二 遠隔での調査の限界

開所式への参加後、カクマには一週間しか滞在しなかったものの、帰国後もソーシャル・ネットワーキング・サービス（SNS）や電話で不定期に連絡をとりあいながら、歌や口頭伝承の収集を続けた。CBOの活動を調べるうえで、カクマのロピット人とオンラインでやりとりできることは調査のうえで大きな利点があった。しかし、その後、遠隔での調査の限界を思い知らされることになった。

私と頻繁に連絡をとりあっていたのは、CBOの事務方であり、実質的にCBOを企画運営していた人物であった。彼は、歌、神話、年齢組織の採録に熱心で、彼の出身である下位集団の年齢組織、歌や民話にいたるまで詳細な情報を集めていた(9)。もっとも南スーダンの歴史を踏まえると、必ずしも事実とは思われない口頭伝承も含まれていたものの、それでも集落の歴史についてはある程度、再構成ができるほど詳細な情報であった。一方、彼が提供する情報は、ロピットの特定の集落や集団に関するものに限定されており、それ以外のロピットの人びとはこの活動に参加していないようだということも感じていた。

しかし、数ヶ月経つとCBOの活動は行きづまった。彼は、自分に敵意を持つ者たちが秘密の会議を開き、コミュニティ図書館を閉鎖しようとしているとか、誰かが自宅の戸口に呪物を埋め、自分を殺害しようとしているといった話をさかんにしてくるようになった。さらに、カクマとオーストラリアに暮らすＣＢＯメンバーどうしの関係も悪くなり、フェイスブック上では、両者の間で非難の応酬が続いた。

しかし、カクマから遠く離れた日本にいる私には、互いに対立しているロピット人の話にどれほど信憑性があるのかわからないばかりか、ＣＢＯとしての本来の活動もほとんど行われなくなったため、私は、彼らとあまり連絡をしなくなった。

二〇一九年九月、私は再びカクマを訪れた。この時は、これまでにＣＢＯ活動をつうじて収集した情報を冊子にまとめて持参した。カクマに着くと、コミュニティリーダーやロピットの若者たちが集まってきて、この二年間に起こった出来事を話してくれた。さまざまな意見はあったものの、「ＣＢＯの活動がわれわれをバラバラにしてしまった。われわれは不仲になり、一度壊れた関係を取り戻すには時間がかかる」といった不満の声が多くの人から聞かれた。一部の人びとだけが中心になって排他的にメンバーを構成したこと、また、彼らがプロジェクトに関わる資産を私物化するようになった、ということが大きな問題となっていた。本来、カクマのロピット人の連帯を目指すものであったのにもかかわらず、かえって、彼らの関係性をすっかり悪くしてしまったのである。

彼らの話のなかには、二〇一七年に訪れた時には聞かされていなかった話もあった。たとえば、コミュニティ図書館は、儀礼に用いる太鼓を保管するドラムハウスにするか、図書館として利用するかという議論があったが、結局、ＣＢＯ側の意見が採用された、ということもそのひとつである。今や、コミュニティ図書館は、誰も利用しておらず、鍵がかけられたままになっていた。ＣＢＯのメンバーの何人かは、仲間のロピット人から攻撃されることを恐れ、キャンプ内の別の場所に引っ越していた。事実上、追放されたといってよかった。

このCBO活動の失敗は苦い経験となったが、カクマのロピット人とは新しい関係も生まれた。二〇一九年のカクマの調査では、若者、女性を含むより幅広い層の人びとの意見を聞くことができたし、それによって、地域集団間や世代間や世帯内に潜在する意見や立場の差異に気づかされた。カクマでは、二〇二〇年に入ってから、ロピット人が再び集まって分断した状況をどのように解決するべきかという会議が開かれた。彼らは、新たなリーダーを中心にして、再びまとまろうとしていた。

カクマにいるロピットの人びとが、自分たちのルーツや儀礼に強い関心を持っていることは、今も変わりはない。二〇二一年には、再びカクマから一通のメールが届いた。かつて私が暮らしていたロフトク出身の男性であった。私は彼のことをはっきりと覚えていないが、彼は私のことをよく覚えており、自分の子どもに私の名前を付けたのだという。二年前にカクマに来てから、カクマで新たな儀礼広場を作り、共同体にとって不可欠な儀礼を続けてきたという。私が、ロピットの歌や口頭伝承について資料をまとめていることを知り、もう一度、自分たちといっしょにプロジェクトを行うことを提案してきた。

二〇二二年は、ロフトクにおいて二二年周期で行われる年齢階梯の世代交代儀礼が実施される年にあたる。彼は、この儀礼に向けた話し合いや準備の状況について私に伝えてきた。この儀礼は、新年を迎えると同時に実施されることが決まったそうである。もちろん、儀礼に参加したい気持ちでいっぱいであるが、新型コロナウイルス感染症が世界中に拡大する現在、儀礼に参加する見通しは立っていない。

四　おわりに

私とロピットの人びととのかかわりあいは、二〇一三年に南スーダンで調査を開始してから、内戦という予想外の出来事によって中断と再開を繰り返し、フィールドワークの場所もケニアの難民キャンプへと移った。その間、私と彼らとのかかわりあいは、数家族との個人的なつながりから、より拡がりのあるものへと変化していった。この間、私と彼らとは、つねに友好的な関係であったわけではなく、彼らの間の緊張関係に巻き込まれるなかで疎遠になる人もいた。

こうした私と彼らとのかかわりあいをふまえたうえで、最後に、南スーダンや難民キャンプにおいて、ロピットの人びとと協働して「文化」を収集するなかで気づかされたことを指摘するとともに、今後の展望を述べておきたい。

第一節でふれた民族誌批判において指摘されたように、どれほど実証主義的かつ「客観的」に他者の「文化」に関する情報を収集しようとしても、集められた記録そのものは、ある社会に共有された知識に関して部分的な真実について語っているにすぎない（クリフォード　一九九六：一二）。しかし、だからといって、私は、彼らと協働して「文化」を収集するという行為に意味がないと主張しているのではない。むしろ、私は「文化」に対する彼らの意識により注意を向けるようになり、彼らが帰属意識を生成する場に自分が参加しているのだろうという認識を強くしたという点で、「文化」を収集することは、たんに資料を集めるという行為以上の効果をもたらしうると言いたいのである。

彼らにとって、自分たちのルーツを知り、調べ、書き残すということは、彼らが属する特定の集団への帰属の意識にかかわることであり、帰属にかかわる政治とも密接に絡んでいる。ロピット人にとっては、自分たちのルーツについて、誰が、何を、どのように語るのかという問題は、たんに懐古主義的な取り組みではなく、誰が主導権を握り、それにより誰が権威づけられるのかという問題も絡んでくる。カクマのCBO活動をめぐる言い争いでは、「○○は歴史を知らない」「△△は弱いリーダーだ」といった言葉で非難が交わされたが、これは、集団のルーツを記録することが特定の人物を権威づけることになると考えられたことを表している。そして、それにふさわしい人物にかんするCBOメンバー全員のコンセンサスが得られなかったことが、このCBO活動の失敗につながったと考えられる。

また、私のような人類学者にとっては、誰をとおして、どのように「文化」を収集するかによって得られる情報も変わってくることになる。これまでの調査で、さまざまな人たちから「文化」を収集するにあたり、口頭伝承に関する知識は人によってまちまちであることに気づかされた。また、対立する下位集団の人びとは、ひとつの出来事に異なった解釈を与えてすらいる。私が収集した歌や神話は、必然的に私と情報提供者の関係を反映するし、情報提供者間の関係性に影響されることになる。そのため、ロピットの「文化」は、ひとつの歴史というよりは、複数の物語として語られることにもなりうるのである。

紆余曲折はあったものの、私は、ロピットの調査を始めてから、彼らとのかかわりあいを続けるなかで、それぞれの場所に暮らすロピットの人びとの間の意見や利害の差異にも気づかされるようになった。ロピットの人びとは、内戦が長期化するなかで離散を経験し、少しずつではあるが、難民キャンプでの生活や周辺国での高等教育をつうじて近代化や、加速化するグローバルな移動を経験するようになった。しかし、だからといって、彼らが近代的で、グローバルに共有されたコスモポリタンな価値観を無条件に受け入れているわけではない。離散は、ロピットの人びとに難民キャンプという異郷におけるディアスポラ的な経験をもたらす一方で、自らの帰属を確認し、希求しようとする願望も喚起していると言える。こうした傾向は、パリ人が、カクマにおいて自分たちがパリ人であるという意識を強くもつようになり、ダンスや儀礼を含む慣習的な社会活動を続けることで伝統的な価値観を維持しようとしたこと（Kurimoto 2009）にも共通するものがある。

それは、クリフォード（二〇二〇）が取り上げる「先住民ディアスポラ」の特徴と重なり合う部分もある。この著作では、失われた故郷、部分的な帰還、関係的アイデンティティ、世界規模のネットワークという特徴をもつ先住民ディアスポラが、近代における政治や経済との節合を経て、帰郷と新たな先住民アイデンティティの獲得を模索している。

同様の状況は、カクマのロピット人にもみられ、人類学者として私が彼らの「文化」を収集しようとする行為は、彼らが出身集団への帰属を意識し、他集団との差異を明確にしようとする運動と絡み合いながら進展した。調査当初は、よそ者として彼らの「文化」を収集しはじめた私だが、その後は、彼らの情熱に巻き込まれるような形で、調査者という「よそ者」なのか、彼らの「コミュニティ活動」の支援者なのか、はっきりしないままかかわりあいを続けている。人類学者としての私の葛藤は、現地の人びとと協働することで人類学者の一方的な関心による調査を避けようとしながらも、意図しない形で、それが彼らの間での対立や分断を生み出すことになるとすれば、どのようなかかわりあいが望ましいのかという問いに明確な答えを見出させていないことである。この課題については、今後も彼らとかかわりあいを続けていくなかで考えていきたい。

注

（1）本章でとりあげるロピットの言葉で正確に「文化」を意味する言葉はなく、カクマのロピット人が使用する〝カルチャー〟という言葉は英語からの借用である。

（2）人類学批判にもっとも影響力を及ぼした著作に、ジェイムズ・クリフォードとジョージ・マーカスらによる『文化を書く』（一九九六）があげられる。

（3）ヌバのECフィルムは、二〇一七年一二月に「七夜連続上映 at ポレポレ東中野」という映像イベントでその一部を日本で公開した。私は、このイベントのなかで「映像の里帰り、スーダンへ」と題して、ヌバの人びとに映像を帰還するプロジェクトについて紹介した。

（4）ロフトクの住民が、私をとりたてて奇異に感じることなく外国人として受け入れたのは、この集落で長らくキリスト教の布教と地域開発の活動を行う福音派宣教師団の存在や、内戦期間中に人道支援活動を行う外国人がこの集落を何度か訪れていたことにもよるかもしれない。

（5）モニョミジは、ロトゥホ（Lotuho）、ロコヤ（Lokoya）、ランゴ（Lango）、ドンゴトノ（Dongotono）、ロピット、ホリオク（Horiok）を含むロトゥホ系諸社会および隣接する西ナイル諸語のパリ（Pari）、中央スーダン諸語のルルボ（Lulubo）に共通してみられる政治社会組織である（Simonse and Kurimoto 2011: 12）。

（6）オーストラリアの言語学者たちは、ロピットの音韻論と文法について初めて体系的な研究を行った（Moodie and Billington 2020）。この時、彼らのインフォーマントとなったロピット人の大多数はカクマ難民キャンプからオーストラリアへ再定住した人びとである。

（7）地域住民で組織される非営利の民間団体。NGOに比べ、組織の規模や資金力が小さく、登録もより簡便である。特定の家族・組織・社会集団を基盤に構成されることも少なくない。

（8）主に、スーダン政府が南スーダンで進めたアラビア語の普及を指す。「アラブ化」の目的は、分離独立前の北部スーダンで一般的なイスラームの価値観や文化行為を南スーダンに浸透させることにあった。

（9）これらの情報は、英語によるものもあれば、歌のようにロピット語で書かれたものもある。歌については、ロピット人では誰でも解釈できるというわけではないこともあり、収集した歌の大部分は未だ翻訳できていない。

参考文献

クリフォード、ジェイムズとジョージ・マーカス（編）（一九九六）『文化を書く』春日直樹・足羽與志子・橋本和也・多和田裕司・西川麦子・和邇悦子訳、紀伊国屋書店。

クリフォード、ジェイムズ（二〇二〇）『リターンズ――二十一世紀に先住民になること』星埜守之訳、みすず書房。

Jansen, Bram J.（2018）*Kakuma Refugee Camp: Humanitarian Urbanism in Kenya's Accidental City.* Zed Books.

栗本英世（二〇〇四）「難民キャンプという空間――ケニア・カクマにおけるトランスナショナリティの管理と囲い込み」『トランスナショナリティ研究――境界の生産性』大阪大学21世紀ＣＯＥプログラム「インターフェイスの人文学」（編）、九九－一一四頁。

――――（二〇一九）「調査研究の中立性から『かかわりあい』へ――フィールドにおける助ける、助けられる関係から考える」渥美公秀・稲葉圭信（編）『シリーズ人間科学２　助ける』大阪大学出版会、一三一－四六頁。

Kurimoto, Eisei（2009）Changing Identifications among the Pari Refugees in Kakuma. Schlee, Günther and Elizabeth. E. Watson（eds.）*Changing Identifications and Alliances in North-East Africa: Vol. 2: Sudan, Uganda and the Ethiopia-Sudan Borderlands.* Berghahn Books, pp. 219–234.

Low, Setha M. and Sally Engle Merry（2010）Engaged Anthropology: Diversity and Dilemmas: An Introduction to Supplement 2. *Current Anthropology* 51 Supplement 2: 203–226.

Moodie, Jonathan and Rosey Billington（2020）*A Grammer of Lopit: An Eastern Nilotic Language of South Sudan.* Brill.

Murahashi, Isao（2020）Creatively Utilising the Encyclopaedia Cinematographica Film Project: Visual Repatriation of the Masakin. *TRAJECTORIA* 1.〈https://trajectoria.minpaku.ac.jp/articles/2020/vol01/02_1.html　二〇二一年九月一三日最終閲覧〉

Peers, Laura and Alison K. Brown（eds.）（2003）*Museums and Source Communities: A Routledge Reader.* Routledge.

Simonse, Simon and Eisei Kurimoto（eds.）（2011）*Engaging Monyomiji: Bridging the Governance Gap in East Bank Equatoria. Proceedings of the Conference 26–28 November 2009, Torit.* Pax Christi Horn of Africa.

第III部

かかわることから生成するもの

第九章　グローバル化する世界においてかかわりあうこと
――日本への出稼ぎミャンマー人と私との生活経験の共有しそこない

木村　自

一　はじめに

人類学的営みは、共有し得ないことを共有しようとするプロセスであった。たとえば、フィリピン・ルソン島の山岳地域に居住するイロンゴットたちと生活をともにしたレナート・ロザルドは、彼らとの間に親密な関係を築いてはいたものの、彼らが情熱的に語る首狩りには、「どうしても強い反撥の気持ちがぬぐいきれず」（ロザルド一九九八：九六）、首狩りに関する彼らの知識と感情を共有することは、そうした気持ちとの戦いであったと記述する。「自分でどんなに文化相対主義をうそぶいてみても、首狩りというのは、まったく受け入れられない倫理的に非難すべきものにみえたのだ」（ロザルド　一九九八：九六）。人類学的な調査の営みとは、このように共有し得ないものを探り、共有しようとすることにあった。

一方、グローバル化が進展する今日の世界的社会状況のもとでは、調査に赴いたフィールドにおいて、私たちはそこに生きる人びとと何かをすでに共有していると感じることも少なくない。私たちは遠く離れたフィールドに身を置きながら、自分のよく聞きなじんだ音楽や、子供のころに見たアニメや漫画をめぐって話が盛り上がり、現在の世界を取り巻く時事的話題を議論する。モノや情報、価値観がグローバルに流通する今日の世界においては、経験が同時代的に共有されているとも言える。

しかし、この「何かを共有しているという感覚」には、ときに「何かを共有しそこなっているという感覚」が伴っている。たとえば私のミャンマー北部の小都市での経験は、そうした共有しそこないの感覚を示すものである。ミャンマー北部の小都市に私の友人を訪ねた際、そこにたまたま居合わせた友人の叔父は、日本軍がミャンマーを占領していた時代の話をぼそぼそと語り終えると、突如声のトーンを上げて「キリッ、レイ」と叫んだ。小学校から高等学校に至るまで、私が毎日聞き続けた規律化を迫る掛け声が、ミャンマー北部の小都市で生活する高齢の男性と私との間で共有されていると同時に、経験の決定的な共有しそこないが生じている。

今日のグローバル化した世界において、私たちは何かを共有しているという感覚と、何かを共有しそこなっているという感覚とのあいだで、フィールドに生きる人びとと部分的につながりながらかかわりあっている。フィールドに生きる人びととのかかわりあいを考えることの意味とは、その共有と共有しそこないのあいだのずれに目を向け、そうしたずれを生み出す力学に着目することで、「ぼくら一人ひとりがいま生きている現実を構築する作業にどう関与しているのか、その関わり方を探る」（松村 二〇一八：一七）ことにあるのではないか。

本章は、私たちがフィールドで不意に出くわす「共有しそこない」を手掛かりに、グローバルな今日の世界における「かかわりあい」を考察する。よって本章が議論する「かかわりあい」は、フィールドに生きる人びととフィールドに出向く私たちとの個別の相互行為としてではなく、同時代の歴史・社会的文脈を背景として、フィールドに生きる人びととフィールドに出向く私たちとの生きられた経験や記憶が、部分的につながっているという次元で捉える。こうした経験と記憶の部分的なつながりをとおして、私たちはフィールドに生きる人びととかかわりあってしまうのだ。

以下で議論するミャンマー華人ムスリムの移民たちは、中国雲南省、ミャンマー、北タイ、台湾にまたがる親族ネットワークをとおして、各地を移動し、生活の基盤を築いていた。私自身も彼らの移住のルートをたどって、これらの地域をまたいで調査をしてきた。ところで、彼らミャンマー華人ムスリムのうち、一九六〇年代、七〇年代に生まれた私と同世代の人びとの多くが、滞在期間の長短はあれ、東京での出稼ぎ経験を有している。(1)

本章では、彼らの日本での出稼ぎ経験の語りと私との出会いをとおして、調査地に生きる人びとと調査地に出向く人類学者とのかかわりあいについて論じてみたい。彼らの出稼ぎ経験の語りと私との出会いは、私にとって共有しそこないの感覚を喚起するものであると同時に、彼らと私との間の共有し得ないものの発見でもある。「何かを共有しているという感覚」のなかにある「共有しそこない」の意味を探ること。「共有しそこない」のなかに、私たちの生きる世界の現実がどのように構築されているのかを探ること。かかわりあいとは、「共有しそこない」の意味の探索であることを示したいと思う。

二　人類学における調査地と私たちとのかかわりあい

一九八〇年代以降の人類学に向けられた批判の矛先の一つは、植民地をめぐる権力関係の不均衡な浸透が人類学的調査を可能にしていたにもかかわらず、そうした権力関係を直視してこなかったことであり、また資本のグローバル化や世界システムの構築によって調査地域が変容されているにもかかわらず、そうした変容に目を向けず調査対象を不変的な閉じられた空間として描き出してきたことである（cf. クリフォードとマーカス 一九九六）。人類学者が調査地に赴く時には、人類学者と調査地域そして調査地域に生きる人びととは、すでに密接なかかわりあいのなかにあるという現実を、人類学者は十分に捉えてこなかった。

その後、こうした人類学批判に呼応して、人類学内部においても、調査地域のポストコロニアル状況が、その旧宗主国といかに密接にかかわりあっているのかが分析されるようになった。人類学者は、ポストコロニアル状況において、旧宗主国出身者としての自分自身に出会いなおすことになる。たとえば、戦後台湾のポストコロニアル状況に対する日本人研究者の出会いなおしについては、五十嵐と三尾編（二〇〇六）や中村（二〇一八）などが議論している。前者は、日本語や日系仏教など、日本植民地期に起源をもちながら、今日でも台湾で使用・信仰されている文化現象との出会いなおしをとおして、日本と台湾とのかかわりあいを論じている。他方、後者において著者は、台湾の先住民族の一つであるタイヤル民族地域での調査をとおして、植民地統治者側の子孫である自身と植民地統治を経験した先住民族タイヤルの一人ひとりとのかかわりあいが、人類学者自身の思考を進化させうることが提示される。

また、資本のグローバル化や世界システムの構築が調査対象社会や調査者が属する社会にどのような変化をもたらし、調査者が属する社会とどのようにかかわっているのかについても、社会史研究や人類学研究の分野で多くの蓄積がある。たとえば、日本社会が関わる社会史研究の成果としては、鶴見良行がバナナ産業に関する緻密な分析をとおして議論している（鶴見 一九八二）。文化人類学批判とは異なる研究史的文脈から提出された鶴見の研究は、グローバルな資本流動のなかで戦後日本人の食慣行が大きく変容し、その変容がフィリピン・ミンダナオに生きる人びとの社会経済的生活に多大な影響を与えていることを記述している。資本のグローバル化というマクロな歴史的網の目のなかで、私たちはここではないどこかに生きる人びとと常にかかわりあっているし、調査者は現在の世界を構築するそうしたかかわりあいの在り方をつぶさに記述する必要がある。

平井（二〇一一）も同様に、人類学の視角から資本のグローバルな展開が、企業進出地域の社会をどのように変容させているのかをよりミクロなレベルで議論している。平井は、北タイに進出した日系多国籍企業の工場で職員として勤務しながら、その工場で組み立て工員として働く女性労働者を調査し、民族誌的な記述を試みている。平井の民族誌は、企業システムのなかで疎外された女性労働者の抵抗戦略を描いており、必ずしも調査者と調査対象者とのかかわりあいを中心に取り上げたものではないものの、その調査スタイルの特徴から、日系企業で働く日本人としての平井自身と、日系企業でコマとして働かされるタイ人女性労働者たちとのかかわりあいが、随所に描かれている。平井は、女性労働者たちからは日本人側に立つ管理者として見られながら、他方で日本人経営者とタイ人労働者の軋轢の緩和者としての役割を演じるなど、具体的な調査の現場におけるかかわりあいが、調査をすすめるなかで重要な要素であったことを示唆している。

このように、人類学（およびその周辺分野）の研究においては、一九八〇年代以降、人類学者が属する地域や人類学者自身と人類学者が調査する地域とのかかわりあいがしばしば議論されてきた。それらの研究においては、ポストコロニアルなイメージや表象の流通と継承、あるいは個々人のあいだでの相互行為をとおして、人類学者と調査地域・調査地域に生きる人びとがすでにかかわりあいの網の目のなかに配置されていることが示される。そうしたかかわりあいの網の目とは、植民地や資本のグローバル化をめぐる歴史的文脈であり、またグローバルで不均衡な経済構造である。

本章も、グローバル化に伴う人口流動やグローバルな経済構造を背景とした、私と調査対象者とのかかわりあいを描こうと思う。日本で出稼ぎをしていた調査対象者／友人であるミャンマー人華僑と私とは、生活経験の一部を共有していると同時に、多くを共有していない。本章では、フィールドにおける友人と私とが、経験の語りをいかに共有し、また共有しそこなったのかを考察することをとおして、人類学者とかかわりあいの関係について描いてみたい。

三　日本への出稼ぎミャンマー華人と私とが共有するもの

本章で論じるかかわりあいは、ミャンマー華人でありかつムスリムである馬浩興《ばこうこう》(2)と私との部分的なつながりを出発点とする。私と馬浩興とは何を共有していたように感じ、何を共有しそこなっていたのか。まずは、私と馬浩興との出会いを紹介したい。

三・一　馬浩興との出会い

私は二〇〇〇年代の初頭から、台湾を中心に、台湾、中国、ミャンマーに離散して暮らす華人ムスリム（中国系のイスラーム教徒）を対象に、彼らの移住の歴史とディアスポラ性について調査してきた。中国の雲南省を原籍地とする彼ら中国系イスラーム教徒は、一九世紀末から二〇世紀中葉にわたって、キャラバン隊や戦争難民として

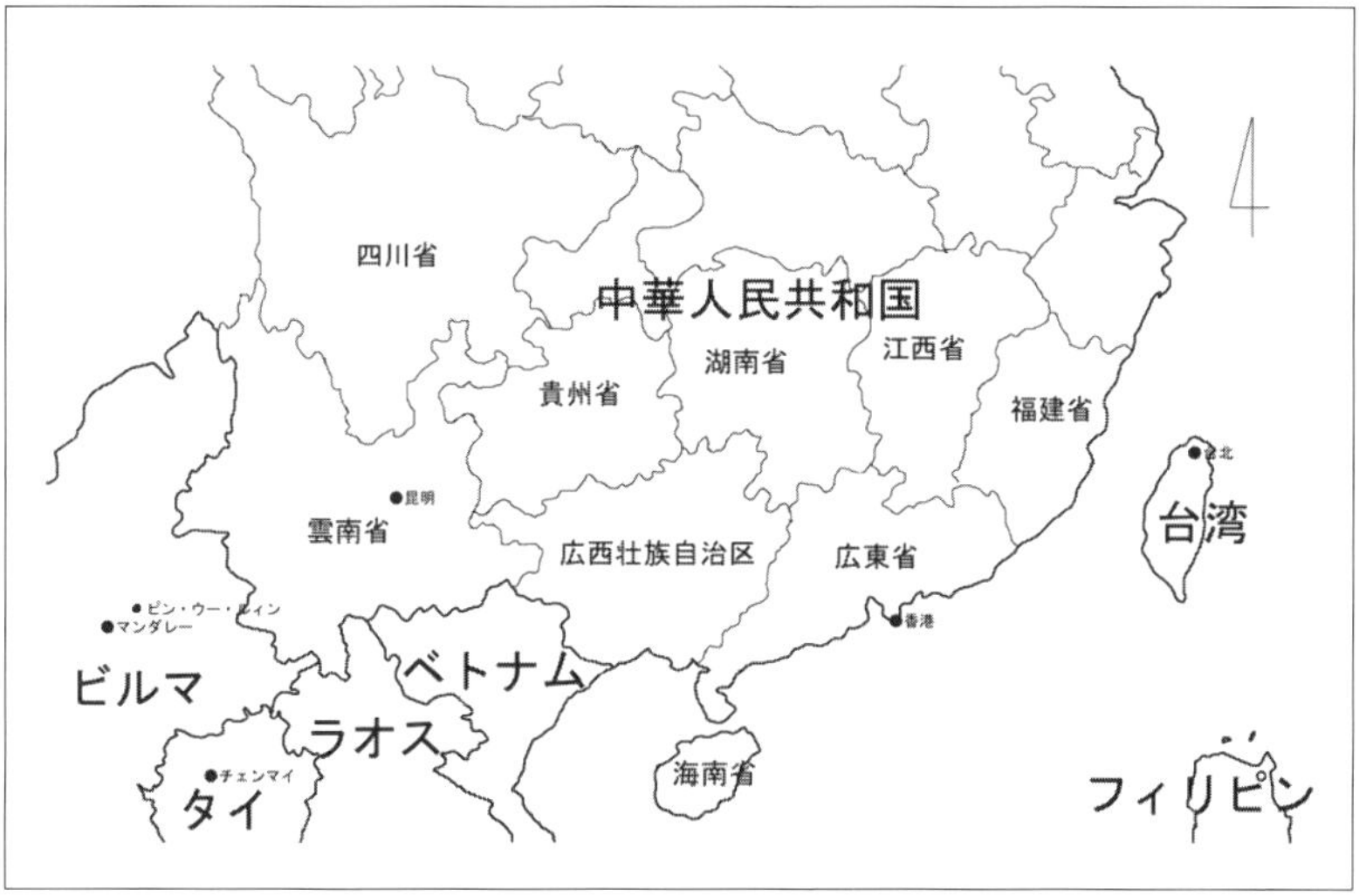

図 9-1　本章に関連する地域

ミャンマーや北タイに移住し、その後台湾の経済発展に伴って、一部が台湾に再移住した。私は、彼らの移住の歴史を聞き取り、トランスナショナルな人の移動と定住の足跡を追って、台湾からミャンマー、そして中国雲南省へ旅を続けた。なかでも、私が台湾でいつも世話になっていた友人の馬応興《ばおうこう》を起点に、彼の家族と親族のネットワークに沿って旅した。本章で紹介する馬浩興は、馬応興の兄である。

二〇〇三年から二〇〇五年頃、馬応興は台湾の北部の都市中壢[3]にある龍岡モスクで、モスクの事務全般を管理する総幹事の役割を担っており、モスク内の一室を居室にして生活していた。私が龍岡モスクでの調査を始めた時、馬応興は、私がモスク内の一室で生活するのを許してくれた。

龍岡モスク周辺には、ミャンマーから台湾に移住した華僑華人、華人ムスリムたちが多く居住しており、龍岡モスクに集まる人びとの大半もミャンマーから台湾に移住した華人ムスリムである。馬応興もミャンマーで生まれ育った華人ムスリムの一人であり、ミャンマー北部の英領時代の避暑地ピン・ウー・ルィン(4)のイスラーム学校に学び、その後シリアのアラビア語学校を卒業して、二〇〇一年に台湾に移住し、台湾の地方都市のモスクに勤めていた(5)。馬応興の移住遍歴や、国境を越えて離散し結びつく彼の家族と親族の歴史背景、そうしたルーツとルートが織りなす移住と定住の記憶や帰属意識のありよう、ムスリムとしての知を求めて国境を跨いで移動する姿は、私の生活経験からは容易に共有し得ない新鮮さがあり、私の研究にとっては格好の調査材料であった。私は、容易に共有し得ないものを求めて、彼の生まれ育ったピン・ウー・ルィンを訪れた。しかしピン・ウー・ルィンでの馬浩興との出会いによって、私は「何かを共有しているという感覚」と「共有しそこなっているという感覚」にとらわれることになる。

二〇〇八年二月二〇日の夜。熱帯に位置するミャンマーとは言え、かつての英領植民地期の避暑地であったピン・ウー・ルィンの夜は、この時期めっきり冷え込む。私と、華人ムスリムの馬浩興と馬永輝の三人は、それぞれ上着を着こみながら、ピン・ウー・ルィンのとあるホテルのテラスに集まり、ビールやコーヒーを片手に語らっていた。なんの縁か、私たち三人はみな、三五歳だった。そして、私たち三人とも、一七歳（私は生まれてからずっとだが）から三二歳までの一五年間を、私は学生や研究者として、馬浩興と馬永輝の二人は不法就労者として日本で過ごしていた。

一七歳から三二歳の間を日本で生活していたという事実によって、私たち三人はお互いに何かを共有しているような感覚を覚えて、話し込んだ。しかし、私は同時に、「何かを共有させられてしまっているという感覚」を覚え、居心地の悪さを感じることになる。それは、共有しそこないの感覚でもある。

三・二「何かを共有させられてしまっているという感覚」

一九八〇年代の末から一九九〇年代を通じて、多くのアジア系移民がオーバーステイの資格外就労者として日本で生活をするようになった。数多くのバングラデシュ人やパキスタン人が来日し、日本で不足する労働力を供給するため、オーバーステイをして働き始めた。ミャンマー人は、バングラデシュ人やパキスタン人に続き、一九九〇年代以降に観光ビザで日本に入国し、そのまま日本の労働市場に組み込まれていった。

一九九〇年の某日、他の多くのミャンマー人とともに、馬浩興は不法就労目的で来日した。観光ビザで入国して就労し、ビザの有効期限が切れた後、オーバーステイとなった。彼は日本への入国の過程をそれほど正確には記憶していない。当時一七歳だった彼が記憶しているのは、日本に行くためにまずミャンマーからバンコクに行ったこと、バンコクの空港でブローカーからパスポートと航空券を受け取ったこと、そして日本での生活がどうなるのかもわからないまま成田空港に向かう飛行機に乗り込んだことだけだ。まるでツアー旅行のように、ブローカーによる不法就労ビジネスの旅程にまかせて日本にたどり着いた。

それから一五年間、三二歳でピン・ウー・ルィンに戻るまで、馬浩興は一度もミャンマーに戻ることなく、(6)日本で働き続けた。一七歳から三二歳の一五年間を日本の職場で過ごしたことで、労働観や仕事に関わる馬浩興の所作や考え方、発想は、ミャンマーのそれとは異なったものとして構築された。フランスの社会学者ピエール・ブルデューは、人びとの慣習的な行動や知覚を生み出す体系をハビトゥスと呼んでいる。一五年間の日本での生活によって、馬浩興は労働観に関する日本的なハビトゥスを形成したと言えよう。日本で培われたハビトゥスによって、ミャンマーに帰国した馬浩興は大きなカルチャー・ショックを味わうことになる。

その都度賄賂が求められる諸々の手続きや、何度も先延ばしされ一向に履行されない契約、購入したものの一部をすでに誰かに占拠されて自分で使うことができない土地、しょっちゅう家にやってくる親戚や近所の人に食事をふるまわねばならない慣習。自己形成がなされる一五年間を日本で働き、日本的なハビトゥスを身に付けていた馬浩興は、三二歳でミャンマーに帰ったものの、大きなカルチャー・ショックからミャンマーの日々の生活になじむことができず、一時は鬱のような時期を過ごしていたと語る。「きむさん、ミャンマーというところはね、本当に何もかもが日本と違うんだ。日本の感覚で仕事はできない」。馬浩興は、一五年の隔絶を経て帰国したミャンマーで、自分のなかの日本と出会うことになる。[7]

馬浩興が自分の対峙したカルチャー・ショックを私に語るとき、私が彼と日本的ハビトゥスを共有しているはずだという認識が、彼の頭のなかで前提とされていたように思う。全く新しい土地でビジネスを始める外国人商人のように、あるいはフィールドで調査を始めた人類学者のように、馬浩興は日本で形成されたハビトゥスをもってミャンマーでの生活を再開し、ハビトゥスをミャンマーでの生活に合わせて徐々に改変させることになる。馬浩興が帰国後の苦悩を私に語るとき、彼は自分が経験したカルチャー・ショックとハビトゥスの変容とを、私が共有しうるであろうことを期待する。

他方で、馬浩興が私に語るミャンマー帰国後のカルチャー・ショックは、「何かを共有させられてしまっているという感覚」を私に感じさせた。長年日本で出稼ぎ労働をしていた馬浩興との対話をとおして、彼と私は実際に何かを共有していたのだとも感じる一方で、私は彼との間で「何かを共有させられてしまっているという感覚」を抱いた。

四　経験の共有しそこないとかかわりあい

「何かを共有させられてしまっている」という感覚は、多くのものを共有していないという現実の裏返しでもある。日本での生活経験に基づいてある種のハビトゥスを共有しているのだという感覚を持つと同時に、私と馬浩興の間には、共有し得ないものがあまりに多く存在している。

四・一　馬浩興の日本への旅立ちと日本での就労

馬浩興はなぜ日本に渡ったのか。その背景を知るには、彼の生い立ちを見る必要がある。馬浩興は、一九七三年の一月に、ミャンマーと中国雲南省との国境に近いタンヤンという小さな町に生まれた。タンヤンには、中国から逃れてきた華人が多く、なかでも華人系ムスリムの多くがここに居住していた。彼の父親は、行商で生計を立てており、当時タンヤンではめずらしくジープを所有しており、それなりに裕福な生活を維持していた。

馬浩興一家にとって転機となったのは、ミャンマー軍事政権が実施した廃貨政策である。一九八五年と一九八七年、ミャンマーの軍事政権がそれまで使用されていた高額通貨の廃止（廃貨）を実施し、紙幣はその日を境に紙くず同然となった。この廃貨政策は、ミャンマーの国民生活、なかでも高額紙幣を家に溜め込んでいた華僑や印僑に多大な影響を与えた。馬浩興の家庭も、この廃貨政策により生活がひっ迫し、タンヤンを離れ、当時のミャンマー第二の都市マンダレーに程近いピン・ウー・ルィンに転居した(8)。

こうした家計の悪化を背景として、馬浩興は学校の帰りなどに、路上に雑貨を広げ、小物の商いをして家計を助けていた。当時、家計の逼迫した馬浩興はそうした困窮した生活を続けたくないという思いと、近隣のミャンマー人の多くが日本に出稼ぎに出て成功していることから、一七歳にして日本へ行くことを決意する。

在日ミャンマー人労働者について分析した人見によると、日本に移住したミャンマー人の第一陣は、一九八九年から一九九二年の間である。一九八八年にミャンマーでは民主化運動が起こり、軍事政権との衝突により政治経済的な混乱が生じたことで、多くのミャンマー人が難民や出稼ぎ労働者として「隣国タイや日本を含めた周辺のアジア諸国を目指」(人見 二〇〇八：二五)した。とくに、一九九一年の日本への入国者数が突出しており、この年約四四〇〇人が入国している。また、ミャンマー国籍の日本滞在者のうち、四分の一程度の人が観光を在留資格としていたものであり、オーバーステイと考えられる(人見 二〇〇八：二七)。

来日したミャンマー華人ムスリムたちは、彼らどうしで部屋を借り、共同生活を送っていた。馬浩興も六、七人でアパートの一室を借り、狭い部屋に雑魚寝をして暮らしていた。一度に全員が布団を敷いて寝ることができないものの、それぞれ就労時間が異なっていたため、就寝時間が重なることも少なかった。

また、彼らは同郷のミャンマー人などを頼って就労先を探す。そのため、おのずと華人のムスリム同士で就労先を融通しあうことになる。ミャンマー人の日本における就労先として最も多い職種は飲食業であった。なかでもウエイターやウエイトレスといったホール、接客業務、皿洗いや仕込みなどの調理業務が中心であった(人見 二〇〇八：二一九)。日本に滞在していた一五年間、馬浩興も毎日二件から三件のアルバイトを掛け持ちし、ひたすら働いた。いずれも居酒屋やすし屋などの飲食業である。

馬浩興が経験した日本社会は、過酷な労働条件と生活環境であり、私と彼とは決して同じ日本社会を経験してはいない。ピン・ウー・ルィンで馬浩興が日本経験を私と共有しようとするとき、「すでに何かを共有させられてしまっている」という感覚が私に生まれるのは、この共有しそこないの現実なのだ。

四・二　馬浩興が背負う期待とピン・ウー・ルィンの変容

私と馬浩興が共有しそこなっているものは、日本での生活経験だけではない。馬浩興が日本での就労で背負っているものも、私には到底共有できない。

ピン・ウー・ルィンにいるミャンマー華人のなかには、日本での就労経験をもった人びとが少なくない。ピン・ウー・ルィンやミャンマー第二の都市マンダレーには、日本での出稼ぎから帰国した華人が建てた巨大な邸宅が数多くある。また、その後の地価の急激な上昇に伴い、土地を売却してさらなる大金を手にしたものも多い。馬浩興も、マンダレー旧市街地の一角に、日本での出稼ぎで貯めた資金をつぎ込んで、三階建ての巨大な鉄筋コンクリートの邸宅を建設した。大きな建築物は、出稼ぎでの成功の象徴であり、ミャンマーで暮らす家族の生活の改善を意味するものでもある。

さらに馬浩興は、弟馬応興がシリアでアラビア語を学ぶための学費と生活費の面倒を見ていた。馬応興はピン・ウー・ルィンの華人ムスリムのアラビア語学校を卒業した後、シリアのアラビア語学校に留学し、イスラームとアラビア語に関する知識を習得している。その後、台湾に渡り、モスクで宗教知識人として活躍した。馬浩興が日本で超過滞在をして就労し続けた背景には、宗教者としての弟の成功を支える家族の期待が存在している。

二〇〇五年、馬浩興は日本を離れた。日本を離れる潮時は、日本の経済状況と関係している。バブルが崩壊し、日本の労働市場における人手不足が解消すると、警察によるオーバーステイの摘発が激しくなる。オーバーステイの外国人出稼ぎ労働者たちのなかには、摘発される前に警察に出頭し、自ら国外退去処分になるものも少なくなかった。馬浩興も自ら警察に出頭し、日本を離れた。

しかし、馬浩興にとっての潮時は、日本の経済状況のみに依拠していたのではない。日本で一五年間働き続けた彼は、すでに三〇歳を過ぎていた。日本で生活をともにしていた恋人のウィンウィンと彼は、ミャンマーに帰って結婚する頃だとも感じていた。(9) そうして馬浩興とウィンウィンはミャンマーに帰り、ピン・ウー・ルィンの実家に戻って結婚し、日本で貯めたお金を使って土地を購入して養鶏を始めて家族の生活を支えた。

五　おわりに——部分的なつながりとしてのかかわりあい

馬浩興の日本での生活経験の背後にある貧困の歴史、就労、家族からの期待を、私は彼と共有し得ない。馬浩興と私が共有していた日本的ハビトゥスやミャンマーでのさまざまなカルチャー・ショックにもかかわらず、私は彼と重要な部分を共有しそこなっている。「何かを共有しているという感覚」と「共有しそこなっているという感覚」は、表裏一体のものとして共在する。私と馬浩興とは、日本経験の共有と共有しそこないをとおして「部分的に繋がっている」のだ。

人類学者のマリソール・デ・ラ・カデナは、*Earth Being* のなかで、彼女と彼女の調査協働者であるマリアノとの関係を、ストラザーンの言葉を借りて「部分的なつながり」と表現している。デ・ラ・カデナは、マリアノとともに小学校時代の国旗の掲揚の場面をしばしば思い出し、笑いながら語り合ったことを記述している。デ・ラ・カデナとマリアノは、ペルーにおける国民形成の儀礼的経験と記憶を共有しているのだ。他方、デ・ラ・カデナとマリアノとの間には、大きな経験の断絶がある。デ・ラ・カデナは、ペルーの首都リマに生まれ育ち、植民者スペインの価値観と教育を育んできた。一方のマリアノは、ペルーの古の首都クスコ近郊の農村に生まれ育ち、植民地化以前のアンデス文化、つまり「地のものたち（earth being）」を含みこんだ世界観のなかに生きている。デ・ラ・カデナとマリアノとは、経験と記憶の同一性を共有していると同時に、複層した断絶の経験と記憶をも共有している。二人は、「共有しそこない」をとおして部分的につながっているのだ（de la Cadena 2015）。

かかわりあいとは、他者とのあいだで、ある特定の時空間を共有し、ある種の経験を共有していることが前提となる。今日のグローバルな人口流動のもとでは、私たちは他者とのあいだで偶然に生活空間を共有し、ある種の経験を共有する感覚を覚える。しかし、そうした共有感覚の背後には、経験の意味付けをめぐる共有しそこないが存在する。その共有しそこないを生み出す歴史的、社会的な背景をあぶり出し、認識しなおすことこそが、私たちとフィールドに生きる人たちとのかかわりあいを見出すことにつながろう。

人類学的な営みは、共有し得ない経験を何とかして共有しようとする作業であった。他方、今日のグローバルな人や情報の移動は、共有し得る経験を数多く生み出してもいる。フィールドに生きる人びとと人類学者とは、ある部分においてグローバルな生活経験を共有しながら、その共有された経験の背後に、共有し得ない歴史的・社会的な意味付けを見出すことになる。今日の人類学的フィールドにおけるかかわりあいのなかには、共有されないものを共有する作業と、共有されたもののなかに共有し得ないものを見出す作業とが存在している。その意味で、フィールドに生きる人びととフィールドに入る人びととは、部分的なつながりをとおしてかかわりあっているのだ。

私たちとフィールドに生きる人びととの出会いをとおして、私たちは「何かを共有しているという感覚」を覚え、またそれにもかかわらず存在する「共有しそこないの感覚」を認識することにもなる。そうした「共有しそこないの感覚」がどのような歴史的、社会的力関係をとおして構築されているのかを追求することによって、私たちとフィールドに生きる人びとがともに放り込まれ、部分的につながるかかわりあいの網の目を理解することができる。

私たちと他者との間のかかわりあいの網の目を知ることの重要性は、もちろん人類学に限ったことではない。私たちが、他者と対峙するなかで日々研ぎ澄ましていくべき、共生の技法でもある。

注

（１）彼らの出稼ぎ地域は、ほぼ東京に限られる。
（２）本章に登場する人物名は、すべて仮名である。
（３）当時は桃園県中壢市。行政区画再編により、桃園市中壢区となった。
（４）ミャンマー北部の都市マンダレーから車で約二時間半の場所に位置する地方都市で、かつてはメイミョと呼ばれていた。標高約一一〇〇メートルの場所にあり、イギリス植民地期に避暑地として開発された。
（５）馬応興は、その後香港人女性と結婚して香港に移住した。その後、香港における政治環境の悪化にともない、二〇二一年に妻と二人の子供とともにイギリスに移住し、現在はバーミンガムで生活している。
（６）観光ビザで日本に入国し、オーバーステイをして違法に就労していた二人は、一度出国すると再入国が困難になるため、日本で就労をしていた期間中、一度も故郷に帰っていない。彼らは帰国を決断すると、自ら入国管理局に出頭して帰国する。

ただし、私が知る限り一五年間にわたるオーバーステイをしていたミャンマー華人はこの二人を除いていなかった。

（7）馬浩興は私のことを日本語で「きむさん」と呼ぶ。その他の会話は、すべて標準中国語（普通話）でなされた。

（8）こうした廃貨政策に加えて、当時タンヤンなどミャンマーの東北部では軍閥による陣地争いが激化しており、馬浩興の母方祖父母は、この時期に北タイに移住している。

（9）ウィンウィンの家族の宗教的背景は複雑である。彼女の母親は、もともとムスリムではなかったが、インド系のムスリム男性と結婚して、ムスリムに改宗した。そのため、その子供であるウィンウィンもムスリムである。その後、母親はそのインド系のムスリム男性と離婚し、イスラームを放棄して仏教徒に改宗した。ウィンウィンの弟も母親とともに仏教徒に改宗した。

参考文献

アパデュライ、アルジュン（二〇〇四）『さまよえる近代――グローバル化の文化研究』門田健一訳、平凡社。

クリフォード、ジェイムズとジョージ・マーカス（編）（一九九六）『文化を書く』春日直樹・足羽與志子・橋本和也・多和田裕司・西川麦子・和邇悦子訳、紀伊國屋書店。

平井京之介（二〇一一）『村から工場へ――東南アジア女性の近代化経験』ＮＴＴ出版。

de la Cadena, Marisol (2015) *Earth Being: Ecologies of Practice across Andean Worlds*. Duke University Press.

人見泰弘（二〇〇八）「滞日ビルマ系移民の移住過程をめぐって」『アジア遊学』一一七、一〇七－一一三頁。

五十嵐真子・三尾裕子（編）（二〇〇六）『戦後台湾における〈日本〉――植民地経験の連続・変容・利用』風響社。

木村自（二〇〇八）「三五歳男たちの語らい――後記に代えて」科研報告書『中国ムスリムの宗教的・商業的ネットワークとイスラーム復興に関する学際的研究』（課題番号：17320141）、二〇一－二〇三頁。

松村圭一郎（二〇一七）『うしろめたさの人類学』ミシマ社。

中村平（二〇一八）『植民地暴力の記憶と日本人――台湾高地先住民と脱植民の運動』大阪大学出版会。

ロザルド、レナート（一九九八）『文化と真実――社会分析の再構築』椎名美智訳、日本エディタースクール出版部。

鶴見良行（一九八二）『バナナと日本人――フィリピン農園と食卓のあいだ』岩波書店（岩波新書）。

第一〇章　何気ないかかわりあい
――ハラレとヨハネスブルグにおけるフィールドワークの経験から

早川真悠

一　はじめに――何気ないかかわりあい

ジンバブエでフィールドワークを始めたとき、真っ先に覚えようとしたのがショナ語の挨拶だった。ジンバブエの挨拶は日本のものよりずっと長く、バリエーションも多い。「おはよう（*Mangwanani*）」のあとは「目覚めはどうですか?（*Mamuka sei?*）」「あなたがよく目覚めたら、私もよく目覚めました（*Ndamuka mamukawo*）」「よく目覚めました（*Ndamuka*）」と続く。外出先で挨拶をするときは「お仕事は?」「ご家族は?」とさらに続く。久しぶりに会った相手とはしっかりと握手を交わして「親族は?」「ご近所は?」「体調は?」「人生は?」ともっと続ける。質問されれば「大丈夫」「良好です」とだいたいお決まりの返答をし、相手にも同じ質問を聞き返す。昼夕にも同様のやりとりがあり、丁寧な表現、くだけた表現、すぐに流行の変わるスラングもある。

仕事でも電話でも、ジンバブエの人たちは挨拶を欠かさない。挨拶ができなければ文字どおり話にならないので、とにかく覚えないわけにはいかない。とはいえ、挨拶で重要なのは受け答えの正確さではない。つい身構えて挨拶をしてしまう私に、ルームメイトは「声のトーンが高すぎる、もっと低く」と助言した。挨拶は、しいて言うなら、私は何もしない（無害）ですよ、変わったことはないですよと、そばにいる相手を安心させ緊張を解きほぐす役割を担う（中井　一九九二：一一二）。平穏な空気を生み出すには、気負ってしまうと意味がなく、自然なリズムや穏やかなトーンでさらっと行うのが望ましい。

フィールドワークが「とにかく現地に暮らす」ことならば（小泉　一九九七）、人類学者が現地へ飛び込み経験したことすべてが貴重な資料になる。しかし、調査や研究の過程のなかで、経験の一部に関心や意識が集まり、残りの部分は前提や背景となって後ろへ退いていく。ジンバブエでフィールドワークを始めて、多くの人たちと出会い、何度となく挨拶を交わした。そのうちに、私の挨拶はそれなりに力みが取れて自然なものになった。と同時に、私の注意や関心はしだいに挨拶から遠のき、あとに続く会話の本題へと向かっていった。

挨拶とは裏腹に、人びとの会話からは彼らの生活がまったくといっていいほど「大丈夫」でも「良好」でもないことがうかがえた。当時のジンバブエは深刻な政治・経済「危機」といわれる状況で、超インフレや物資不足、現金不足、停電や断水、政治暴力やコレラの蔓延など、多くの問題が人びとの生活を困難にしていた。世の中が不安定に変わり、うかうかすると私は取り残されて目印も方向も見失いそうだった（Jones 2020）。人びとの語りに耳を傾け少しでも状況を追うことは、調査だけでなく自分を維持するためにも必要だった。そうした状況で生きる人びとが何をどのように経験し語るのかが、長期調査では最大の関心事となった（早川　二〇一五）。

この章では、私がこれまで十分に注意を向けてこなかった、ジンバブエの人びとの何気ないかかわりあいに焦点を当てる。挨拶と同様に、人びとは「（お互いの家を）訪ねあうこと（*kushanyirana*）」、「（食後なごやかに）語りあうこと（*kutandara*）」、「（人の用事に）ついて行くこと（*kuperekedza*）」を、日々の暮らしのなかでごく自然に行う。

彼らの身のこなしやことの進め方はそれなりに独特であるものの、いつしか私にとって当たり前になってしまい、長い間、私はそれをわざわざ見聞きするというよりは、とくに気に留める必要のない足場や風景としてただ漫然と経験し記憶してきた。

しかし、長期調査から約一〇年後、私はこうした何気ないかかわりあいを意識せずにいられなくなった。きっかけは南アフリカに住むジンバブエ人移民について調査したことだった。南アフリカの大都会ヨハネスブルグには、生活の困窮や将来の不安を理由にジンバブエを去ったかつての友人たちが、以前よりもずっと「豊かに」暮らしている。彼女たちを訪ねると、温かく私を迎え入れ、食事やお茶とともになごやかな時間を提供してくれる。そのもてなしは、ジンバブエ人の理想や手本であるかのように私には思えた。しかし、彼女たちは不満げに口にした。「ヨハネスブルグはジンバブエとは違う」。「ここでは私たちは訪ねあわない」。私には彼女たちの不満の意味がうまく理解できなかった。その意味をようやく理解できたと感じたのは、ヨハネスブルグでの調査期間が終わる直前に、じっさいにジンバブエへ赴いてハラレの町を歩いたときだった。

岩田慶治は、フィールドノートの内容を整理し記録した「調査カード」の束について、次のように述べている。

> カードとカードのあいだ、その隙き間、そのあそび、その余白が大切なのである。それが、カードとぴったりと一体化しながらカードの上に記録された文字のかなしみを救ってくれるのである。（岩田　一九八八：八八）

岩田によれば、カードとカードの隙き間には目に見えないもう一枚の無色のカードがある。「記録されたカード」と「無色のカード」、二枚が「図（柄）」と「地（余白）」として合わさってはじめて一枚のカードになる（岩田一九八八：八六－八七）。

人類学者はフィールドで遭遇するすべてのことに関心や意識を向けられるわけではなく、経験したことすべてをノートやカードに記録できるわけでもない。言葉や文字にならなかったこと、十分に注意を払えなかったこと、見て見ぬふりをしたことなど、調査や記録の背後には気に留めたり書き留めたりしなかった経験が「無色のカード」[1]として無数に存在する。こうした無数の経験がかたちをもって表へ出る機会は少ない。だとしても、フィールドワークも研究成果も、人類学者の現地での生活も、そうしたかたちにならない無数のことに間違いなく支えられている。

この章では、ふとしたきっかけで見えてきた、経験の背後に隠れていた部分に光を当て、私のフィールドワークを下支えしてくれていたジンバブエでの何気ないかかわりあいを、少しでも描いてみたい。

二　ハラレで暮らす

二〇〇七年二月から二〇〇九年三月までの約二年間、私は長期フィールドワークのためジンバブエの首都ハラレに住んだ。ハラレの人口約一四〇万人のうちほとんどが黒人（九八パーセント）で（CSO 2002）、おおまかに言えばそのうちの大半がショナ語という現語を話す。この地域へは植民地化とともに白人の入植が進んだが、その数は南アフリカに比べて少なく、ハラレにおける白人の割合は一パーセントに満たない（CSO 2002）。中心部には企業や官庁、商業施設が集まり、その周囲の郊外に住宅地が広がる。住宅地は北東部の「ローデンシティ（low density）」と南西部の「ハイデンシティ（high density）」とに大きく分かれ、前者は独立以前の「白人居住区」、後者は「黒人居住区」だった。

私はハラレ中心部からやや北にあるローデンシティの連棟住宅に、国立病院で医師をする同世代の女性コリーヌと一緒に住んでいた。それまでの予備調査ではおもにハイデンシティに滞在してきたため、周囲から生活音や子供たちの声が聞こえ、隣人と金網フェンス越しに挨拶するような環境に慣れていた。敷地が広くコンクリート塀で囲まれ、隣家の気配が感じられないローデンシティの環境で、人の暮らしがわかるのかはじめは少し不安だった。

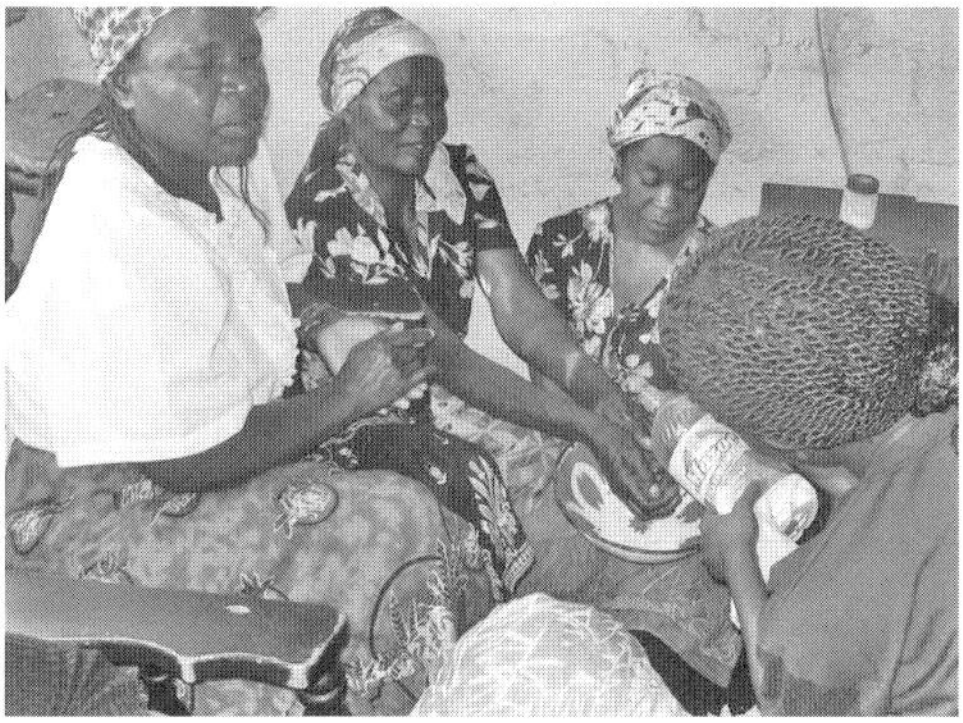

写真 10-1　手を洗う客人たち（2007 年、筆者撮影）

周囲は静かでも、私たちの家にはコリーヌの友人や親族たちがひんぱんに訪ねて来た。大勢が集まると賑やかになり、思いがけない訪問があると家の中が明るくなった。隣の白人老夫婦がときどき文句を言いに来たが、私たちはほとんど気にせず受け流していた。

客人には「まるで自分の家にいるかのようにくつろいでもらう」のが鉄則である。挨拶を交わし近況などを話したら、適当なタイミングでたらいと水差し、ふきんを用意し、客が手を洗えるように手元で水を注ぐ。食事時なら食事をともにし、それ以外の時間にはジュースや紅茶、パンやビスケットを振る舞う。ジュースはジンバブエが誇る希釈用ドリンク「マゾエ・オレンジ（Mazoe Orange）」がよく、紅茶には砂糖と牛乳、パンにはジャムかピーナッツ・バターあるいは塩と油で炒めた卵を添えられれば理想的…だが、それは無理な話だった。

当時国内では生活必需品が入手困難で、食卓に並ぶ食品の種類はみるみる少なくなっていった。私たちはその時その時で買えるものを買い、客が来ると家にある物をかき集め、それらを囲んで話をした。話すことはたくさんあった。探している食料品や日用品、銀行の現金不足や行列、物価の値上がりや家賃の支払い、外貨の相場や入手方法、停電や断水の頻度、病院や学校の閉鎖と再開、選挙の動きやコレラの感染拡大…。親族の話も仕事の話も、たいていが日常の問題に直結した。状況が目まぐるしく変わるので、話した内容はすぐ古くなった。私たちは、明るく冗談をまじえながら、わからないことを尋ねあい、知っていることを教えあった。こうした会話は、長期調査の二年間、尽きることなく続いた。

コリーヌが友人や親族の家を訪問するとき、彼女はいつも当然のように私を誘い同行させた。人の家へ行かずとも、外出先で知り合いと出くわせば、立ち止まって挨拶し、会話を始め、ときにはそのまま一緒に道を歩いたり車に同乗したりして、ずるずる、ぞろぞろと相手の用事に付き添った。

コリーヌと周囲の人とのかかわりあいにつきあううちに、私は彼女の友人や親族たちの家や職場を覚え、一人ででも訪ねるようになった。調査二年目には、家の近所で働く露天商や庭師、家政婦、通行人たちと道端の木陰などでよく話すようになり、たまに彼らの家で食事をよばれたりしているうちに、ようやく近隣の様子がつかめるようになった。町の中心部には、新聞の販売所や自転車修理場、食料雑貨の卸売店など私が頻繁に訪れる店がいくつかあり、何かあれば立ち寄って店員たちと話をした。予備調査で滞在していたハイデンシティには毎週日曜日に通い、教会の礼拝後に元ホストファミリーの家で昼食をよばれた。こうして私の居場所は、家以外にも広がっていった。

三　ジンバブエを去った人

私たちの家にはコリーヌの教会仲間や大学時代の友人らを中心に、同世代の若者が入れかわり訪れた。そのなかには、ジンバブエを離れて国外移住した者も少なくない。まともな給料が支払われない、就職先がなく将来の見通しが立たないなど、彼らはそれぞれに問題を抱え、次々とジンバブエを去っていった。

コリーヌと同じ教会に通う友人ミミもその一人だった。ミミはハラレ中心部の政府行政機関で経理事務の仕事をしていた。二〇〇八年六月、その職場をふと訪れて彼女を昼食に誘ったことがある。ご馳走しようとファストフード店に入ると、どれもこれも驚くほど値段が高く、けっきょくその辺で買える物を探した。私が「いつもは昼ご飯をどうしているの？」と聞くと、「いつもはね、だいたい建物の周りをただぐるぐる歩いて、そのまま職場に戻るだけ。」と彼女は答えた。

それから間もなく、ミミは職場へ行くのを止めた。月給の支払いは遅れ、毎日の交通費のほうが高くつき、主食のトウモロコシ粉も洗濯用の石鹸も買えない日が続いていた。そんな折、彼女は大家から家を出ていってほしいと告げられる。ローデンシティの大きな屋敷の母屋に住む大家は、ミミに貸している小さな離れに住み込みの庭師を住まわせたいのだと言う。ミミは引っ越し先を探したが、どこでも家賃を外貨で請求され適当な家は見つからなかった。

ミミはジンバブエを去ることにした。しばらく一緒に住んでよいと言ってくれる友人がヨハネスブルグに見つかった。二か月かけてパスポートを取得し、連日長蛇の行列ができる南アフリカ大使館で一時入国ビザの申請をした。一一月末に家財を実家へ送って下宿を引き払い、しばらく私たちの家で過ごしてビザが下りるのを待った。

一二月上旬、ミミが出国する日の朝、私はジンバブエの人がそうするように、彼女の荷物を手に持ってとなりを歩き、乗合タクシーの停留所まで付き添った。途中、立ち止まって顔なじみの露天商に挨拶をした。「どこへ行くの？ 引っ越すの？」そう尋ねる露天商に、ミミは言った。「神さまのご加護がありますように。私、南アフリカへ行くわ」。事情をつかめない露天商はおどけて返した。「南アフリカ!? いいねえ！ 何を買ってきてくれるの？」ふたりのあいだに微妙な沈黙が流れ、私が割って入った。「ちがうよ、彼女はもう戻らない」。露天商は一瞬言葉を失ったあと、低く静かな声で聞いた。「何に疲れたの？」ミミは短く答えた。「ああ、もう全部よ」。

ミミを乗せた長距離バスは正午過ぎにハラレを発ち、深夜に南アフリカへ入国した。「国境を越えたら、道路の電灯ぜんぶに明かりが点いていた」。国を出たときの驚きを、彼女は電話口で私にそう伝えた。

二〇〇九年三月、ミミの出国から約三か月後、私は二年間のフィールドワークを終えてジンバブエから日本へ帰国した。

四　ヨハネスブルグのジンバブエ人

ヨハネスブルグは南アフリカ最大の商業都市で、人口は四四三万人、黒人(七六パーセント)、白人(一三パーセント)のほか、カラードやアジア系など多様な人びとが暮らし、周辺諸国やその他の地域からも多くの移民が流入する(宮内 二〇一六)。かつては町の中心部に商業拠点があったが、アパルトヘイト撤廃後は企業が次々と撤退し、現在は北部郊外に新たな都心ができている。アフリカのグローバル都市として急速に発展しつつある一方、この都市の治安の悪さや経済格差は深刻で、とりわけ荒廃した中心部では日常的に凶悪犯罪が多発する(宮内 二〇一六：八―一六、二一)。

日本へ帰国してからも、私は学会などでヨハネスブルグを訪れるたびにミミに連絡し、会って近況を聞いていた。

ジンバブエを出国し無事ヨハネスブルグに到着したミミは、約束どおり終点のバスターミナルで友人に迎えられ、東部郊外にあるその友人宅にしばらく居候した。仕事がないので近所の教会で掃除をしたり、揚げ菓子を作って売り歩いたりして日銭を稼いだ。数か月後、同居する友人の事務職を引き継いだが、雇用主が就労ビザの取得に非協力的だとわかるとすぐにべつの仕事を探した。その後は数年契約の仕事を繰り返し、職場が変わるたびに新しい住居へ移った。居候先を出たあとは、ジンバブエ人が借りているアパートの空き部屋を友人のジンバブエ人と間借りし、その次はまたべつのジンバブエ人と少し広めの空き部屋を間借りしてベッドやテレビなどを少しずつ買いそろえた。移住後四年目には運転免許を取得し、五年目には中古車を買った。ジンバブエに住む両親にも定期的に仕送りし、弟や妹たちにも援助できるようになった。

二〇一八年二月、私はミミの家に三週間ほど滞在してヨハネスブルグに住むジンバブエ人移民の調査をした。ミミは移住一〇年目で、民間企業で経理の仕事をしながら、東部郊外にある集合住宅の1DKの部屋に一人で暮らしていた。仕事は契約期限つきで永住ビザは取れていなかった。

ミミは日ごろからジンバブエ人とのかかわりを大切にしながら暮らしている。彼女の通う教会は日曜午後にショナ語による礼拝があり、二〇〇人ほどのジンバブエ人が集まる。ミミは教会リーダーの一人で、月曜夕方のお祈りや水曜夕方のセル・グループの集まりにも欠かさず出席する。

ミミが仕事へ行く平日、私は彼女の教会のリーダーたちとよく一緒に過ごした。あるリーダーの家へ招かれたときは、一九歳になる次女が朝食を用意してくれ、マーガリンをしっかり塗ったトースト、トマト入りのスクランブルエッグ、砂糖のたっぷり入ったミルクティーをていねいに給仕してくれた。食後は近くの湖畔へ出掛けて水鳥や雲を見ながら話をした。べつの日は教会で使う調理器具の値段を調べに行くというリーダーたちに同行した。ひとつひとつの商品を確認しては「行きましょう（*handei*）」と声を掛け、広い店内の売り場から売り場をぞろぞろと移動する。そんな彼女たちに混じって、私もゆっくりと歩いた。

土曜の日中は、ハラレでよく一緒に過ごした友人たちをミミとともに久しぶりに訪ねた。私たちが到着すると皆、再会を喜び温かく迎えてくれ、きれいな器に盛りつけた昼食やお茶をふるまってくれた。そのうちの一人ジョイスは、定職に就いて永住権を取得し、北部の新都心サントン近くの「ゲーテッド・コミュニティ」に洗練されたデザインの家を購入していた。ハラレでは「子どもにパンを買ってやれない」と嘆いていた彼女が、今では家のテラスでゆったりとお茶と焼き菓子をふるまっている。一〇年前、彼女がジンバブエを去るときに思い描いていた生活はこれだったのだと私は納得した。

五　ヨハネスブルグで暮らすということ

ジンバブエ人たちとショナ語で話し、一緒に食事をしたり歩いたりしていると、ここがヨハネスブルグだということを忘れてしまいそうになる。

しかし、「ヨハネスブルグの生活はジンバブエとは違う」とミミは言う。教会のリーダーたちも友人たちも同じように口にした。「南アフリカには犯罪が多い」。「あからさまな人種差別がある」。「移民に冷たい」。「ヨハネスブルグでは訪ねあわない」。こうした語りは、たんなる生活上の不満ではなく、ヨハネスブルグという場所で彼女たちがどんな生き方をしなければならないかを示している。

ここに暮らすジンバブエ人が真っ先に身につけなければならないのは、むやみに「ショナ語を話さない」ことだ。二〇〇九年九月、まだミミが移住して間もないころ、私は学会に参加するため彼女の家から乗合タクシーを三回乗り継いで、町の中心部の向こうにある大学へ数日間通った。出発前、彼女は乗合タクシーの（運転手に自分の目的地を示すための）指サインを私に教え込み、母親が子に言いきかせるように強く言った。「いい？　町でショナ語を話しては絶対にダメ。わかった？」。彼女が言うには、町でショナ語を使うと知らない人から挨拶をされ、持ち物を盗られたり連れ去られたりする。見かけは南アフリカ人とさほど変わらないミミのような人でも、ショナ語を話せばすぐに「外国人（*makwerekwere*）[2]」だと知られてしまい、この国で頻発する「ゼノフォビア（移民排

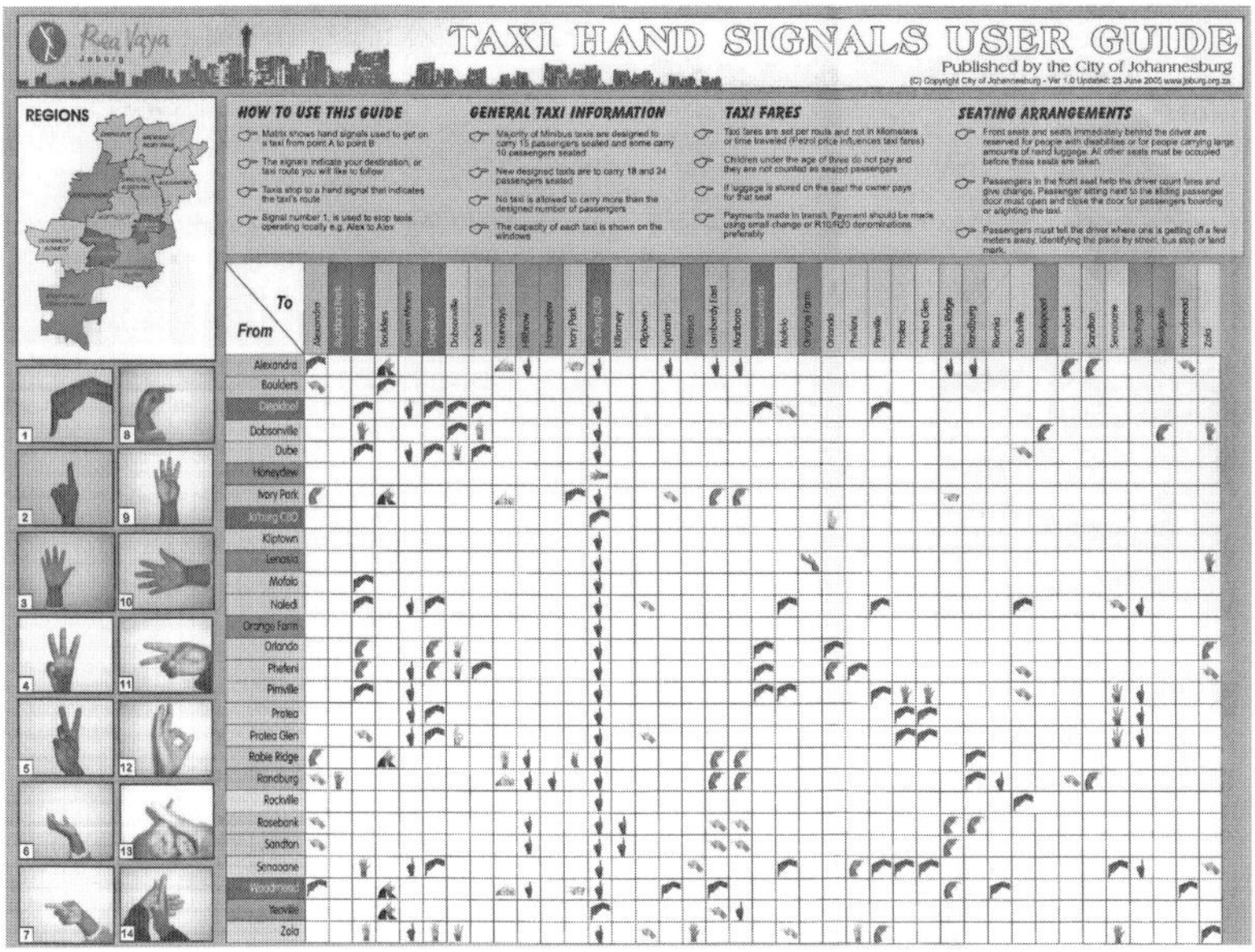

図 10-1　乗合タクシーの指サイン（City of Johannesburg 2005）

斥）」襲撃の標的になりかねない。だから、ジンバブエ人は不用意に外を出歩かず、路上や停留所では話をしない（Morreira 2010）(3)。外では南アフリカ人に似せた髪形や服装をして、歩くときはのろのろしないよう注意する（Siziba 2016）。

移住生活が長くなるにつれ、ミミはほんとうに外を歩かなくなった。じっさい、彼女の暮らす家からは、外を出歩こうにも出歩きづらい。集合住宅の敷地は高い塀で囲まれ、塀の上部には高圧電流の流れる有刺鉄線が張り巡らされている。入口には守衛が二四時間駐在し、来客は守衛が携帯電話で住人に確認を取るまで決して中に入れない。アプローチ横には子どもたちが遊ぶグラウンドやプール、トランポリンなどの遊具があるが、大人が過ごせる共用スペースはない。他の住人に出くわすのは駐車場くらいで、会えば「ハロー」と短く挨拶をする。

集合住宅から出てすぐの公園では、三週間の滞在中、誰も遊んでいなかった。付近の歩道には露天商の姿も乗合タクシーの停留所もない。停留所は歩いて三〇分ほどの幹線道路沿いにある。幹線道路の近くにはジンバブエでよく食される青菜を売る女性がいたが、ふだん歩いて移動しないミミはこの女性のことを知らなかった。ミミはたいてい通勤帰りに車でスーパーへ寄って買物をする。私がそのスーパーまで歩いて行こうとすると、彼女は荷物と治安を理由に「ウーバー（Uber）」などの配車アプリを使うよう勧めた。私が一人のときは、アプリで車を呼んで現在地から目的地まで移動し、用事が済むとまたアプリを使って家へ戻った。

建築計画学を専門にする大月敏雄（二〇一七）は、住人たちが既存の空間をあたかも道具のように使いこなし要領よく巧みに住むさまを「住みこなす」と表現し、住宅内部の空間については「住まいを住みこなす」、住宅外部の環境については「町を住みこなす」と呼んでいる。乱暴にまとめれば、ジンバブエ人たちは移民どうしで融通を利かせて「住まいを住みこなす」ことはなんとかできても、「町を住みこなす」のは難しい。ハラレに比べて巨大で治安も良くないヨハネスブルグでは、セキュリティとひきかえに個人の住まいが町の空間から隔離され（宮内二〇一六）、人との雑多な出会いが制限される。

人類学者のエリック・ウォービーは、ヨハネスブルグのジンバブエ人が意図的に人間関係のつながりを「切断する（disconnect）」場合があると述べている（Worby 2010）。故郷の親族や友人の支援の要請に十分応えられなければ、移民はかえって汚名を着せられてしまうことがある。切り詰めた生活をする移民たちは、苦渋の選択としてわざと連絡先を教えず音信不通にする。しかし、私の周囲のジンバブエ人に言わせれば、意図的につながりを切断しなくても、この町では思うような人づきあいができない。その理由を彼女たちはさまざまに挙げた。「町が広く知り合いの家が遠すぎる」。「勤務時間の融通が利かず会いに行く暇がない」。「夜は危険なのでまっすぐ家に帰るしかない」。「友人の家の近くを通っても不在であることが多い」…。たしかにミミの家から北部郊外の友人宅へ行くには車で一時間ほどかかる。友人たちに会えるのは仕事も教会もない土曜に限られ、私は前々から彼女たちに連絡し、必ず会えるようしっかりと段取りを整えた。

六　ハラレを歩く

ヨハネスブルグでの三週間の調査期間が終わろうとする頃、私はジンバブエ大学で用事をするため三日間ハラレに赴いた。一日かかると思っていた大学での仕事が午前中で済み、突然ふっと時間が空いた。私は町の中心部の行政機関に務めるタピワに携帯電話で連絡し、彼を訪ねることにした。大学から出る乗合タクシーはなかなか出発しそうになく、大きな通りまで歩いて町の中心部へ向かう車を探した。初老の男性二人が乗った大型車が道路脇で停まり、私を助手席に乗せてくれた。黙っているのもどうかと思い、私は挨拶をして運転席の男性と話をした。町に到着するとお礼を言い、お金を払って車を降りた。

タピワの職場に着いたのは一四時前で、昼休み中だった。その時間は来客が入れない。私は入口の守衛に挨拶し、しばらく待たせてもらおうとした。すると、守衛は昼休みでも客が入れるちょっとした秘策を私に教え、私はそのまますんなりとタピワのオフィスにたどり着いた。タピワと握手を交わして少し談笑したあと、べつの行政機関まで書類を取りに行くという彼の用事について行った。その日は日差しが強くて暑かったので、私たちは汗をかかないようゆっくりと歩いた。タピワが書類を受け取ると、私たちは来た道を再び歩き、彼の職場に戻った。それからタピワはしばらく仕事をし、私は黙ってオフィスの隅に座っていた。

その後、私たちはもう一度外へ出た。今度は職場のごく近くに停めてあるタピワの車を取りに行くためだ。普通に歩けば一〇分とかからない道のりだが、途中でタピワが三度知り合いから声をかけられ、そのたびに足を止めて挨拶と軽い世間話を始めるので、目的地になかなかたどり着かなかった。やっと到着してみると、車の下に大きな水たまりができていた。私たちは辺りを見渡して、近くの家で工事をする職人に挨拶をし、がれきを使わせてほしいと頼んだ。私とタピワと、さきほど挨拶した彼の友人との三人で水たまりにがれきを運び入れ、どうにか足場を作った。

そうこうしているうちにタピワの勤務時間が終わった。彼の家はその晩私が泊まる予定にしていたエリックの家と同じ方向にある。私は彼の車に乗せてもらうことにした。タピワはこの日、友人の奥さんであるベアトリスを職場から家まで送迎することになっていた。私たちはまずベアトリスの職場へ彼女を迎えに行った。私が来るとは知らなかった彼女は嬉んで、車が家に着くと私たちを中へ招き入れた。私とタピワは彼女がお茶を用意しようとするのを丁重に断りつつ、ソファに座って三〇分ほど話をした。

ベアトリスの家を出た後、私はタピワに頼んで道の途中にある大きなスーパーに寄ってもらった。私が買物をしていると、向こうから男の子が勢いよく走ってきて私の脚に抱きついた。誰かと思えばエリックの長男だった。私が驚いていると、今度はエリックが笑いながら、しかし落ち着いたようすでゆっくりと近づいてきた。私とタピワはエリックに挨拶をし、話をしながら一緒に買物を済ませた。エリックの奥さんのルンビが車の中で待っているというので、私とタピワは挨拶しに行った。挨拶を終えると、ルンビはタピワに自分の家で一緒に夕飯を食べるように言った。

タピワは私を車に乗せてエリックの家へ着くと、そのまま彼らの家に入った。ルンビは主食のサザと青菜、鶏肉をそれぞれの皿に取り分けた。エリック、ルンビ、タピワと私はソファで一緒に夕飯を食べた。三人の息子たちは遊んでばかりで、なかなか食べ終わらなかった。食後は私がスーパーで買ったスイカを切り分けてみんなで食べた。スイカを食べながら、私たちは談笑を続けた。タピワがそろそろ帰ると言うと、ルンビが彼に言った。「来てくれて、ありがとう。ゆっくり話ができて、とても嬉しかった」。

七　おわりに――フィールドワークを支えるもの

ヨハネスブルグで再会した友人ジョイスは、次のような話をしてくれた。「この前、久しぶりに友だち（のジンバブエ人）と会ったらね、私たちがふだんあまりにも訪ねあわないものだから、月に一度日を決めて定期的に会いましょうって提案されたのよ」。ジョイスは笑い話を披露するかのように話し、隣にいたミミも笑っていた。私はこのとき、この提案の何がおかしいのかがいまいちわからず、すぐに反応できなかった。

自分の足でハラレの町を歩いて、私はようやく理解した。ハラレはヨハネスブルグとは違う。ジンバブエの人びとが当たり前に行う何気ないかかわりあいは、いつでもどこでも簡単にできるわけではないのだ。

臨床心理士の東畑開人はセラピーとケアの違いを説明する。セラピーはカウンセリング室という非日常の特別な時空間で傷に向きあい心の深層に取り組む専門的支援であるのに対し、ケアは生活のさまざまな困りごとに対処するため利用者たちのそばに「ただ、いる、だけ」でも成立する日常的支援である（東畑 二〇一九：二一―二二、三一七)。「ケアとセラピーは人間関係の二類型であり、本来そこには価値の高低はない」(東畑 二〇一九：三二〇)。しかし、復職や登校など目に見える変化をおこすセラピーに比べ、ケアの価値や効果は示しづらくその存在が認められにくい。

ジョイスたちが訪ねあいに求めるのは、頻度を増やしたり、会うための手筈を整えたり、ましてや提供する料理を充実させれば得られるようなものではない。彼女たちが問題にしているのは、人と出会うことが日常から切り離され、なにか特別で堅苦しくなっていくことである。人と人とが気負わずに会い、訪ねあうことがごく自然にできる暮らしを彼女たちは求めているのだろう。始まりも終わりも、目的も結果もあいまいのまま、ふらっと町を歩き、人と会い、お互いが空間や時間を融通しあうなかで、新たな流れや偶然が生まれ、次の展開がまた始まる。手筈の整った会合もときには必要で悪くはないが、彼女たちが懐かしみ恋しがっているのは、もう少しゆるやかで、何気ないかかわりあいのあり方なのだと思う。

冒頭で紹介した岩田は、(記録された)調査カードの一枚一枚が、自分の瞬き、自分の歩み、自分の一歩であるとしたうえで、次のように述べる。

> 私は、私だけで、一人ぼっちで歩いているのではない。私の手足が、異国の風景のなかで、村の人間関係とともに、楽しさ、寂しさを伴いながら、行動しているのである。[4](岩田 一九八八：八五)

岩田の言葉を少しだけ借りさせてもらうなら、ヨハネスブルグのジンバブエ人たちが懐かしそうに思い出し、私がフィールドで経験しながらも捕らえそこねていた何気ないかかわりあいは、日常のなかで見過ごされがちだが、たしかにそこにある「無色のカード」である。それはそこにいる人びとの暮らしや人生を支えているとともに、私を一人ぼっちにさせず、町を歩かせ、フィールドワークを成り立たせ、ひいては私の人生をもしっかりと見守っていてくれた。

【謝辞】

本章の執筆にかかる現地調査および海外出張には、科学研究費補助金基盤研究（S）「アフリカ潜在力と現代世界の困難の克服」（研究代表者：松田素二、16H06318）「次世代調査支援」の助成を受けた。記して感謝いたします。なお、本章は未公刊の出張報告（早川 二〇一八）の内容と一部重複する箇所がある。

注

（1）本章では、「無色のカード」という岩田の言葉を「関心や記述の対象にならなかった無数の経験」を表現するための比喩として使う。ただし、この使い方は岩田の意図とはやや異なっている。岩田にとって「無色のカード」（あるいは「余白」や「地」）とは、窮極的には「コスモス（宇宙）」を意味する。コスモスとは「なまのままの、人間の手の加わらない自然」（川喜田・岩田 一九七五：九二）のことであり、岩田が「柄と地（図と地）」というときはつねにこのコスモスが念頭にある。たとえば私たちは通常、パターンとしての文化を「柄」、その文化が営まれる場としての自然を「地」と考える。しかし、岩田に言わせれば、私たちの目に映る自然もまた往々にしてパターンを含んでおり、そうした自然は地ではなく柄である（川喜田・岩田 一九七五：九五）。ふだん私たちが目にする自然の背後には目に見えないもうひとつの自然（コスモス）があり、その見えない自然がパターンの彼方から、目に見える自然を支えている。人や自然、文化や人生はすべてこのコスモスとともにあり、自分がコスモスと一体となって本来の居場所に落ち着き、自分自身から自由になることが、岩田（一九八八）の主張の核心であり魅力である。しかし、本章は岩田のような深遠な議論を目指すものではない。本章で示す何気ないかかわりあいが岩田の言うコスモスとまったく関連しないとは思わないが、本章で扱うのは通常の意味での「図（柄）と地（余白）」の範囲だけで、さらにその裏側までは触れられない。

（2）南アフリカで使われる、外国人にたいする蔑称。

（3）モレイラ（Morreira 2010）によるこの報告は、ヨハネスブルグではなくケープタウンの事例である。

（4）この直後に岩田は「私の一歩はコスモス（宇宙）と共にする一歩なのである」と続けるが、彼が感受する深遠で微かなコスモスについては本章では触れない。「コスモス（宇宙）」については、注（1）参照。

参考文献

City of Johannesburg（2005）*Taxi Hand Signals User Guide, Ver. 1.0.* Updated 23 June 2005.（https://www.brandsouthafrica.com/wp-content/uploads/mediaclub/2009/10/Taxi_hand_signals.pdf、二〇二一年八月二八日閲覧）。

CSO（Central Statistical Office）（2002）*Census 2002: Provincial Profile Harare.* Central Statistical Office（Zimbabwe）.

早川真悠（二〇一五）『ハイパー・インフレの人類学――ジンバブエ「危機」下の多元的貨幣経済』人文書院。

――――（二〇一八）「ヨハネスブルグのジンバブエ人移民」科学研究費補助金基盤研究（S）「アフリカ潜在力と現代世界の困難の克服」海外出張報告。（未公刊、https://www.africapotential.africa.kyoto-u.ac.jp/mms/fieldrepo/hayakawa201802、二〇二一年八月二八日閲覧）。

東畑開人（二〇一九）『居るのはつらいよ――ケアとセラピーについての覚書』医学書院。

岩田慶治（一九八八）『自分からの自由』講談社。

Jones, L. Jeremy（2019）Headless Queues: Disorder and Disorientation in a Zimbabwean Market, 2007–2008. *HAU: Journal of Ethnographic Theory* 9(3): 545–564.

川喜田二郎・岩田慶治（一九七五）『人類学的宇宙観』講談社。

小泉潤二（一九九七）「フィールドワーク」船曳武夫・山下晋司（編）『文化人類学キーワード』有斐閣、二－三頁。

宮内洋平（二〇一六）『ネオアパルトヘイト都市の空間統治――南アフリカの民間都市再開発と移民社会』明石書店。

Morreira, Shannon（2010）Seeking Solidarity: Zimbabwean Undocumented Migrants in Cape Town, 2007. *Journal of Southern African Studies* 36(2): 433–448.

中井久夫（一九九二）『記憶の肖像』みすず書房。

大月敏雄（二〇一七）『町を住みこなす――超高齢社会の居場所づくり』岩波書店。

Siziba, Gugulethu（2016）The Body as a Site for（Un）Making the 'Other': Shona Speaking Migrants' Negotiation of Identity Politics in Johannesburg. *Journal of Immigrant & Refugee Studies* 14: 121-140.

Worby, Eric（2010）Address Unknown: The Temporality of Displacement and the Ethics of Disconnection among Zimbabwean Migrants in Johannesburg. *Journal of Southern African Studies* 36(2): 417-431.

第一一章　フィールドにおける相互期待の交錯
――ソロモン諸島での共同生活から思考する人類学者と現地住民との「かかわりあい」

藤井真一

一　はじめに

人類学者の田中雅一は、『暴力の文化人類学』の序論で次のように述べている。

人類学者自身のふるまいが誤解を招き暴力沙汰を引き起こしたとすれば、沈黙を守ろうとする気持ちが強くなるのは当然であろう。現地の人々と喧嘩したとあっては、彼・彼女のフィールドワークの能力とその成果の客観性が問われることになるからだ（田中　一九九八：四－五）。

平和と紛争の人類学研究に従事してきた私にとって、また昨今の研究倫理がうるさく問われる情勢にあって、田中の言葉は依然として重大な問題を投げかけ続けている。

一方で、社会人類学者・アフリカ研究者の栗本英世は次のような私見を述べている。

私が育った京都大学の人類学、アフリカ研究のサークルでは、「本を読みすぎるとアホになる」という言説がありました。今の私ならこう言いたいところです――「アホになるぐらい本を読んでみい」。そして、先に述べたように、フィールドワークをはじめたなら、読んだ本からえた知識をいったん白紙に戻すという、より高度なアホさを発揮すること。

この言葉は公刊された文章に含まれているものではない[1]。しかし、栗本の研究や彼との公私にわたるかかわりあいから私が得た研究態度の一つであり、この言葉はフィールドワークの心構えとして私に大きな影響を及ぼしてきた。

田中の序論と栗本の言葉を踏まえて私自身が思うことは、「現地の人びとと（対等に）喧嘩できるぐらい現地人と同化してみい、現地人から現地人扱いされてみい」ということである。もちろん田中が口論や反目だけでなく暴行・傷害や殺人を含んで「喧嘩」と書いているのは承知している。そして、人類学者が調査対象者と傷害や殺人といった暴力沙汰を引き起こす（巻き込まれる）ような事態を招く振る舞いをすることが、研究倫理上の問題とされていることもわかっている。しかし、意図しようがしまいが、こうした暴力的で否定的な関係をつくることもまた、人類学者と調査対象の人びととのかかわりあいの結果である。

私と同じソロモン諸島国内の他地域で長期調査をしていた日本人のフィールド研究者が、高値で取引されるナマコをめぐって取っ組み合いの喧嘩をしていたという噂を聞いたことがある。幸いなことか残念なことか、私がこれまでに行った一〇回のフィールドワークにおいて、調査対象の人びととのあいだで物理的暴力を伴う激しい喧嘩をしたことはない。たいていの場合、口論がエスカレートしてくるといずれか一方が妥協するような形で、わだかまりを抱えつつも諍いを収めるような結果になった。ただ、紛争処理の方法について調査をしてきた私は、機会があれば流血を伴わない程度の激しい喧嘩をして、和解と賠償のための贈与儀礼を催す当事者になりたいと考えてもいる（藤井 二〇二〇）。

さて、「かかわりあい」といった場合、人類学の中では開発や支援といった応用的・実践的な問題で、あるいは調査研究上の知的負債をいかに現地社会へ還元するかといった問題で取り上げられることが多い。現地社会のことをいかに表象し、いかに理解するか、ナショナルな言説やグローバルな言説の回路へと接続することが難しい現地の小さな声をいかに代弁するか、失われつつある現地の文化をいかにサルベージするかといったことが人類学者と調査対象とのかかわりあいにおいて取り上げられてきた（速水 二〇〇六）。その一方で、人類学のフィールドワークにおいて重要とされる現地住民との信頼関係（ラポール）の築き方、言い換えれば、現地住民と信頼関係を築いて資料収集を行うことができるようになるまでの最初期段階における両者のかかわりあいについて、人類学者が自覚的に論じ、著してきたとは思えない。そこで、あえて私は本章で「かかわりあい」の初発の部分について考えてみたい。すなわち人類学者と現地住民とが互いにまなざしを向け合い、期待しあうことを起点とする考察である。

二　人類学者が研究対象に対して抱く期待

人類学者は、ある調査研究の目的に従って調査対象の人びととかかわる。調査対象となる地域や場を選ぶ際にも、調査対象の人びとを選ぶ際にも、自身の調査研究の目的に沿って、目的に適う情報が得られる地域・場や人びとを選定する。私の場合、次のようなプロセスを経てソロモン諸島国のガダルカナル島北岸部に暮らす人びとを調査対象として選んだ。

まず、平和と紛争の研究をしたいという動機があった。平和と紛争を考えるための事例が得られる研究対象は、それこそ世界中に存在している。その中でも、私はニューギニア高地の部族間戦争を題材として平和と紛争の関係を考える道を思いついた。当時の指導教員であった春日直樹先生に相談したところ、さまざまな助言の末に得たのは、ニューギニアと同じく南西太平洋に位置しているソロモン諸島で二〇世紀末に「民族紛争」があったということであった。この情報を受けて、私はソロモン諸島を調査対象地域として選び、ひとまずソロモン諸島の諸社会に関する民族誌を集めて文献調査を始めた。

こうして、私の研究関心は、ソロモン諸島の「民族紛争」を題材として平和と紛争の研究に取り組むことに絞られた。紛争である以上、二つ以上の当事者集団が存在するはずである。文献調査を進めていくうちに、この「民族紛争」がソロモン諸島を構成する二つの主要な島（ガダルカナル島とマライタ島）の人びとのあいだで争われた紛争だといわれていることがわかった。しかし、いくら文献を読んでも、一方の当事者集団に関する情報（たとえば、ガダルカナル島村落からの国内避難を余儀なくされたマライタ系住民がいかに避難したのか、など）はあるものの、もう一方の当事者集団に関する情報はほとんどないことが判明した。少なくとも、既存の文献の中からは、「民族紛争」の当事者と目されるガダルカナル島の人びとが、紛争渦中をどのように過ごし、生き抜いてきたのかはわからなかった。このことから、私はガダルカナル島の人びとを主な対象に紛争渦中の経験を調査することとした。

図 11-1　ガダルカナル島とマライタ島、首都ホニアラと調査地の位置関係（筆者作成）

このように自身の研究対象の選び方を反省してみると、その初発には研究目的や思惑がある。これを一般的に敷衍するのは少々憚られるが、人類学をはじめとする地域研究者が研究対象地域を選ぶときには、多かれ少なかれ同じような思考が働いているのではないだろうか。こうした研究対象への志向性を、ここでは「期待」と呼びたい。おそらく人類学者は研究対象に何かしらの期待を持って臨んでいるといえるだろう。

もちろん、すべての人類学的な調査活動が、あらかじめ措定された研究目的の下に行われているわけではない。換言すれば、人類学者の調査は必ずしも研究対象に対して期待を向けることから始まるわけではない。「関心があろうがなかろうが、もともとの研究テーマとかかわりがあろうがなかろうが、現地で問題になっていることや地域住民が関心をもっていることを研究テーマに選ばざるを得ない」のが、人類学における研究である（湖中 二〇一五：三六）。そして、そういった「現地で問題になっていること」、「地域住民が関心をもっていること」と自身の研究テーマの設定とのあいだにあるのが、調査者である人類学者と調査対象の人びととのあいだのかかわりあいである。

ところで、こうした期待は研究者が研究対象へ向けるだけではない。逆に、外部からやってくる人類学者に対して、研究対象となる社会の人びともまた期待を向けて臨んでくることも考えられる。次に、研究対象の人びとが人類学者に向ける期待について考える。

三　研究対象の人びとが人類学者に向ける期待

研究対象の人びとから見て、当該社会における人類学者の位置づけはかかわりあいの経過を通じて変化する。きわめて大雑把に言えば、「部外者」と「身内」を両極とする親密度合いのスペクトル上を揺れ動くものとして把握できるような変化である。以下では、私自身の調査経験を交えながら、調査対象の人びとからみた場合の人類学者の位置づけの変化を追ってみる。

三・一　部外者としての人類学者

まずは、調査の最初期において人類学者へ投げかけられる研究対象者からの期待、つまり、「部外者」として人類学者を見るまなざしについて考えることから始める。

人類学者が調査対象地域へと赴く場合、「（物質的・経済的に）豊かな」国や地域から、いわゆる「貧しい」国や地域へと移動することが、いまだに多いといえるだろう。こうした場合、調査対象の人びとから見れば、人類学者は外国人観光客と同様に多額の渡航費用を使ってやってきた金づるとしてみられることもある。

私も、町中でよく知らない人間から「ボス！」と声を掛けられて金をせびられる経験をよくしてきた。村では、現地の人びとが私に対して直接的に金銭を要求することはほとんどなかったものの、部外者である私と金銭や経済的豊かさとを結び付けるような言説にはよく遭遇した。私が世話になっている世帯を羨んで、他の村人たちが彼らに対して「お前のところはカネがあっていいな」といった発言をよくしていたようである。

ソロモン諸島の人びとは総じて肌の色が黒い。私の調査村には、肌の色からも見た目に明らかな部外者である外国人ボランティアの短期訪問をよく受け入れる家系の人びとがいた。私もまたその家系の一つの世帯に世話になっているのだが、私が身を寄せ始めるより前に、その家系のいくつかの家族が嫉妬に駆られた村人たちからの圧力を受けて、半ば追い出されるような形で別の集落へと移動したという（その集落に留まり続けることができたか否かは、配偶者がその集落に土地の権利を持っているか否かによっている）。村人たちは、その家系の人びとがいつも「金づる」を庇護し、その対価として莫大とは言わないまでも一定程度の金銭的恩恵を独占している「にちがいない」と考えたのである。早い段階でこのエピソードを聞いていた私は、同居世帯に無用の迷惑がかからないように注意深く考えて振る舞わなければならなかった。

フィールドワークを何度か繰り返し、村人たちに私の存在を周知してもらった後でも、私を金づるとして見ているような発言はたびたび行われた。典型的には、「もしドクター（当時博士課程の学生であった私を彼らはこう呼んだ）が結婚したいと思っているなら、うちの娘はどうだ？」というものである。こうした発言の背後には、「（部外者である）藤井と姻戚関係を結ぶことによって、藤井の背後にあるであろう物質的・経済的豊かさへアクセスできるようになるに違いない」という現地の人びとの期待があるらしい。幾度か、より踏み込んで聞き取りをした際に発覚したのは、私との結婚を目論む娘たちは財に溢れた豊かな生活を思い描いていること、娘の親族たちは娘個人の精神的、物質的幸福よりも、姻戚関係を通じてソーラーパネルやトラックのような物的財産を得たいと考えていることであった(2)。

三・二　身内扱いされる人類学者

人類学者は、長期調査を通じて研究対象の人びとと共同生活を営み、調査対象地の言語や慣習を習得する。日常的に見聞きすることがわかるようになると、「現地人のように思考し、振る舞う」ことがある程度できるようになってくる。同時に、研究対象の人びとからも「部外者」ではなく「現地人のように思考し、振る舞う」ことができる者としてみなされるようになってくる。さらに、特定の世帯に長く世話になっていると、当該世帯の家族の一員として振る舞うことが求められる場面も出てくる。

首都ホニアラで私が身を寄せている家族（マライタ島北部ラウ出身の父親F(3)とマライタ島南部アレアレ出身の母親Nを中心とする拡大家族）の例を考えよう。この家族と私とは二〇〇九年からの付き合いがある。二〇〇九年に約一か月、二〇一〇年に約二か月の同居生活を経て、二〇一一年七月から本調査を始めた私は、事情があって彼らの世帯と本当に長い同居生活を送ってきた。以下、「身内」扱いされるようになった人類学者への期待を考えるため、二つの例を取り上げる。

【例一】

二〇一一年のある日、「父親」が、慰霊のためにソロモン諸島を訪れた太平洋戦争の戦没者遺族（日本人）数名を連れて国内ツアーに出かけた。当時、中高生であった長男JJが頻繁に夜間外出をして近所の「兄ちゃん」たちとつるんでおり、夜中になると母親が玄関ドアを内側からロックして締め出したり、深夜に帰宅した長男がドアをノックし続けて開錠を求めるという応酬がほぼ毎晩のように繰り広げられた。このとき、彼（父親）は「ジャパニーズ・スタイルで子どもたちを躾けてくれ」と言い残して数日間の出張に出た。「父親」不在の数日間、私は（年齢的に）子どもたちの長兄としての振る舞いを求められた。気に食わないことがあって泣きじゃくり、家の柱を蹴り続ける三男Jrに対して、血縁関係の少し遠い同居親族たちからそれとなく促されて私が怒鳴りつけなければならないこともあった。

【例二】

二〇一三年一二月、クリスマス休暇で家族のほとんどが母方の故郷（マライタ島南部）へ帰省したときのことである。私以外で首都ホニアラの家に残ったのは、父親の長兄Kと母方の姪H、そして「田舎的なもの」に興味を示さず首都に留まった次男Gの三人だけであった。

この頃になると、長男だけでなく次男も夜遊びが目立つようになっていた。近隣住民から伝え聞いた話では、「彼（次男）はオジ（父親の長兄Kの一人息子で徒歩数分以内のところに暮らしている）の家の前に建てた露店小屋で若者たちとたむろし、通りかかる女性たちに卑猥な言葉や侮辱的な言葉を投げつけている」とのことであった。

ある夜、次男Gの父方オジが酔っ払って自宅へ怒鳴り込んできて、Gに説教し、椅子で殴り倒すという事件があった。家族のほとんどが帰省して出払っていたため、父方オジと次男のあいだをとりもつのは、父親の長兄であり父方オジの実父でもあったKと私だけであった。私たち二人は酔った勢いで冷静さを失っている父方オジをなだめ、床に倒れてすすり泣く次男を諭すことになった。

以上の二例は、首都で比較的長期にわたって同居生活をしてきた私が家族の一員としての振る舞いを期待されたものである。短くないかかわりあいの中で、客人ともたんなる同居人とも一線を画す、いわば「身内」のような扱いをされるようになってきたことがわかるだろう。

次いで、私が同居世帯以外の人びとから「身内」のようなまなざしを向けられて扱われた例を取り上げよう。

【例三】

二〇一三年頃から、首都ホニアラで生活しているときは、ククムにある小さな青空市場へ足を運んでから町中へ繰り出すことにしている。ククム市場は生鮮食品などを扱う場所ではなく、主にビンロウジ(4)やタバコといった嗜好品が取り扱われている卸売市場と考えてよい（わずかではあるが衣類や軽食の販売もある）。ホニアラ市内の露店主がビンロウジやタバコを仕入れる場所の一つである。私は毎朝このククム市場で露店を構える友人のところへ行って、二〇ソロモンドル分ほど（日本円に換算すると約三〇〇円）のビンロウジを買い込み、町中で会った友人たちへ配り歩いては聞き取り調査をしている。

私の主な調査対象地域はガダルカナル島北岸部であり、ソロモン諸島の共通語であるピジン英語以外で流暢に扱うことができる言語はガダルカナル島北岸部のレンゴ語である。ただ、先に述べたようにホニアラではマライタ島出身者の世帯と同居しているため、日常会話程度ならばマライタ島の二言語（北部のラウ語と南部のアレアレ語）も聞き分けて話すことができる。

図 11-2　ククム市場に立ち並ぶビンロウジの露店（2019 年 9 月 2 日筆者撮影）

首都ホニアラで行き交う人びとの大勢がマライタ島出身者であることもあいまって、ククム市場で交わされるマライタ島の諸言語に私が乗っかって会話をしていたときのこと。露店の女主人が私に対して、私のことを話題に含めながら「あたしたちマライタの人間は…」と話し始め、その直後に目を丸くしながらこちらを見、妙な沈黙を挟んで「藤井は日本人なのに『あたしら』と一緒くたにしちまった」と続けた。これを聞いて、その場にいた私を含む全員が大爆笑した。

ソロモン諸島国内には一〇〇近い言語があり、ガダルカナル島には七から一八の言語が、マライタ島には一二から一七の言語が、それぞれ存在するといわれる（藤井 二〇二一：四三）。異なる言語集団の人間どうしで会話するときに用いられるのはピジン英語である。ピジン英語では、「私たち」にあたる一人称複数形の代名詞として、（一）話し手と聞き手の双方を含む「ユミ（*iumi*）」（一人称複数包括形）と（二）聞き手を除外する「ミファラ（*mifala*）」（一人称複数除外形）がある。前者は「我々ソロモン諸島国民が一丸となって…」といったような表現に、後者はソロモン諸島の人びとに日本文化等を紹介するとき私たちが発する「私たち日本人の文化では…」といった表現に、それぞれ典型的に現れる。こうした一人称複数形の代名詞における包括形と除外形の区別は、ソロモン諸島国内の諸言語でも同じように認められる。先の例では、本来は聞き手である私を含まない一人称複数除外形の代名詞を使って話さなければならないところ、聞き手である私を含めた一人称複数包括形の代名詞で話した点に、笑いを誘ったおかしさがある。

ただ、これはたんなる言葉の言い間違いに留まらないところが興味深い。先の発言に続けて彼女は次のように言ったのだ。「藤井があたしたちの言葉（マライタ島北部のラウ語）を話すもんだから勘違いしちまったよ」と。つまり、ククム市場での一件は、言語を共有する人間集団の中に、まさに言語を共有する存在者として、本来的に部外者であるはずの私を含めていたということである。このような一見するとたんなる言い間違いに過ぎないと思われそうなエピソードの中に、無意識のうちに現地の人びとが私を「身内」扱いする一端が看て取れる。

続いて村でのエピソードへ移ろう。フィールドワークのための渡航を幾度も繰り返し、短い期間ではありながら少しずつ村での生活を体得していくうちに、村でも私は「身内」のように扱われることが多くなってきた。

二〇一四年から私は、ガダルカナル島北岸部で用いられている貝貨の調査を続けており、これまでに三種（計六個）の貝貨製作にも携わってきた（藤井 二〇一九：二〇二一）。貝貨とは、特定の貝殻を直径五ミリメートルから一センチメートルほどのビーズ状に加工して紐でつないだ、いわゆる「原始貨幣」と呼ばれるものである。ソロ

図 11-3　筆者が製作した 3 連の貝貨「マロナ」（2019 年 3 月 3 日筆者撮影）

ビーズ状に加工された 3 色 3 種の貝殻を特定の配色で紐に通し、つないで作られたもの。

モン諸島の一部地域では、婚姻や紛争処理に際して集団間で貝貨がやり取りされる。

ガダルカナル島北岸部で用いられる貝貨は九種類ある。その序列や形状、配色を「知っている」、さらに特定の形状と特定の配色で九種のうちの特定の貝貨（たとえば、二連の貝貨「コガナ」や六連の貝貨「タリナ」など）を「製作できる」ような知識と技能を持っているのは、近年になって習得した私を含めてごく少数である。いわゆる一般人は「（コガナやマロナ、タリナといった特定の貝貨の）名前は知ってるけど、それがどんな配色、本数のものを指すのかは知らない」という状況である。つまり、貝貨の序列や形状、製作方法に関する知識や技能が現地社会から失われつつあるのだ(5)。

こうした状況の中で、私は、友人の息子の婚資のために貝貨の製作を乞われたり、もめごとの処理にあたって準備すべき貝貨の種類について助言を求められたりしてきた。また、情報の提供や安全な滞在の保障といった調査協力に対する返礼を兼ねて、将来的に必要とするであろう友人へ婚資（貝貨）の供出を申し出たりもした。こと貝貨にまつわる事柄に関して、彼らの多くは私を「現地人よりも現地人だ」と認識している。ある友人は「自分の文化なのに藤井より知らないのが恥ずかしい」と言うほどである。

以上のようなかかわりあいを調査対象の人びとと続けるうちに、村人たちのあいだで私は親族ネットワークに伴う権利義務関係の網の目に絡め取られた存在と認識されるようになってきた。彼らは、私が彼らの「身内」となり、権利義務関係の結節点として振る舞うことを期待する。また同時に私自身も村人のあいだに張り巡らされた権利義務関係の網の目を意識し、彼らの権利義務関係の網の目の中における自身の位置づけを確認・強化するために、自分自身を一つの結節点として捉え、振る舞う。比較的長い期間のかかわりあいを通じて、双方が相手に対する的確な情報を手に入れつつ、相手に対して期待する（あるいは求める）事柄や役割が変化していくのである。

三・三　部外者であることを再認識する

ここまでの内容から、「部外者」と「身内」は、調査を進めていくうちに一方から他方へと少しずつ重心を移していくようなものだと思われるかもしれない。しかし、本章では、このような親密度合いのスペクトル上の変化が一方向的で不可逆的な変化なのではないということに留意したい。どういうことか。

人類学者が現地の言語や慣習などをある程度習得し、理解できるようになってくると、当の人類学者自身もそれを取り巻く調査対象者たちも、当初は「部外者」としての地位しか持ちえなかった人類学者が当該社会の一構成員（擬制的家族として特定の親族集団内に迎え入れられるだけでなく、広い意味での「身内」）であるような錯覚に陥る。しかし、人類学者と調査対象者との共同生活の中でみられるありふれた瞬間に、人類学者は「自身が部外者であったこと」を強烈に自覚させられるようなことがある。同時に、研究対象の人びとも、人類学者が「やっぱり『身内』ではなかった」と感じるようなことが起きる。

私が日本にいるあいだに行われてしまった紛争処理の儀礼について、もめごとの原因や経過を含めて聞き取りしているとき、彼らは私が「すでに色々なことを知っている者」として説明してくれることがあった。彼らにもめごとの原因や経過を尋ねると、その語りの登場人物はたいてい「ジョン」や「マリア」などである。

キリスト教徒が九五パーセント近くを占めるソロモン諸島では、「ジョン」や「マリア」といった名前を持つ人間がことのほか多い。私には「誰の息子のジョンなのか」や「どの集落に暮らしているマリアなのか」がよくわからず、機嫌よく話してくれている相手の話を遮って尋ねなければならない。ある程度までは「ペレシニの息子のジョンだ」とか「結婚してカウタベで暮らしているマリアだ、ポリカープの娘の」といった説明をしてくれるものの、「どのペレシニだ」、「カウタベってどこだ」といった派生的な質問を投げ続けるうち、表情にふっと失意の色を浮かべ、「そうか、お前は何も知らなかったんだな」と言って話を切り上げられてしまうことがあった。

家系図や地図を描いて人間関係や空間配置を把握し、さまざまな語彙や民俗概念、慣習や振る舞い方を身に付けて、当該社会の中で役割や位置づけを得る。それが達成できたつもりでいても、何かのきっかけで人類学者は自身が「もの知らずの部外者」であることを痛感させられ、彼らの「身内」になれたという感覚が錯覚でしかなかったことを思い知らされる。それと同時に、調査対象の人びともまた「自分たちが当たり前に知っていることを当然相手（人類学者）も知っている／できるはずだ」と思い込んでいたことに気付くのである。

かかわりあいの進展によって人類学者と調査対象者の双方が互いに承知している事柄は増えていく。そうすると、互いの期待の向け方が適切な形へと修正されることにも繋がる一方、相手への期待が過剰になったり、互いに十分な共通了解を持っていないことを覆い隠してしまったりすることもある。現地住民ならば知っている「にちがいない」、あるいは身内扱いできるほど溶け込んだならば理解している「はずだ」といった相手に対する行き過ぎた期待は、かかわりあいの長さや親密度合いの深さのせいで互いに意識しなくなってしまっていた綻びのようなものを露呈するきっかけとなる。

四　期待の交錯とかかわりあい

人類学者と調査対象の人びととがかかわる場面では、双方ともにさまざまな期待を相手に向けている。こうした双方の期待が交錯する場において、人類学者はいかに行為すべきか、いかに知的負債を還元するかといった問題が立ち現れる。本章では、「いかに調査対象の人びととかかわるか」に力点を置いた実践や応用を謳う人類学的議論が見過ごしがちな、「かかわりあい」の初発の部分にみられる相互期待の交錯状況を取り上げてきた。

陳腐な表現ではあるが、人類学における「かかわりあい」とは調査対象の人びとと苦楽をともにし、分かち合うことである。そのためには、郷に入っては郷に従えの精神で調査対象の人びととできる限り同化する必要がある。栗本はある講演で次のように述べている。「人類学者は、…調査対象の人びとのように、話し、行動し、考えることを学ぶ。つまり、できる限り『現地人になる』ことを試みる」（栗本 二〇一七：一〇九）のだと。

学問的営為として人類学者が調査のときに試みるのは「現地人になること」である（もちろん、同時に、どうしても現地人になり切れない自分を自覚することも求められるだろう)。そして、現地人へと同化する試みを通じて、他者理解とともに自己変容をも経験するのが人類学のフィールドワークだともいわれる(佐川 二〇一八：二三四)。しかし、この経験は研究者側の特権的なものではない。本章で述べてきたように、人類学者と調査対象の人びととのかかわりあいを通じて、調査対象の人びともまた人類学者を理解し、人類学者を参照点として自らを自覚し直すことも起こりうる。

人類学者も現地住民も、はじめは極めて限られた情報に基づいて相手に対するステレオタイプを仮構し、そのステレオタイプ化された相手に対して何かしらの期待を向ける。長期間にわたってかかわりあいを繰り返すうちに、互いのステレオタイプが修正されていく。つまり、かかわりあいを深めていくにつれて、互いが相手に対する情報を集積して、より的を射た妥当な他者理解へと軌道修正していくことになる。そのプロセスにおいて、期待の向け方を誤っていたために、相手への失望の念が沸き起こることもしばしばある。また、失望を起点として反省的な自己変容をもたらすこともある。人類学者と調査対象の人びととのかかわりあいは、こうした相互の期待が交錯する状況で両者のあいだの綻びを繕っていくことなのである。

注

(1)　大阪大学大学院人間科学研究科の人類学研究室メンバーだけが閲覧できる情報共有サイトに掲載されていた「大学院生の皆さんへ――研究のあり方にかんする私見」に書かれている。

(2)　平和と紛争の研究をしている私が紛争処理の場面でやり取りされる貝貨の製作を始めたときに、適齢期の娘たちが揃ってそわそわし始めたことがあった。これは、貝貨が紛争処理だけでなく婚資のやり取りにおいても用いられるためである。つまり、幾度も足を運んでくる私の存在は認識したものの、「調査研究のため」という訪問目的までは十分に理解していなかった村人たちが、私が貝貨製作する姿を婚資の準備と解釈したのであった。

（3）彼は若い頃（二十代後半）に内閣府青年国際交流事業の一つである「世界青年の船」に乗船して環太平洋諸国を巡った経験を持っている。「日本政府のおかげで見識が広がった」と常々語る彼は、ソロモン諸島国民の中でもとりわけ日本や日本人に対する思いが強いといえる。

（4）ヤシ科の常緑高木であるアレカヤシ（ベテルナッツ、檳榔樹《びんろうじゅ》とも呼ばれる）の果実のこと。成熟具合にもよるが、概ね直径四センチメートルくらいの楕円形や球形をしている。原産地であるマレーシアをはじめとして広く熱帯地域で認められる嗜好品である。ソロモン諸島では、青い未熟なビンロウジの外皮を割って種子を取り出し、コショウ科の常緑蔓性植物であるキンマの葉や棒状の花穂と、サンゴや貝を焼いて作った消石灰とを一緒に口に含んで噛む（石森 二〇一〇：二七八）。

（5）それにもかかわらず、婚姻や紛争処理の場面では現在も貝貨のやり取りが好まれている。もちろん、社会変化に伴って、現在では貝貨の価値を法定通貨（ソロモンドル紙幣）で代替することも行われることがある（藤井 二〇一九：六五）。

参考文献

藤井真一（二〇一九）「貝貨の現在―ソロモン諸島ガダルカナル島北東部における臨地調査から」『生態人類学会ニュースレター』二五：六〇―六六。

藤井真一（二〇二〇）「侮辱と心配―新型コロナ感染症がソロモン諸島国へもたらした変化」『Fieldnet 特設サイト COVID-19 とフィールド・ワーカー』東京外国語大学アジア・アフリカ言語文化研究所、フィールドサイエンス研究企画センター（https://fieldnet-sp.aa-ken.jp/293、最終アクセス：二〇二二年一月二八日）。

藤井真一（二〇二一）『生成される平和の民族誌―ソロモン諸島における「民族紛争」と日常性』大阪大学出版会。

速水洋子（二〇〇六）「序にかえて（特集：表象・介入・実践―人類学者と現地とのかかわり）」『文化人類学』七〇（四）：四七三―四八三。

石森大知（二〇一〇）「カヴァとビンロウジ―オセアニアの二大嗜好品」熊谷圭知・片山一道（編）『朝倉世界地理講座一五 オセアニア』二七八―二七九頁、朝倉書店。

栗本英世（二〇一七）「ローカル／ナショナル／グローバルの往復運動―南スーダンの人類学的研究から見えてきたこと」『適塾』五〇：一〇七―一二六。

湖中真哉（二〇一五）「やるせない紛争調査―なぜアフリカの紛争と国内避難民をフィールドワークするのか」床呂郁哉（編）『人はなぜフィールドに行くのか―フィールドワークへの誘い』三四－五二頁、東京外国語大学出版会。

佐川徹（二〇一八）「フィールドワーク論」桑山敬己・綾部真雄（編）『詳論 文化人類学―基本と最新のトピックを深く学ぶ』二一三－二二四六頁、ミネルヴァ書房。

田中雅一（一九九八）「暴力の文化人類学序論」田中雅一（編）『暴力の文化人類学』三－二八頁、京都大学学術出版会。

第一二章 「体得しない」芸能研究者がフィールドでかかわったこと

竹村嘉晃

一　技芸の体得は必須なのだろうか

本章では、民族音楽学や舞踊研究の方法論として自明のこととされてきた技芸の習得を「しなかった」私のフィールドワークを振り返り、フィールドの人びととの日常的なかかわりあいと関係性について再考することで、身体的実践である芸能を介しながら、いかに調査者と実践者とのインターラクションが多様に起こっているのかについて考えてみたい。

民族音楽学では、一九五〇年代後半にM・フッドが提唱した「バイ・ミュージカリティ（複音楽性）」（Hood 1960）の概念に基づき、研究者自ら当該社会の音楽や芸能の実践を体得することが長らく重要視されてきた。そもそもフッドは、民族音楽研究の手法として演奏を学ぶことを提唱したのではなく、異なる文化の音楽実践を通して音楽文化の多様性を知る、という異文化の音楽への共感と文化相対主義教育の両立を意図してバイ・ミュージカリティを提唱している。ただしフッドは、基本的な音楽性を身につけることがあらゆる音楽研究の基本である、と主張してはいる（Baily 2008：梅田 二〇一二）[1]。アメリカで六〇年代に学位をとった拓植元一は、異文化の音楽研究には対象の音楽文化を冷静な科学の目で観察する姿勢とその特異な音楽を体得しようとする姿勢の二つの側面があると論じる（拓植 一九九一）。技芸を体得するフィールドワークは、それが唯一無二の方法ではないものの、日本における民族音楽学の主たる方法論として、その意義や手法に関する十分な検討がなされないまま今日に至っている[2]。

民族音楽学と隣接する民族舞踊学や舞踊人類学の領域では、バイ・ミュージカリティのような明確な概念が提唱されてはいないものの、異文化の舞踊に関して、あらゆる動きが社会的に交渉された慣習である、という視点に依拠したダンス・エスノグラフィーの方法論が近年欧米を中心に発展している（cf. Davida 2011）。だがこうした欧米における舞踊研究の動向は、必ずしも日本の舞踊研究に影響を与えているわけではない。私がこれまでに出会った舞踊研究者（ほとんどが舞踊経験者）の多くは、異文化の舞踊を研究する際、実践の体得は必要不可欠であり、動きの分析が舞踊研究の本質であるかの如く朗々と語っていた。私自身は上演芸術の実践や習得に全く縁がなかったわけではないが、フィールドワークの方法論があいまいのままテクスト（舞踊の動きなど）中心主義的な立場に依拠することに違和感を拭えずにいた。

音楽や舞踊の実践のあり方、すなわち技芸の型やシークエンスを成り立たせているのは、実演家の技だけではなく、実践者共同体における実践者間の関係や観客との相互作用、彼らが共有する美意識など多元的であることは疑いなく、それらは時代や政治・社会的状況の影響を受けていることも容易に推察できる。またテクノロジーが発展し、デジタル機器が浸透する現代社会において、芸能の上演形態や表象はもとより、プロジェクション・マッピングやオンライン教授など、人びとと芸能とのかかわり方や関係性も大きく変容している。私はフィールドワークでの技芸の習得を否定するつもりはなくその有益性も認めているが、本章では、技芸の習得を自明のこととするフィールドワークの方法論やテキスト中心主義的なこれまでの舞踊研究の手法を再検討してみたい。

二　「私」のフィールドでのいきさつ

二〇〇五年から二〇〇七年にかけて、私は博士論文執筆のために南インド・ケーララ州北部のカンヌール県とカーサルゴードゥ県で広く行われている神霊祭祀のテイヤムに関するフィールドワークを行った[3]。テイヤムは一〇月中旬から六月初旬にかけて、カースト寺院や森、タラワードゥ（母系制大家族の屋敷）にある祠などで夜通し奉納されるヒンドゥー祭儀である。祭儀の中心となるのは神霊の役割を担う不可触民階層の男性たちであり、彼らは神霊を讃える祭文を唱えた後、幾何学模様の化粧を顔に施し、赤を基調とした重層的な装束のほか、銀細工や草花の装飾がついた頭飾りを身につけ、自らの身体に神霊を呼び降ろすことで神と一体化する[4]。祭儀の場に顕現するテイヤム神は、ケーララの民俗楽器であるチェンダ（片面太鼓）やエラッターラム（シンバル）、クラル（ダブルリードの管楽器）の伴奏に合わせてステップを踏みながら、刀剣を操ったりアクロバティックな技を披露したり、火渡りなどを行うことで自らの起源譚を再現する。その後、祠の前に置かれた椅子に座り、司祭からココヤシや米粒などの供物を受け取ると、参拝者の悩みに耳を傾けて託宣を施し、ターメリックの粉、花びら、米粒などを与えて祝福する（竹村 二〇一五）。

一九六〇年代以降、テイヤム祭儀は国内外の研究者や舞台関係者によって「民俗芸術」として再発見され、

「アート」という価値づけが新たに付与された。州北部のローカルなヒンドゥー祭祀であったテイヤムのイメージは外部世界に拡がり、国内で開催される文化イベントや海外のフェスティバルの舞台にテイヤム神が担ぎ出され、観光や舞台芸術と接合した世俗化の動きを助長していった。こうした背景から、テイヤム祭儀は国内外の研究者や芸能愛好家、演劇関係者や観光客の関心を集めてきた。

フィールドワークの期間中、私は以前に知り合ったワンナーン・カーストのテイヤム実践者親子宅に居候しながら調査を進めた。居候という手段を選んだ理由は、芸能習得における徒弟関係や調査対象者と共に生活するフィールドワークへの憧れからであった。居候先で神霊の身体パフォーマンスや太鼓演奏に関する技芸の習得を思案していたところ、複数の実践者から欧米の舞台芸術家がカネを払ってパフォーマンスのシークエンスを学んだ後に無断で上演した話や、ケーララ州でテイヤム祭儀や実践者を題材にした舞台や映画が俳優によって演じられた話、商業広告や映画の宣伝看板にテイヤム神の顔を無断借用して裁判沙汰になった話など、神霊の上演や表象をめぐってさまざまな摩擦が生じており、彼らがそうした状況を快く思っていないことを何度となく聞かされた。

ケーララ州に伝わる他の芸能とは異なり、テイヤム祭儀を担うことができるのは不可触民階層の特定の人びとだけである。彼らは、ワンナーン、マラヤン、ヴェーランなど一〇以上のカースト集団に分かれ、実践する神霊の種類もそれぞれ異なっている。カーストの伝統的職業（ジャーティ）として祭儀の役割を担う彼らは、祭儀に関する知識や技を世襲的に継承してきた。(5) また祭儀の場では祭主や参拝者から畏敬の念を抱かれる反面、生活世界においては長きにわたって「不可触民」として周縁化され、社会・経済的に低い立場を虐げられてきた。

居候先の親子グループに同行して祭儀に足繁く通ううちに、私はカーストに帰属する仕事である祭儀の実践が彼らの「生業」であると同時に「権利」でもある、という周知の事実を痛感し、彼らとは属性を異にする「私」が技芸を習得することに正当な理由を見出せなくなっていた。それは、単に芸能とは異なる信仰に結びついた儀礼実践だからというだけでなく、彼らを取り巻く社会的状況に対する認識の深まりにも起因していた。

フィールドでローカルの人びととかかわりたいという思いやかかわるべきであるという義務感をもつことは自然なことであり、そこには彼らに「好かれたい」「嫌われたくない」という調査者の本心が内在している(6)。ナイーブといえばそれまでだが、表象や流用をめぐる問題を非難する実践者たちから嫌われたくなかった私は、技芸を体得するかわりにグループの雑務を手伝う助手のような立場で彼らの活動に参加していった。

三　日常の生活世界に足場をおいて

民族音楽学者の増野亜子は、インドネシア・バリ島のガムラン音楽を現地で修得するなかで、楽器の構造や音楽様式だけでなく、「音楽する」行為をとりまく文脈や習慣によって異なった身体性が求められると指摘する（増野 二〇一六：一一）。増野がいう身体性とは、徒弟制において弟子である学習者が実践への十全な関与を通じてその技芸を習得する、というレイブらの正統的周辺参加論（レイブ＆ウェンガー 一九九一）をより多角的に捉えた視点といえる。

居候先での日々を過ごすなかで、私は生活世界のさまざまな側面が祭儀と地続きの地平にあることに気づかされた。クリフォードが「参与観察の実践者は、身体的な次元でも知的な次元でも、翻訳のさまざまな過程を経験せざるをえない。そこで要請されるのは、困難な言語習得であり、一定の直接的かかわり合いと会話であり、そして多くの場合、個人的文化的な期待の攪乱である」（クリフォード 二〇〇三：三八）と述べるように、私は望んでいた技芸の習得は叶わなかったものの、彼らとの日常的な会話やかかわりあいのなかで、祭儀と関連するさまざまな活動を日々の生活から身体的に経験した。[7] それは増野の視点を祭儀の場から日常の生活世界の文脈にまで広げることによって体得できるものといえる。

テイヤム実践者たちは日常生活において祭儀のためのさまざまな準備を行う。それらは装束や装具の補修、装飾部分の付け替え、祭文や起源譚に関わる身体的所作の確認、当日までの精進潔斎、メンバーのスケジュール確認など多岐にわたる。彼らの生活世界に足場をおくと、こうした祭儀を遂行するために必要不可欠な要素への気づきはもちろんだが、祭儀の場だけでは見えにくい実践者たちの美意識や他の実践者との互恵関係、祭主との交渉や報酬をめぐるトラブル、当該社会におけるカースト間関係の実態など、「生業」としてテイヤム実践者を生きる彼らの営みを垣間見ることができる。

たとえば、装束や装具の修繕・新調は家族や助手の協力のもとで行われ、作業中は他のグループの動向や祭儀関連のゴシップなどを雑談しながら進められる（写真12－1）。装束の細部には実践者の嗜好が反映され、衣装の丈やデザイン、髭の長さなどが調整されるほか、他のグループを参考に流行も適度に取り入れられる。装束の核となる木製の骨組みの調整では、可動域や装着感が確認され、神霊の動きが可視化される。刀剣を操ったり歩き回ってステップを踏んだりする神霊のパフォーマンスには舞踊的所作が少ないものの、その動き自体には彼らのなかで「よいもの」「美しいもの」という明確な審美眼が存在する。祭儀の終わった夜や翌日の実践者宅で行われる反省会では、引退した年配者から実践に関する「ダメ出し」の小言が発せられ、神霊の技芸に関する美意識が

写真 12-1　自宅で装束を修繕する助手と息子 J（カンヌール市、2006 年）

言語化される。

また社会的に搾取されてきたテイヤム実践者たち自身も、カースト集団間でヒエラルキーや差別構造を内包していた(8)。居候先の家族はワンナーン・カーストであり、彼らは実践者カースト集団内で最上位に位置すると考えられている。私がマラヤン・カーストの太鼓奏者宅でのインタビューから戻ってくると、家に入る前に母親Kから「足を洗いなさい、あの人たちは汚いから」と注意されたり、カースト間で控え場所が異なる祭儀空間でマラヤンの太鼓奏者たちと一緒に休んでいると、父親Kから「荷物が危ないからこっちで休みなさい」と怒られたりした。祭儀の相談でティーヤ（上位カースト）の人が居候先にやって来た際には、お菓子や飲み物でもてなしたが、ワンナーン以外の祭儀実践者が来たときに共食することはなかった。

テイヤム実践者たちの生活世界に身を置くことで、技芸の習得や分析だけでは見えてこない祭儀を維持・遂行する側面や彼らを取り巻く社会空間、すなわち「彼らの世界」を理解することが可能になる。実践者にとっては、祭儀のための準備や社会関係を含めたものが祭儀をする行為にほかならず、「神霊を担う」行為と結びつく身体性なのである。それは、テイヤム実践者を生業とする彼らの「生の営み」に他ならず、技芸の動態に焦点をあてた従来の舞踊研究のアプローチでは把握することができない位相といえる。

四 「彼ら」が見る世界にふれる

民族音楽学者や舞踊研究者（人類学者も同様に）は、調査対象の芸能を当然の如く音声や映像に記録する。それらは芸能の上演はもとより、楽屋裏や装束の着衣、楽器の製造過程や稽古風景など多岐にわたるが、概して全体像が把握できるような画角のものが多く、アングルやアップ撮りなどの撮影技術は個人の美的感覚によるところが大きい。

私が調査をしていた当時、祭儀空間ではデジタルカメラやビデオカメラを手にする者は少なく、スマートフォンも普及する前だった。実践者たちの生活レベルは低く、彼らが持つ携帯電話は最低限の機能のもので、カメラを所持する者はほとんどいなかった。祭主宅や寺院の事務所では神霊や祭儀の写真を目にする一方で、自らが担った神霊の写真を所持する実践者は少なかった。彼らは自らの写真に無関心な訳ではなく、彼らに写真を提供する者がいなかったのである。

私は祭儀会場に到着すると、父親Kから祭主や実行委員会関係者を紹介してもらい、研究のためという名目で写真やビデオ撮影の許可を得ていた。多くの会場では自由に動き回ることができ、よい撮影場所も確保していた。祭儀の準備中にはグループの雑務をしながら準備工程を記録撮影し、祭儀が始まれば「よいアングル」でその次第を撮影していた。徐々にテイヤム祭儀を研究する日本人大学院生という参与観察者の立場が知られるにつれ、祭主や実践者から期待されたり要求されたりすることが増えていった。

テイヤム祭儀にかかわる人びとにとって、祭儀を記録した写真やビデオ映像はいくらあっても困るものではない[9]。祭主や実行委員会からは撮影した画像や動画を編集したデータを求められるようになり、親しくなった実践者からは彼らが映った写真の現像を頼まれた。祭儀でお世話になったお礼と親睦を深めるきっかけとして、私は写真を届ける口実で実践者宅を訪問し、インタビュー調査を進めていった。彼らのなかには私を専属カメラマンと見なす者もいて、祭儀の場で個人や集合写真の撮影を求めたり、結婚式でのカメラマン役を頼んできたりした。カメラを介するこうした現地の人びととのかかわりあいは、多くのフィールドワーカーが経験することであろう。

実践者たちとカメラを介したコミュニケーションを図るなかで、彼らは私が撮った写真に不満を口にするようになった。祭儀の場面で躍動する神霊の姿を捉えた私が思う「いい写真」よりも、彼らは正面を向いた画角全体に収まる神霊の写真を求めており、それは私からすれば「つまらない写真」だった。また祭主からも同様の声が聞かれた（写真12−2）。

多くのヒンドゥー教徒にとって、信仰の核となる伝統的な宗教実践とは、聖なる存在をダルシャンすることである。宗教学者のD・L・エックによれば、ダルシャンとはヒンドゥー神と信者との間で交わされる視線を介した交換または交感関係のことである。信仰の対象として、彼らの前に「姿」を現す聖なる存在から彼らが見つめられ、またその存在を彼らが見つめ返すという、双方向的な視線の交換を意味している（Eck 1983：3‒7）。聖なる存在がダルシャンを与える媒体となるのは、憑依した身体や路傍の石、石像や塑像、図像画や写真など多岐にわ

写真 12-2　「私」が撮りたい写真
（カンヌール市、2007年）

たる。カンヌール市街にあるヒンドゥー祭礼の関連商品を扱う店では、特定のテイヤム神の正面を向いた立ち姿が画角全体に収められた図像画が販売されており、同様の商品や写真は祭儀会場の外に設けられた露店でも売られている。人びとはこれらの図像画や写真を自宅の祭壇などに祀って日々の礼拝儀礼を行う（竹村 二〇一五）。

祭儀の場でテイヤム神にカメラを向けると、正面を向いてポーズをとることがしばしばある（写真12－3）。私は当初、こうした振る舞いをするテイヤム神を「目立ちがり屋」「不真面目者」と感じ、なるべくそのような被写体を避け、躍動的なテイヤム神の写真を撮るよう心がけていた。ところが前述したように、私が撮影した写真は実践者たちの間で評判が悪く、彼らは一様に「どうして正面からテイヤム神全体が映る写真を撮らないんだ」と文句を言った。すなわち、彼らは流通している図像画と同様に、テイヤム神の正面写真が「ダルシャン」の対象として利用されること、またそのような価値があることを認識していたのである。私は彼らとのやりとりを通じて、神霊がそのために「わざわざ」ポーズをとっていたことや写真の価値とその意味を学んだのである。

私は写真だけでなくビデオでも祭儀の模様を撮影していたが、民族誌映画の制作を目論んでいたわけではなく、記録の意味合いが強かった。据え置きの画角で全体像を捉えたそれらの映像は、もっぱら居候先の家族と共に観ながら確認をするために用いていた。ある日、息子Jと記録動画を観ていると、父親Kが衣装の見栄えや神霊の動きについてコメントしはじめ、「なぜお前はこんな場面を撮るんだ」「どうしてこんな風に撮影するんだ」と動画の内容を批判した。それらの場面は供物や装束の準備の光景であったり、神霊の化粧や目の動きをアップにしたり、下からのアングルで神霊の動きを捉えたものなどであった。

写真 12-3　「彼ら」が求める写真
（カンヌール市、2006 年）

映像は言葉で表せられない部分の認識を可能にするだけでなく、コミュニケーションとして有効な手段である。民族音楽学者の寺田吉孝は、インタビューにおける語りを中心に構成した『大阪のエイサー』の映像作品の制作を通じて、映像は語りの内包する多様性や複合性をそのまま示せる点で優れていると指摘する（寺田 二〇〇九：四一）。私の記録した映像は、祭儀の全体像を記録する目的と個人の美的感性の狭間で折り合いをつけたものであり、調査者の解釈を示すというよりも所詮私の感じ方を表したものに過ぎない。ただ自分の解釈を述べないことで記録映像の無垢な中立性を主張しようとか、レンズを通した祭儀とのかかわり方や介入による暴力性などを無視するつもりは毛頭ない。

むしろ実践者との映像を介したやりとりのなかで私が経験したことは、自分と彼らとの間には、被写体や構図などの美的感覚や祭儀の勘所に関する認識に齟齬が存在するという事実に気づかされたことである。私は記録映像を介しながら、父親Kから祭儀の勘所や注意すべき点などの教授をうけるようになり、彼らが「よい」とする写真や映像、別の言い方をすれば、彼らが求める情報を徐々に記録できるようになっていった。やがて父親Kからは「お前の調査のため」という常套句と共に、特定の地域や著名なテイヤム実践者の祭儀を見に行くよう指示された。撮影した写真や映像は、他のグループの活動実態を把握する情報となり、それらをきっかけとしてグループの装束に変化が生まれたり、技芸自体に調整が加えられたりするようにもなった。参与観察者兼あいまいな助手であった私は、実践者たちの求める映像を記録し他のグループの情報を提供する、モートンの言葉を援用すれば「参与型撮影者」（Morton 2009）にもなっていったのである[10]。

インドの宗教的イメージに関する人類学的議論を牽引するピニーは、人類学における写真の認識と使用法の変化について論じている。ピニーによれば、かつての人類学では、写真は物理的な記録として称賛され、その権威と永続性は会話における確実性の欠如からの脱出をもたらしていたが、現代の人類学では、動きやプロセスを捉えることができない画像処理の実践が批判されるようになった、と指摘する。また、フィールドにおいて「そこに存在する」実践としてある人類学は、証拠収集のメタファーとしての写真と密接にかかわりあい、写真との関係によって定義されてきたと論じる一方、写真とは物語を語るために撮られるのであり、その「困難さ」は常に自分自身の物語を語ることに固執することに起因すると論破している（Pinney 2011）。

私は柘植が指摘した特異な技芸を体得する姿勢でもなく、冷静な科学の目で客観的に観察する姿勢でもない、かかわりあいによるアプローチで調査を進めていくなかで、記録撮影を介して技芸や装束などの変化に間接的に関与する存在となった。それは祭儀の場で実践される技芸が常に変化の渦中にあることを再認識させ、ある一回の祭儀の技芸を記録して固定化し、その動態を分析する従来の舞踊学的方法論への再考を促すことにもつながった。また祭儀の実践に関する実践者たちの審美眼や価値づけに対する認識を高めた一方で、自分自身が描くテイヤム祭儀の物語を語ることに固執していることを内省させられた。記録撮影という行為とそれをめぐる実践者との相互交流は、彼らの見る世界への理解を助長するだけでなく、自らの立ち位置やまなざしの変容ももたらしたのである。

五　かかわりあいによる対話と相互変容

私がフィールドワーク中に最もかかわりあいをもったのは息子Ｊである。同世代のＪとは多くの時間を共に過ごし、祭儀以外にもさまざまなことを語り合った。私はＪが一人前の実践者になっていく成長過程の一時期にかかわり、何らかの形で影響を及ぼす存在であった。

Ｊとの日常の何気ない対話やかかわりあいは、お互いを理解するプロセスであると同時に相互変容をもたらす

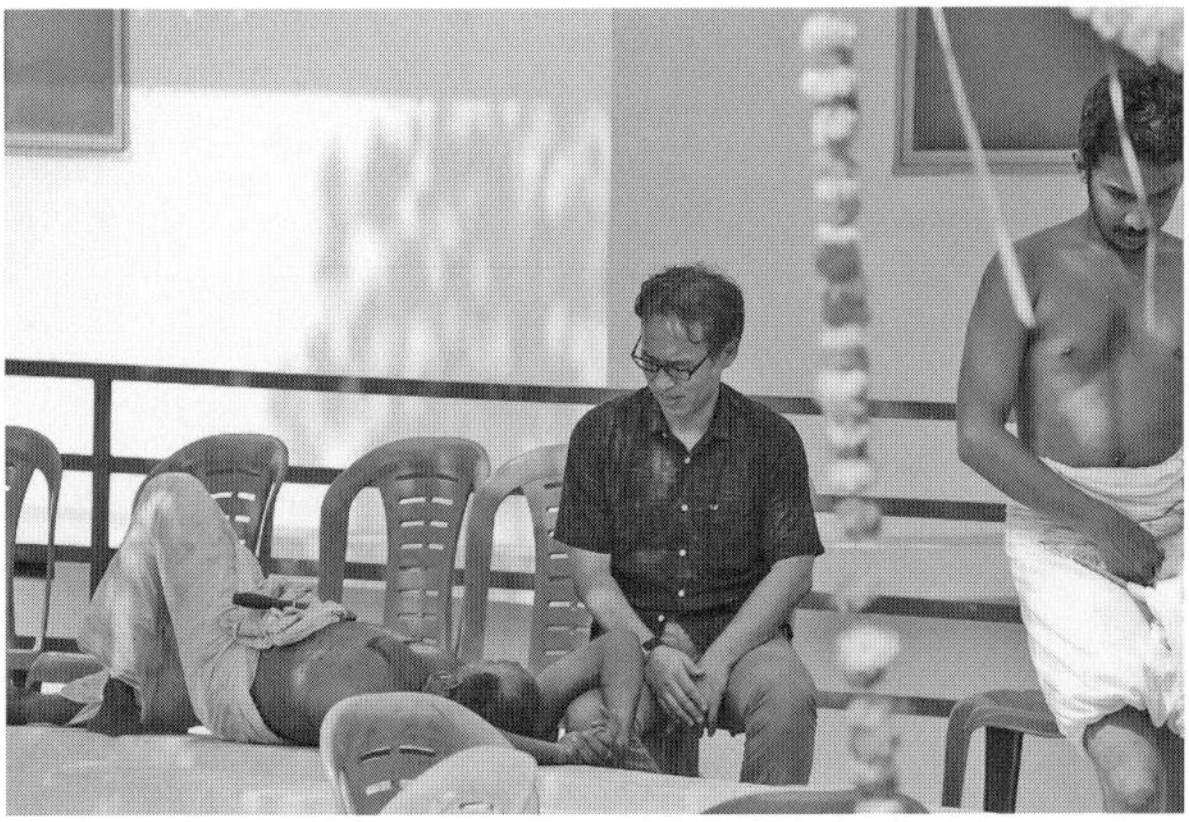

写真 12-4　祭儀後に息子 J と談笑する私（カンヌール市、2019 年）

着火剤でもあった。テイヤム祭儀に関する技芸の伝承には明確な教授法が存在せず、実践者たちは見様見真似と反復で習得していくが、祭文の詠唱における抑揚や音程など個人の資質によるところも多くある。祭文の詠唱が苦手だったJは、私が演劇を学んでいたことを聞くと、発声法や呼吸法のアドバイスを求めてきた。またコンクリート地面で祭儀を行うことが増えているにも関わらず、実践者たちは身体を労る意識が低く、膝を痛めている者が多くいた。私は祭儀後にお湯を使って筋肉を緩めることを助言し、Jの身体をマッサージでほぐすなどして身体のケアを促した。Jが将来に対する不安を感じ、湾岸アラブ諸国への出稼ぎを真剣に思い悩んでいた時には、英語の履歴書の作成を依頼されたり、日本での職の斡旋や日本の大学からの生活支援を相談されたりした。あるいはテイヤム神の写真が雑誌やテレビ、観光の文脈などで紹介される機会が急増し、一部の実践者たちの装束がますます華美になったり、SNSの流行に伴って自らが担う神霊の写真を宣伝活動に用いる者が現れたりすると、Jはどのように対応すべきか意見を求めてきた（写真12－4）。

Jにとって私は、外部世界とつながる窓口のようなものであると同時に、祭儀を取り巻く状況を少なからず知る理解者であり、かつローカルの文脈で利害関係のない部外者であった。Jは祭儀を続けていくことの悩みや辛さをたびたび愚痴り、社会的立場から直面する理不尽な状況を嘆いた。私は自分のエゴであることは十分に理解しつつ、自らの立場を自省しながら、なぜ自分が調査に来ているのか、国内外でテイヤム祭儀がいかに注目されているのか、どうして社会的に差別を受けてきた彼らがその伝統的職業を通じて再評価されているのかなどをJに語り、彼らにしか担うことができない祭儀を続けることは意義のあることではないかと励ました。また過度の世俗化や自らの正統性を危うくする立ち居振る舞いはすべきでないと主張し、より信仰を強固にするような実践や自己演出をする方が結果として祭儀の依頼を増やすことにつながるはずであると助言した。

こうした私個人の見解は、部外者とはいえ多かれ少なかれJの情動や実践に影響を及ぼしていたことは疑いない。私とJ親子との対話やかかわりあいは、技芸の体得やそれを通じた師弟関係とは異なった時間の共有の仕方であり、生活を共にするという別の意味で主体的なものであった。私は彼らの活動に間接的にかかわることで実践の変容をもたらしただけでなく、彼らの世界を想像し、彼らの生の営みに対する共感や理解を深め、客観的ではなく経験を通じた主体的な意見を述べることで、祭儀に関するマネージメント力や俯瞰的な視点あるいは自己認識力をJにもたらすという相互変容を経験していった。

民族音楽学や舞踊研究においてこれまであまり論じられてこなかった、かかわりあいによる相互変容のアプローチは、必ずしも技芸そのものの構造分析に関する十分な理解をもたらすものでない。しかしながら、テイヤム祭儀がケーララ州北部の社会空間において実践されているものであり、その文脈にはさまざまなエージェンシーとイデオロギーが錯綜しており、技芸の分析だけではその多元的な側面を見落としてしまう。「神霊する行為」は実践者の生活世界と地続きの地平にあり、彼らの生の営みとも結びつくものである。こうした「生業」としての彼らの社会的世界を描き出すことと、対話や経験の共有を通して彼らの世界観を理解し、自己も他者も互いに影響を及ぼし合って変化していく相互変容の実践こそ、これまでの芸能研究に不足していたのではないだろうか。

注

(1) 日本の民族音楽学者の草分け的存在である小泉文夫も、フッドと同時期に音楽研究における体得の重要性を提唱した。インドの伝統音楽を学んだ経験をもつ小泉は、一九七〇年代後半に日本で最も早くバイ・ミュージカリティ教育を東京藝術大学音楽学部楽理科のカリキュラムに取り入れている(梅田 二〇一一:一二九、一四〇)。

(2) 分析対象となる芸能の習得に関して、近年いくつか報告されている。インドネシア・バリ島の音楽や人形遣いの技芸を体得した梅田英春は、音楽の体得はその技術や曲の体得だけを意味しないと指摘し、体得のプロセスはインフォーマントやそのインフォーマントとかかわる社会の人びととのコミュニケーションのプロセスであり、音楽を支える社会や文化を学ぶことに繋がると主張する(梅田 二〇一一:一三六)。同じくバリ島の仮面舞踊に関する人類学的な研究に従事する吉田ゆか子は、芸能において音や動きさらには身体的な感受が重要であり、言語化されにくい側面も多いと指摘し、自ら体感することで非言語的な領域に迫りたいという動機から技芸の習得を目指したと述べている(吉田 二〇一五:二一)。

(3) テイヤム信仰はサンスクリット的要素と混淆しつつ、女神崇拝や英雄信仰といったヒンドゥー教がケーララに普及する以前からあったドラヴィダ文化の影響をうけているといわれる。テイヤムという語は、サンスクリット語で「神」を意味するダイヴァムが現地語化したものとされる。

(4) 今日、伝承されているテイヤム神の数は、四〇〇とも四五〇種類ともいわれる。祀られている神格は、女神のバガヴァティをはじめ、祖先神、英雄神、動物神、妖術神、疫病神など多岐にわたる。

(5) ワンナーンの男性は、カーストの伝統的職業としてテイヤム祭儀を担うほか、布団や枕あるいは衣類を作る裁縫の仕事に従事してきた。

(6) フィールドワークと感情について考察したクライマンらは、フィールドワーカーたちが調査協力者への親密感のような、ある特定の気持ちを黙認する一方で、自分が適切ではないと思う感情は否認し、それから逃れようとすると述べ、人びとの期待に添うために自分の気持ちを型にはめていると指摘する（クライマン&コップ 二〇〇六：一二）

（7）アフリカの民族紛争を民族誌的アプローチから捉えた栗本英世は、紛争の当事者であるアフリカ人たちの経験を照らし出すことを重視し、ふつうの人びとの日常的な世界とのかかわりはなおざりにされがちであると主張する（栗本 一九九六）。私がフィールドワークで実践者の生活世界に目を向けたのは、栗本の示唆によるところが大きい。

（8）カースト差別が法律上禁じられている現代インド社会において、カースト・ヒエラルキーや差別は顕在化しにくいものの未だに存在している。一方、近代化や教育の浸透によって、カーストに対する意識の変化が存在するのも事実である。

（9）近年では祭儀の模様を撮影した映像が寺院運営員会の名のもとにＶＣＤやＤＶＤとなって販売されている。

（10）人類学のフィールドワークと視覚的手法との歴史的関係について考察したモートンは、エヴァンズ＝プリチャードが関わったヌエル族の儀式ゴロットの写真記録を検証し、彼の手法を「参加型写真家」として位置づけ、フィールドワークの実践における方法論的な観察と参加の両方と写真との関係について論じている（Morton 2009）。

参考文献

Baily, John（2008）"Ethnomusicology, Intermusability, and Performance Practice," *The New (Ethno) musicologies*, Henry Stobart（ed）., Scarecrow Press, pp. 117–134.

クリフォード、ジェイムズ（二〇〇三）『文化の窮状――二十世紀の民族誌、文学、芸術』太田好信ほか訳、人文書院。

Davida, Dena（ed）（2011）*Fields in Motion: Ethnography in the Worlds of Dance.* Wilfrid Laurier University Press.

Eck, Dianna L（1983）*Darsan: Seeing the Divine Image in India.* Columbia University Press.

Hood, Mantle（1960）"The Challenge of "Bi-Musicality," *Ethnomusicology* 4(2): 55–59.

クライマン、S.&コップ、M. A.（二〇〇六）『感情とフィールドワーク』鎌田大資・寺岡伸悟訳、世界思想社。

栗本英世（一九九六）『民族紛争を生きる人びと――現代アフリカの国家とマイノリティ』世界思想社。

レイブ、ジーン&エティエンヌ・ウェンガー（一九九三）『状況に埋め込まれた学習――正統的周辺参加』佐伯胖訳、産業図書。

増野亜子（二〇一六）「音楽と身体」徳丸吉彦（監）・増野亜子（編）『民族音楽学12の視点』音楽之友社、八一―八頁。

Morton, Christopher（2009）"Fieldwork and the Participant-Photographer: E. E. Evans-Pritchard and the Nuer Rite gorot," *Visual*

Anthropology 22(4): 252-274.
Pinney, Christopher (2011) *Photography and Anthropology*. Reaktion Books.
竹村嘉晃（二〇一五）『神霊を生きること、その世界――インド・ケーララ社会における「不可触民」の芸能民族誌』風響社。
寺田吉孝（二〇〇九）「音楽・芸能への「思い」は記録できるか?：『大阪のエイサー』の制作と上映をめぐって」、沼野充義編『芸術は何を超えていくのか?（未来を拓く人文・社会科学）』東信堂、三七－四七頁。
拓植元一（一九九一）『世界音楽への招待――民族音楽学入門』音楽之友社。
梅田英春（二〇一一）「データの取り方2　体得する」日本文化人類学会（監）『フィールドワーカーズ・ハンドブック』一二六－一四〇頁、世界思想社。
吉田ゆか子（二〇一五）「フィールドでの芸能修行――出来事を引き起こすことと特殊例となること」床呂郁哉（編）『人はなぜフィールドに行くのか――フィールドワークへの誘い』東京外国語大学出版会、一一〇－一三一頁。

第一三章　違う存在になろうとすること
──フランスのモン農民とのかかわりあいから

中川　理

一　人類学と「なる」こと

二〇一七年の秋、南フランスのアヴィニョンの近くで、私はあるモンの青年の車に乗せてもらっていた。モンは、もともとは中国や東南アジア（ベトナム、ラオス、タイ）の山間部に住んでいた少数民族だが、ラオスのモンの多くは内戦によって難民となって一九七〇年代後半から一九八〇年代にかけて海外に移り住んだ。大半はアメリカ合衆国に行ったが、一部はフランスへとやってきた。私は南フランスの農民社会について研究するなかでモンの農民たちと偶然に知り合い、数年前からモンに焦点を当てたフィールドワークを本格的に始めていた。このフランス生まれのトン(1)という名の青年は、フランス本土では少数派のキリスト教徒家族の出身で、親切にも私をキリスト教徒コミュニティへと導き入れてくれた（ただし、本人は信仰に疑問を持ってコミュニティから距離を置いていたのだが）。彼によると、「ちょっと違ったモンも見ておいた方がよい」とのことだった。彼のおかげで、その日も私はモンの牧師に話を聞き、地元のＹＭＣＡでの礼拝に出席することができた。その帰り、彼は自分の将来のことなどについて話していた流れで、私にこう聞いた。「君の仕事のいいところはどういうところだい？」彼は、私が大学で教員をしている研究者だということをもちろん知っていた。それまでの率直なやり取りの流れで、私はあまりためらわずにこう答えた。

「さっき君が言っていたように、人生は一度だけだ。でも、社会学をしていると他の人生を見ることができる。それも、その人生を生きるというのがどういうことかを内側から感じることができる。いや、少なくともそうしようとする。それはまるで複数の人生を生きるということだ。そこがいい。」

トンは私の言葉を聞いて、「それって、ほとんど人類学じゃないか」と言った。私は「人類学」という言葉が彼の口から出たことに驚き、自分のことが恥ずかしくなった。私は、高校を中退して農民になった彼には、人類学よりも世間で頻繁に耳にする社会学という名前のほうがわかりやすいと思い、社会学をやっていると伝えていた。でも、そんな気遣いは不要どころか失礼だった。トンは、何が「人類学」的なのか、私が想像していたよりもはるかによく理解していた。

そう、トンが感じ取ってくれたように、人類学には、他者の人生との出会い（かかわりあい）を通して自己を変容させようとするところがある。社会学にこのような側面が完全に欠如しているわけではないにしても、人類学にとってこの点はより中心的だとは言えるだろう。人類学がまだ若々しい学問だったころ、南部スーダンで調査を行った人類学者ゴドフリー・リーンハートはすでに次のように言っている。

「われわれが、未開人と生活を共にし、彼らの言葉を話し、彼らの経験を、彼らの方法でわれわれ自身に説明することを学ぶ時、われわれは、自分自身を失うことなく、しかも彼らにできるだけ近い考え方をするようになる。」（リーンハート　一九七〇：一六五）

フィールドにおいて人類学者は、生活をともにしながら現地の人びとの生き方を学んでいく。その中には、規則の体系や価値の原則といった、質問に答えてもらえば理解できることもある。しかし、それだけでは十分でない。それらの規則や価値を日常生活のなかで人びとがどのように経験しているかという、より微妙な部分を理解するためには、自分自身が生活のなかに加わってみなくてはならない。(2) それを通して、リーンハートが言うように人類学者は（決して完全ではありえずつねに部分的だとしても）「彼らに近い考え方」ができるようになる。言い換えれば、いくぶんか異なる人びとに「なる」のだ。

リーンハートが言うように、自分自身であることをやめて完全に別の存在になるわけではない。現地にいるあいだは、まるでその社会の一員であるかのように振る舞うこともあるだろう。たとえば、呪術の行われる社会にいると、つい呪術的な考え方をしてしまうというように。しかし、帰ってきたら（多少のリハビリ期間は必要であるにしても）元の暮らしへと戻っていく。それは、私たちの日常が、現地とは異なる関係性（人びとやモノとの当たり前のかかわり方）によって支えられているからだろう。まだ心はフィールドにあっても、いざ「教室」に入って「教壇」に立ち「学生」たちを相手に話し始めたら、「教師」としてのいつもの振る舞い方が戻ってくる。

しかしそれでも、「そうでもありえる」もう一つの生き方を、「そうである」日常のなかで人類学者は感じ続けている。その意味で、人類学者はフィールドの経験を通して潜在的に他の存在に「なっている」と言える。後で述べるように、それは私がフランスのモンの研究を通して感じていることでもある。

少し型にはまったきれいごとに聞こえるとしても、このようにまとめられる変容のプロセスは、確かに人類学者の経験の一面をあらわしている。しかし、ここには何か見落とされている点がないだろうか。人類学者は、フィールドの他者との出会いを通して、別の何者かになろうとする。それでは、その契機として用いられる研究対象の人びとはどうだろうか。私たちは、しばしば対象とする人びとと自分たちとの違いを強調して、「この人びとは〜である」と書いてしまう。そして、そうやって固定された違いを起点にして、「違う生き方」の可能性を私たちは想像しようとする。この時、対象の人びとは何か共通の固定的な「文化」をもった人びとであるかのように語られる。言い換えれば、彼らは私たちが「なる」ために彼らは不変の「ある」に閉じ込められてしまう。この問題は、私が人類学を勉強しはじめた一九九〇年代から「本質主義」として批判されてきたが、現在も少しでも油断すると（私のものを含めて）人類学の書き方のくせとしてあらわれる。そこでは、フィールドの人びともまた予期できない変化に向かって開かれた存在であることが見落とされてしまう。

実際には、フィールドでのかかわりあいから見えてくるのは、フィールドの人びともまたつねに別の存在になろうとしているということだ。私がこのところフランスで少しばかりの時間をともにしているモン農民たちもそうだ。彼らもまた、暮らしのなかで今とは違う生き方の可能性を想像し、ときにそちらへ向かって一歩を踏み出そうとしている。ここでは、モンの「なる」ことをいくつかの断片から明らかにし、そこから私たちが何を学べるのかについて考えてみよう。

二　モンの不変の性格？

私がモン農民と知り合って最初に興味をもったのは、そもそもどうして南フランスにやってきて農民になったのかということだった。というのも、彼らはフランス政府によって農民になるように仕向けられたわけではなかったからだ。もともとはフランスに難民として到着したモンは、全国の地方都市に散らばって工場の単純労働者として働いた。しかし、一九八〇年代なかばから、一部のモンが南フランスの都市であるニームの周辺に再移住して農民となった。その理由について聞いていくと、ほとんどの人が同じような答え方をすることに私は気づいた。工場で「奴隷をする」ことから逃れて、自分自身の「主人」となるために農民となった、と言うのだ。たとえば、調査に行くたびに家に泊めてくれる、私が最も頼りにしている研究協力者であるビーは、自分が農民になった理由を次のように語ってくれた。

「工場で働いていた時にパトロンに命令されるのが嫌だった。またホストファミリー(3)の養父もいつもパトロンの文句を言っていた。それで命令されないようにするにはどうすればいいか考えて、自分がパトロンになるしかないと思った」

ビーは、自分だけでなく農民になったモン全体に一般化できるものとして、この理由付けを語っていた。

「モンは、工場での仕事が耐えられなかった。（…）時間割に従って働くということができなかったんだ。彼らは何時から何時まで決まって働くということができなかった。農民だと、自分で時間を決められる。一日に十二時間以上働くことになるけどね。自由の値段は高くつくんだ。」

他の多くのモンも、同じように命令に従う工場での仕事を嫌って農民になったと言い、より一般的に「モンは命令されるのを嫌うんだ」と語っていた。

工場での労働と対比して、自分自身の「主人」として自由に生きることを可能にしてくれるものとして、モン農民は南フランスでの農業を肯定的に捉えていた。知り合ってすぐのころ、自分の畑に招待してくれたビーに私が「時間は大丈夫なのか」と尋ねたとき、「時間なら見つけるさ、パトロンなんだから」と彼が誇らしげに語っていたことが、とても印象に残っている。ビーが語るように、農作業は過酷ではあるが、誰にも命令されずに自分のやりたいように働ける。それだけではない。この地域では、農作物は生産者市場で仲買業者に直接販売する。市場では、自分で交渉してもっともよい条件を提示した相手に売る。定められた相手に納品する義務はなく、自分の商品の値打ちを自分の手で守れる点もまた、モン農民にとって重要だった。

モンの人びとが工場での命令－服従関係を逃れてより自由な農民になったことに、私は非常に興味をそそられた。というのも、その頃から話題になっていたジェームズ・スコットの『ゾミア』（スコット　二〇一三）の議論に、彼らの移動の語りはぴったりと当てはまっていたからだ。この本でスコットは、モンを含む東南アジア山地民は、国家による統治から逃れて意図的に国家とは対極的な生き方を選択してきたのだと議論している。これらの民族は、険しい山で移動性の高い生活を送ることで外部の国家による支配や収奪を避けるだけでなく、自分たちの社会の内部から周囲に命令をする支配者層が生まれないようにしてきた。だから、彼らは遅れた社会などではなく、あえてアナキスト的な（支配する者のない）社会のあり方を目指していたのだと、スコットは主張している。私がフランスで聞いていた話は、見事にこの構図に当てはまる。逃れたのは国家ではなく工場からだし、逃れた先も山奥ではなく南フランスの平野だが、「奴隷をする」ことを嫌ってより自由な生存のニッチを探し求めた点は同じだった。そこに、東南アジアからヨーロッパに移動しても変わらない「モンらしさ」があると考えることができる。

フランスのモンについて書かれた文献も、この解釈を裏書きしていた。工場勤めのモンについて調査した人類学者は、工場での仕事は「歴史的にみて国家による支配を頑として拒んできた、家族やリネージの外でのヒエラルキー関係に対して概して反抗的な集団のもつ独立の理想の主張と衝突した」（Hassoun 1997: 102）と書いている。また、モンの農民化についての先行研究（Gauthier 2004）も、私が見聞きしていたのと同じように「主人」となれることの重要性を強調していた。先行研究からもフィールドワークからも、確かに自由と独立を求めるモンの人びとという解釈には十分に根拠があるように思えた。

三　否定的な自由

しかし、調査が進むとすぐに私は、その捉え方は一面的なのではないかと考えるようになった。というのも、確かに多くの場面で自由は「よいもの」として語られるが、同時にしばしば「よくないもの」としても語られていたからだ。みんなが「命令されるのを嫌う」せいで、モンは内輪で争い合ってまとまることができない。このように、自由の否定的な側面が強調されることもある。私がそのことに気づいたのは、次のような出来事がきっかけだった。

その日、私はイェンとディアという、若いモン農民夫婦の農作業を手伝っていた。その日の作業では、レタスの一種の苗を、手作業で一万五〇〇〇株植えてしまわなくてはならなかった。作業をしていたのは夫婦と私、それにタイ人の中年女性の四人だった。酷暑のなか、これほど多くの苗を、大小の石が混じった土に手で穴を穿って一株ずつ植えていく作業は過酷で、慣れない私には永遠に前に進まないように感じられた。ようやく昼休みを取ることになり、イェンと私は車で町のスーパーに行ってバゲット、若鳥のロースト、ハムなどを買い込んだ。畑に戻ると、私たちは風よけのための高い糸杉の生垣の木陰に座って、簡単なサンドイッチを作って食べた。ただ、タイ人の女性は一緒に食べようとはせず、遠くに離れて木陰で休んでいた。二人はスマートフォンで韓流メロドラマを見ながら、サンドウィッチを頬張っていた。その様子を見ながら、私もサンドウィッチを作って食べていた。

ところが、何かの拍子で、ディアは「モンとは何者か」について話しはじめた。彼女は「モンは本当にバカ。本当だよ！」と言った。どうしてそうなのかというと、彼女によると、モン同士のあいだにあまりにもひどい「嫉妬」があるからだ。それは、フランスのモンに特徴的なことだと彼女は言い、次のように続けた。アメリカではそうではない。だから、モンのラジオ局やテレビ局まである。しかし、フランスのモンは、「団結は力なり」ということをわかっていない。たとえば、誰かがモンのラジオ局を作る申請をしようとしたら「なぜお前がやるんだ？なぜ私ではないのか」と文句が出るだろう。みんな他の人の上に立ちたがる。私たちは連帯しておらず、連帯するのは人が死んだ時だけだ。このようなもめ事は、クランのあいだだけで起こるわけではなく、兄弟のあいだでも起こる。彼らは、互いに殺し合っている！　誰かが成功したら、それを祝福する代わりに引きずり下ろそうとするのだ。イェンは、「だから、私たちは国を持っていないんだ」と話をまとめた。「大統領（président）を選ぶための選挙など不可能だ。アソシエーションの代表（président）さえみんながなりたがって難しいのに」。

私は、イェンとディアの発言を興味深く、そして不思議に思った。彼らは「国を持たない」ことを明らかに悔やんでいたからだ。彼らは、リーダーを選出して組織化することができない自分たちを残念だと感じている。すでに書いたように私は、彼らは「国を持たない」ことをむしろ誇りに思っていると感じていた。誰にも支配されずに独立していることを肯定的に捉えていると考えていた。彼らの発言は、むしろこのような性格をモン自身が否定的に捉えている可能性を垣間見せてくれた。

注意して話を聞いていると、彼らのような発言は例外などではなく、非常に広く見られるものだということがわかった（それどころか、私はそれ以前にも似たような発言をフィールドノートに記録してさえいた）。それらの語りは次のようなかたちをとる。モンはお互いに相手を支配しようとする。しかし、お互いに支配されるのを好まない（「モンは命令されるのを嫌う」）ので、なんとか相手を引きずりおろそうとする。その結果として、モンは一つにまとまることができず、互いに争ってばかりになってしまう。そして最後に、「だからモンは弱いのだ」とか「だからモンは国をもてない」といった言葉が付け加えられる。この語りでは、みんなが自由で独立しているのは肯定的なことではない。むしろ、お互いに命令されるのを嫌うがゆえにバラバラになってしまうという、否定的な意味合いを持つことになる。

このようなもめごとは、あらゆるレベルで起こっている。地域のモン全体を代表するはずのアソシエーションが、実際にはあるクランによって支配されていることに他のクランのモンが反発し、結果として多くのアソシエーションが乱立することになったというエピソードは、クラン間の対立のわかりやすい実例だと言える(4)。しかし、クランのあいだだけでなく、クランのなかでも兄弟のあいだでも、さらには個人のあいだであっても、似たようなエピソードはしばしば語られる。

多くのモンは、このような誇り高さゆえの争いを嘆いていた。それは、私のホストのビーも同じだった。ある時、彼は私に次のように言った。

「お前がモンについての文章をまとめる時は、結論にはこういう風に書くように。モンは働き者なので、どこに行っても高く評価されている。ただ、唯一残念なことは、モン同士が理解し合わず、いつも争っているということだ、とね」

このように見ていくと、南フランスのモン農民は、自由と独立を一方で肯定しながら、その否定的な側面も同時に認識していることが見えてくる。そしてこの認識から、これまでとは違う存在に「なろう」とする力が時にあらわれることもある。次のエピソードは、明確なかたちをとらないため気づきにくくても、そのような潜在的な力があることを感じさせてくれるだろう。

四　別の何者かに「なる」こと

近年になって、モンのなかに仲買業者となる者があらわれるようになった。その先駆けであるサオは、お金に困ったモン農民をさまざまなかたちで「手助け」して、その見返りとして自分のところに生産物を持って来させるというやり方で急成長を遂げてきた。これまで市場で仲買業者と平等な立場で交渉してきたモン農民たちは、このやり方を「奴隷をする」こととして批判した。けっきょくサオの指示に従わざるを得なくなるし、値段を交渉することもできなくなるからだ。モン農民たちは、例によって上に立とうとするサオに反発していた。サオに対抗して仲買業者を始めるモンもいたが、農民との関係はサオと同じように厳しかった。しかし、多くのモン農民たちはそれぞれが「自分で何とかやっていく」のに精いっぱいで、じょじょに強まっていく仲買業者の支配に対抗できなかった。みんなでまとまって対抗すれば何とかなるかもしれないのに、「自分たちは連帯していない」のでできないというジレンマを抱えていた。ビーは次のように言っていた。

「人よりも成功した人が他の人を軽蔑するという性格が直らなければ、モンは進化しないだろう。軽蔑があるから、他の人は反発してまとまらないんだ。サオやマックスやダニエル（＝いずれもモンの仲買業者）もそうだ。モンは南フランスではほとんどのズッキーニを作っているのだから、まとまればみんなが食べていけるはずだ。しかし、彼らはそうしようとはしない。」

これまで見たようにここでも、上に立とうとするものに対して反発が生じ、バラバラになってしまうという問題があらわれている。

しかし、このような対立を乗り越えて一つにまとまろうという試みとして、二〇一六年には「生産者団体（organisation de producteurs）」を作ろうとする機運が高まったことがあった。生産者団体は、生産者がまとまって販売をすることで（より強力であることが多い）買い手との力関係をより有利にすることを目的とした団体のことだ。より広い農民一般の団結のためのこのフランスの制度を、一部のモンたちはモンの歴史的分裂を乗り越えるための手段として使おうとしていた。

二〇一六年の夏のある朝、取引前の市場のカフェで、私と一緒にいたビーやトンを含む数人のモン農民が「生産者団体」について話していた。自分たちで「生産者団体」を作って直接販売するようになれば、サオやマックスといった仲買業者を通さずに販売できていいことばかりだ、という話になった。話は盛り上がり、自分たちが作っているとすぐわかるラベルを作らなくてはならないとか、営業担当者が必要だがモンにも国際貿易を専攻した高学歴の若者がいるから大丈夫だ、などと話は膨らんでいった。話していたなかで一番若いトンはかなり乗り気で、「最初から何十家族も集めるのは難しいので、まずは五家族からでも始めるのがいい」と言い、その場にいた他のモンにやる気があるかと聞いて回っていた。なかには「自分は乗り気だ」と答える人もいた。

それからというものトンは、他のモンに生産者団体の利点を説いてまわった。ある時には、取引後の市場で、同じく若いモン農民に熱心に語りかけていた。彼は、今度は自分がサオのように人の上に立とうとしているのではなく、みんながまとまろうとしているのだと強調していた。今はサオのような仲買業者は確実な利ざやを取って一方的に儲けて、自分たちは苦しんでいる。サオは「自分も苦しい」と言うが、自分たちはボロボロのトラックに乗っているのに彼はイタリア製の高級車を乗り回している。しかし、もし自分たちで生産者団体を作ったら、そうやって利ざやを奪われることはない。みんな同じように支払いを受けることができる。お前の商品は買うがお前のは買わない、なんてことはない。だから、仲買業者のところに持って行くのと同じようにトンのところに持って行く、というのとは違う。そうではなくて、「私たちに」持って行くんだ。自分は代表になりたいわけではなく、一人の生産者として他と同じように参加するだけだ。自分たちモンは、フランスで一番のズッキーニ生産者だ。集まれば強くなれる。小規模に始めても、仲買業者に持って行くより有利だとわかったら他の人たちも参加するだろう。トンは、そう語っていた。

説明のなかでトンは、自分が「代表」になって他のモンを従わせようようとしているのではないと何度も繰り返していた。そうすると反発を引き起こす可能性があることがよくわかっていたからだ。彼は、そうではなくてモンが「私たち」としてまとまることが重要だと強調していた。彼にとっては「生産者組合」は単なる経済的利益をもたらすためのものではなく、まとまれないせいで弱いモンを一つにまとめるという意味を持つものだった。彼は次のように言っていた。

「連帯するというリスクを冒さなくてはならない！　市場ではみんな競争相手だ、と言うけどそれは本当じゃない。みんな同じものを売っているんだから」

手続きも複雑で周りの協力を得るのも難しそうな生産者団体が実現できるかは疑わしいと思いながら、私は尋ねられるがままに知っている生産者団体を紹介したりしていた。トンは「私は我が民が滅びるのを放っておくわけにはいかない」とか、「自分は創設メンバーの一人として名前を残したいんだ」などと語っていた。しかし、話がそれからどのように展開するのかを見守る暇もなく、私は一週間後に調査期間を終えて日本に帰国した。半年後にフランスに戻って、トンに生産者団体はどうなったのかと聞くと、みんなの同意を取って進めるのが大変なのであきらめたと彼はあっさりと答えた。それっきり、このことが彼から話題に上がることはなかった。ビーはといえばその後も、モンはズッキーニ市場を支配しているのだから一つにまとまればもっと強くなれるのにそうすることができない、と嘆いていたが、自分から行動を起こすことはなかった。

このエピソードは、気にしていなければ見逃してしまうような些細なものだ。「生産者団体」のアイデアは萌芽的な段階で立ち消えてしまい、現実には何も起こらなかった。しかしここには確かに、これまでの対立を乗り越えて一つにまとまろうとする彼らの希望を見出すことができる。

モンが一つにまとまるという希望は、別のかたちをとってあらわれることもある。そのことを示すために、もう一つだけ（生産組合と同じくらい些細な）例を挙げておこう。

生産者団体の話が盛り上がる半年ほど前のことだ。トンの父は「モンの国」ができるという噂に夢中になっていた。その話はアメリカ在住のモンのグループが広めていて、電話を使って二四時間体制で情報を発信しているという。それによると、アメリカがモンの国を用意してくれるのだが、その国で土地を得るためにはグループに登録をして送金しなくてはならないということだった。トンは「年寄りは教育がないので信じやすいんだ」と、でたらめな話として少し困ったように私に語っていた。しかし、私がその話に関心を示すと、通訳として私といっしょに父親に話を聞きに行ってくれた。

トンの父は、このグループのリーダーが「クランも宗教も関係ない党を作っている」ことを高く評価していた。

トンは「党というのは、二つあってどちらか選べてはじめて意味のあるものだ」と（フランス育ちらしい）反論をするが、トンの父は「今はとにかくリーダーを持つことが必要で、その男がよいかどうかはその後で天が決めることだ」という。私が「モンが一方で自由と独立を求め、他方で国を求めるのは矛盾ではないか」と尋ねると、彼はトンの通訳を介して次のように答えた。

「自分たちはいつも国を求めている。自分たちはちゃんと働いても周りから認めてもらえない。自分たちは承認されることを求めているのだ。」

トンは父の言葉を次のように補ってくれた。日本人であれば自分たちを代表して守ってくれる人がいるが、モンは自分の国がないので誰にも守られず、たとえばラオスではラオス人の好きなようにされてしまう。だから国が必要だということだ…。

この話をしてから一週間もたたないうちに、このグループのリーダーはアメリカで詐欺罪の容疑で逮捕された。しばらくたってからトンに尋ねると、父親はもうこの件について話さなくなったということだった。

生産組合の話とはまったく異なる装いをしてはいるが、ここでも同じモチーフがあらわれている(5)。お互いに争い合う現在を乗り越えて、一つにまとまろうとするというモチーフである。これらの小さなエピソードから、モン農民のなかに、これまでとは違う別の何者かになろうとする力が働いていることが見えてくる。私たちがそうでないように、彼らもまた、現実である生き方にただ閉じ込められて生きているわけではない。いまとは異なる生き方を想像し、そうなろうとする潜在的な力を秘めている。

五　「かかわりあい」から「なる」を見る

このように考えると、人類学者である私がフィールドワークを通して違う存在になろうとすることと、モン農民たちが違う存在になろうとすることのあいだに、並行関係があることが見えてくる。彼らもまた、私たちと同様に、そうでもありうる可能な未来に向かって開かれている。

付け加えるならば、両者の「なる」は、お互いに交差していると言える。私は、モン農民の生き方について少しずつ理解していくにつれて、自分たちにもそのように生きることもありうるという可能性を感じるようになっていった。まったく不十分にでしかないとしても、本章の最初に書いたように、人類学者である私は、出会いを通して潜在的にモン農民に「なる」経験をしていたと言えるだろう。

同じようにモン農民の側も、他者のイメージを媒介として、別の存在のあり方を想像しようとしている。そして、その他者は日本人であることもある。あるモンは、「日本は天皇のもとに集まって一つの国を持っているけれど、自分たちは対立してばかりいるから国を持てないのだ」と語っていた。私との対話において彼らが、モンと反対の存在として日本を語ることは何度もあった。ここで彼らにとっては、日本のほうがそうなりうるかもしれない潜在的な可能性のイメージを提供している。彼らがしばしば日本はまとまっているのでよいと言うので、私は次のように反論することもあった。

「日本人は民族全体が協力し、リーダーに従って頑張るのでよいとモンは言うけれど、よいことばかりではない。日本人はあまりに従順で、ヒエラルキーの上位の人には逆らわない。それと比べると、リーダーになろうとする人を引きずり降ろして平等を保とうとするモンの社会には、日本人の目から見るとよい点もある。私はそこに惹きつけられるし、日本人はそこから学ぶことがある。お互い鏡のような関係だ。」

私が表明しているのがひどく単純化された日本人の見方であることはさておき、このようなやり取りから、お互いが類似していることが見えてくるだろう。私たちはともに他者のイメージを媒介として、何かしら新しい生き方を生み出そうとしているのだ。そこに違いはない。

したがって、自分自身が他者との出会いを通してこれまでとは違う存在になりうると自認しているように、人類学者は自分が研究する人びとも同じ可能性をはらんでいると考えるべきだろう。誰にとっても人生は「未完（unfinished）」であり（Biehl & Locke (ed.) 2017）、できあがった生き方を繰り返すだけでなく、新しい生き方を作っていく力をはらんでいる。だとすると、人類学者は繰り返されるパターンを「文化」として固定的に描くのではなく、このような力を捉えて描き出さなくてはならない。

フィールドワークにおけるかかわりあいは、そのためにまず見えにくい力を感知していくプロセスとして捉え直すことができる。遠巻きに見ていると、人びとは決まった制度的な枠組みのなかで、規範や価値に従って同じことを繰り返しているように見えるかもしれない。しかし、フィールドでのかかわりあいを通して、人びとが絶えず分岐点に立っていることが見えてくる。接近することではじめて、日々の暮らしは、他の道へと進むこともありえるという可能性の厚みを秘めたものとしてあらわれてくる（Biehl & Locke 2010: 323）。少なくとも、それがフィールドで私が経験していることだ。そこから出発することで、（この文章で私がやったように）「なる」ことを

言葉にできるようになっていくだろう。「なる」ことの理論は、その先にある。(6)

だから、フィールドでのかかわりあいは、たんなる人類学者の裏話ではなく、理論的な射程を持っている。それは、そこから出発して「なる」ことを含みこむような理論を作っていくための出発点なのだ。

注

（1）この文章に登場する人物の名前は、すべて仮名である。

（2）マリノフスキはこのような微妙な部分を「現実の生の不可量部分」と呼んでいる。この概念の重要性については、箭内（箭内 二〇一八、第二章）がすぐれた検討を行っている。

（3）ビーはオジ（父のイトコ）に連れられてフランスに来たが、孤児院に預けられたのちにフランス人のホストファミリーのもとで高校卒業までを過ごした。

（4）モンの社会はリーやシオンといった姓を持つ十数個の父系クランに分かれていて、同じクランのメンバー同士は結婚できない。結婚でのクラン間の交渉も、対立を生む要因としてよく語られる。

（5）もちろん、この事例にモンのメシアニズムの伝統を見出すことができる。このテーマについて深く研究したクラは、次のように書いている。「西洋に住むモンの期待に沿うように修正を加えられたメシアニズム・イデオロギーと、ラオスに自分たちの領土を有する権利を承認してもらおうとする今のところ控えめな試みの組み合わせは、これまでのメシアニズム運動においてはまだ知られていない政治的表現の諸形態を必ずや生み出すだろう。」（Culas 2005: 326）。しかしここではこの問題には深入りせず、別の存在になろうとする力という特徴だけを問題にする。

（6）箭内匡は、ドゥルーズの「構成された形態」と「構成していく諸力」という言葉を用いて、「なる」力を理論的に捉えている（箭内 二〇〇二）。彼は、チリの先住民マプーチェについての論文で、「構成された形態」としてのさまざまなマプーチェの生活（伝統主義者、プロテスタント、チリ化した都市民）の内側には「構成していく諸力」としてのマプーチェ的なイメージとチリ的なイメージがともに渦巻いていて、何者なのかはっきりしないような「アイデンティティの識別不能地帯」となっていると言う。そして、このようなイメージ（力）の作用によって、さまざまな生き方が生成するのだと箭内は捉える。箭内は、『イメージの人類学』（箭内 二〇一八）において、考察をさらに推し進め、イメージの概念を起点として人類学理論を再構築しようとしている。

参考文献

Biehl, João & Peter Locke (2010) Deleuze and the Anthropology of Becoming, *Current Anthropology*, 51(3): 317–351.
Biehl, João & Peter Locke (eds.) (2017) *Unfinished: The Anthropology of Becoming*, Duke University Press.
Culas, Christian (2005) *Le Messianisme hmong aux XIX*^{e} *et XX*^{e} *siècles: La dynamique religieuse comme instrument politique*, CNRS-Éditions-Éditions de la Maison des Sciences de l'Homme.
Gauthier, Erick (2004) *Les Hmong: Des montagnes du Laos à la Costière du Gard*, RIRESC-Recherches sociales.
Hassoun, Jean-Pierre (1997) *Hmong du Laos en France: Changement social, initiatives et adaptations*. Presses Universitaires de France.
リーンハート、ゴドフリー（一九七〇）「未開人の思考形式」エヴァンス＝プリチャード、レイモンド・ファース他著、吉田禎吾訳、『人類学入門：未開社会の諸相』弘文堂、一六三－一八〇頁。
スコット、ジェームズ・C（二〇一三）『ゾミア：脱国家の世界史』、佐藤仁監訳、みすず書房。
箭内匡（二〇〇二）「アイデンティティの識別不能地帯で：現代マプーチェにおける『生成』の民族誌」田辺繁治・松田素二（編）『日常的実践のエスノグラフィ：語り・コミュニティ・アイデンティティ』世界思想社、二一四－二三四頁。
箭内匡（二〇一八）『イメージの人類学』せりか書房。

終　章　不確かな世界で生きること

中川　理

一　モデルとしての移動

『かかわりあいの人類学』で取り上げられている対象のほとんどは、広い意味で移民や難民と呼ばれる人びとだ。振り返ってみよう。山間部の村から町へと出稼ぎに来ている西ティモールの人びと（森田良成）。イランからアメリカ・ロサンゼルスに移住してきたイラン人（椿原敦子）。タイに住みながらミャンマーでの独立運動にかかわるシャンの人びと（岡野英之）。マレーシア・ボルネオの内陸部から都市へと出てきて不法占拠集落に住む先住民カダザンドゥスン（上田達）。南スーダンからケニアの難民キャンプへと逃れてきたロピット人（村橋勲）。ミャンマーから日本へと出稼ぎに来たのちに台湾へと移住したミャンマー華人（木村自）。ジンバブエから南アフリカへと移住したジンバブエ人（早川真悠）。ラオスからフランスに難民としてやって来て農民となったモンの人びと（中川理）。このように列挙してみると、移動する人びとを大半の執筆者が扱っていることに、あらためて驚かされる。なぜなら、そうした研究をしている研究者を意図的に選んで、本書を編集したわけではないからだ。

「おわりに」にも書かれているように、本書には栗本英世から何らかのかたちで教えを受けた研究者たちが参加している。栗本は、南スーダンから難民としてケニアやエチオピアに、さらにはそこから世界各地に移動せざるをえなかった人びとについて、長く研究してきた。したがって、栗本から受けた影響によって、移民や難民へと研究の関心が向かったという側面はあるだろう。しかし、おそらくそれだけではなく、より広い世界の状況が各自の選択にかかわっている。つまり、今の時代において人類学を実践しようとするとき、移動する人びとについて考えることが基本になってきているのだ。

移民や難民にもっとはっきりとあらわれているとはいえ、私たちもみんな多かれ少なかれ移動しながら生を営んでいる。つねにこれまでとは違う環境へと入り、苦労しながら何とか新しい環境になじんで生きていこうとしている。それぞれ違う背景からやってきた人びとと新しく知り合い、それらの人びととの交流をとおして新しい願望を抱くようになり、その願望をどうにか実現しようとしている。望んでいようと望んでいなくとも、これまでの生き方をただ繰り返していくことはできず、多くの人びとが不確実な状況のなかで生き方を模索している。このような事態は、かつてから存在していたに違いないが、これまでにない規模で起こるようになっている。一般に「グローバル化」と呼ばれるのは、そのような状況だ。だとすると、移民や難民は特殊なカテゴリーなどではなく、むしろ私たち誰しもに関わる問題について考えるためのモデルとなっているといえる。執筆者たちの研究対象の選択は、このような状況を反映しているのだろう。

それでは、移動する人びととの「かかわりあい」に注目することによって、いったい何が見えてくるのだろうか。そして、そこからどのような理解を得ることができるのだろうか。もし本書がたんなる人類学者の裏話の集まりでないならば、そのことを考えてみる必要がある。これまで繰り返されてきた語りでは、フィールドでのかかかわりあいをとおして、その土地に住む人びとにとっての「あたりまえ」を感じ取っていくと想定されていた。もしその想定がもはや当てはまらないのなら、フィールドでのかかわりあいは何をもたらすのだろう。本書を閉じるにあたって、よそから理論を持ってくるのではなく、本書の各章から浮かび上がってくるものをとおして、私なりの素描をしてみたい。

二　調査者にとっての不確かさ、人びとにとっての不確かさ

もちろん、フィールドでの人びととの密接なかかわりあいをとおして、調査者自身が変容していくという経験が人類学にとって重要であることは変わりない。フィールドでは、調査者はまるでそこにいないかのように対象を観察することはできない。いっしょに働いたり遊んだりするなかで、はっきりと言葉にすることができないような人びとにとっての「あたりまえ」の感覚をつかんでいく。よく理解できない状況のなかで、失敗を繰り返しながら現地の人びとのように「なっていく」経験が人類学的理解に欠かせないという点は、本書でも繰り返し指摘されている。李俊遠がベトナムでの経験から、また藤井真一がソロモン諸島での経験からそれぞれ示しているように、人類学者はかかわりあいをとおしていくらか「身内」になるのである。また、賈玉龍が述べているように、調査という「仕事」を脇において村人と「生身の人間」として付き合うことで、逆に人びとの生き方が理解できるようになる。しかし、彼らのいずれもが注意しているように、調査者が「身内」となると同時に「部外者」であり続けることも重要である。この点で、加藤敦典と森田がそれぞれ書いていることは矛盾しているようで実

はそうではない。加藤は、「私のようにベトナムの農村で調査をしてきた人間は、ベトナムの農民のような人類学者になる傾向がある」（本書三六頁）と書いている。それに対して、森田は「フィールドにおいて人類学者は、『現地の人々になろう』と努めるのではないし、ただ彼らの真似をしようとするのではない」（本書一〇四頁）と強調している。一見すると対極的だが、この両極のあいだの揺れ動きこそが、フィールドで人類学者が人びととのかかわりあいをとおして経験することである。

しかし、新しい環境に適応しようとしたり反発したりする揺れ動きを経験するのは、人類学者だけではない。現在の人類学者が研究する人びとの多くもそうだ。そして、そのことは移民や難民の場合により明確にあらわれる。その場合、人類学者はかかわりあいをとおして人びとにとっての「あたりまえ」を発見するのではなく、いわば「戸惑い」を発見することになる。

早川が描いているヨハネスブルグのジンバブエ人のケースは、この点をくっきりと示している。ハイパー・インフレやその他のあらゆる問題に疲れきってジンバブエを後にした早川の友人たちは、これまであたりまえに行っていた「何気ないかかわりあい」が移り住んだヨハネスブルグではできないことに気づく。この都会は広すぎるし、また街は危険に満ちていて、これまでのように訪ねあうことができない。そのことに戸惑う南アフリカのジンバブエ人たちは、かつてのジンバブエでのゆるやかなかかわりあいを懐かしみ、恋しがる。ここでの彼（女）たちの経験は、フィールドで人類学者が経験する状況と似ている。彼（女）たちもまた、身をもってなじみのない状況を経験し、その経験をとおして以前住んでいた場所での生き方がどのようなものであったのか、いまいる場所がどのようなところなのかを、少しずつ理解していく。つまり、人類学者と同じように、世界は人びとにとっても不確かなものとして経験されるのだ。

このような不確かさは、移民や難民だけに限定されるわけではない。物理的に移動しない人びとも、世界の不確かさを経験している。自分が移動しなくとも、自分を取り巻く環境が変化することで、自分がどのような世界を生きているのかが不確かになる場合もあるからだ。竹村嘉晃がインド・ケーララ州で経験したのも、そのような状況だと理解できる。確かに、竹村は裏方としてテイヤムと呼ばれる祭儀の実践者たちの世界に加わり、最初は理解できなかった彼らの美的感覚をじょじょに理解していった。その意味では、人びとにとっては自明な世界を、かかわりあいをとおして学んだといえるだろう。しかし同時に、現地の人びともまた、変わりゆく環境のなかで自分たちの実践の意味が何なのか迷っている。この迷いは、若い世代でより顕著にあらわれている。竹村が世話になった家族の息子は、祭儀の実践者としての自分の将来に不安を感じ、湾岸アラブ諸国に出稼ぎをしようと計画したりする。また、祭儀を続けていくべきか悩み、調査者である竹村に助言を求めたりする。おそらく、自分たちが行っている祭儀の現在における意味を問い直しているのは、この息子だけではないだろう。当事者にとっても、必ずしも自分たちが行っている実践の意味は確かではない。

これらの例が明らかにしているのは、人類学者と同じように、フィールドの人々もまた新しい出会いのなかで戸惑いながら意味を模索しているということだ。かつての人類学は、対象とする人びとを、彼らにとってはあたりまえの価値や規範を共有し、それらに従う人々として描いてしまう傾向があった。その傾向は、現在の人類学にも残っている。しかし、遠くから眺めるのではなくフィールドで日常的に人びととかかわりあうならば、彼らの生もまた不確かであり、いくつもの可能性へと開かれているという、ある意味ではあたりまえの事実が見えてくる。

三　変化へと向かう願望

このような不確実な状況のなかで、さまざまな人びとがこれまでとは違う生き方を模索していることを、本書の執筆者の何人かは指摘している。椿原が描きだすロサンゼルスのイラン人の姿は、そのもっとも分かりやすい例だろう。彼（女）たちは、誰からも干渉されずやりたいように生きるという意味での自由を求めて、イランから移民してきた。まさしく、イランとは違う生き方を彼（女）たちは求めているのだ。しかし、自由を実現するのは簡単ではなく、ときに矛盾したことを行う必要に迫られる。つまり、他のイラン系移民との「かかわりあい」を利用しなくてはならなくなる。それほど親しくない人にも「泊っていきなさい」とすすめるイラン流の社交辞令（「タァッロフ」）をうまく活用して寝床を確保し、人からお金を借りたり職を紹介してもらったりしながら、彼（女）たちは自由を何とか実現しようとする。椿原自身が調査の過程でこのような「かかわりあい」に巻き込まれながら発見していくのは、このような願望のあり方である。人びとは、現在だけを生きているわけではない。未来においてそうなりたいと想像する姿と、現在生きている姿との「あいだ」を生きている。この「あいだ」に、願望が存在している。フィールドでのかかわりあいから見えてくるのは、現在人びとがどのように生きているかだけでなく、どのように生きたいと感じているかでもある。このような願望は目に見えるかたちであらわれないものの、人びとの生を構成している重要な部分なのだ。

ただし、ある集団に属する人びとがみんな同じ願望を抱いているわけではないことも、本書のいくつかの章から見えてくる。そこには、それぞれの人や集団がどのような未来を望むのかに関する違いから生まれる葛藤が存在している。このような葛藤は、上田が描いているマレーシア・ボルネオの先住民集落における観光開発の事例に見て取ることができる。マレーシアでは、それぞれの民族の「文化」を資源とした観光開発が進められている。上田が長年にわたって調査してきた集落でも、先住民カダザンドゥスンの文化を前面に押し出した開発を進めようとする動きが起こっている。しかし、いわゆる「伝統」を維持していないこの集落で文化を売りにすることに全員の同意があるわけではなく、この計画に対しては人によって温度差がある。上田もまた、この計画に協力するべきかどうか戸惑いつづけている。ここでは、集落の人びとはそれぞれ異なる集落の未来を思い描いている。そして実現できるのが一つの未来でしかないとき、そこに葛藤が生まれる。

このような葛藤は、ときに決定的な対立にまで発展することがある。村橋がケニアの難民キャンプに住むロピット人難民によるコミュニティ活動に見出したのは、このような対立であった。彼らは神話、歌、民話などの口頭伝承を収集することで自分たちのアイデンティティを再構築しようとしていたが、どのようにロピットの歴史を語るかを巡って葛藤が生まれ、結果として修復できないほどの分断を生み出すことになってしまった。こうして、一人ではなく集団において共通の未来を想像することから生まれる葛藤をかかえながら、人びとは今とは違う何者かになろうとしている。上田や村橋は、それぞれのフィールドでそのような力を感じ取り、その力にどのように関わればよいのかについて戸惑いながら考え続けている。

これらの事例からは、人びとの生き方は願望をとおして変わっていこうとする潜在的な力を持っていることが見えてくる。人びとは、ただ不確かな状況に戸惑っているだけではない。そのような状況のなかで、別の何者かになろうとしている。フィールドでのかかわりあいによって人類学者は、遠くから見たのではこぼれ落ちてしまう、このような潜在的な力をすくいあげることができる。

四　大きな仕組みと小さな願望

しかし、別の存在になろうとする願望は、簡単に実現するわけではない。すでに見たように、集団の内部での葛藤の結果として、思い描いていた未来が実現できないこともある。しかし、それだけではなく、周囲の環境が願望の実現を妨げる場合もある。早川によるジンバブエ人のケースは、その点を理解するのに役に立つ。彼（女）たちは、ジンバブエでしていたような「何気ないかかわりあい」をヨハネスブルグでも続けようとするが、巨大で危険な都市のなかでは、その願望を実現することができない。ここでは、都市のつくりという具体的なモノのあり方が、願望を妨げている。

中川がフランスで農民となったモンの人びとの事例で描いているのも、似たような状況である。モン農民たちは、生産者団体をつくって一つにまとまろうとする。それによって、モンが自分たちにとっての歴史的課題だと考えている内部対立を乗り越えようとする。しかし、その願望は実現せず、まるで何もなかったかのようにモン同士が仲たがいする元の状況へと戻ってしまう。それは、彼らのあいだの葛藤のせいでもあるが、彼らを取り巻くより大きな状況のせいでもある。グローバル化した巨大スーパーマーケット・チェーンの支配が強まっていくなかで、その流れに抵抗することが難しくなっているのだ。ここでは、グローバルな流通をかたちづくるモノの配置が、モン農民たちの希望の実現を阻んでいる。岡野が当事者たちとのつながりをとおしてじょじょに発見していった、タイで独立運動を展開するシャン人たちについても、同じような構図で考えることができる。ミャンマーとタイという二つの国民国家をつくる仕組み（たとえば「国境」を実現する仕組み）がもつリアリティの前で、シャン人活動家の希望（独立や自治の承認）は「シャン国民の日」のような祭典の機会に想像されるものにとどまっている。

中川や岡野の事例では、大げさに言うならば、資本主義や国民国家という大きな仕組みの前で、より小さな願望が妨げられているといえる。しかし、つねに小さな願望を阻害する方向に大きな仕組みが働くとは限らない。それはまた、小さな願望の実現を「可能にするもの」でもありうる。かつて日本に出稼ぎに来たミャンマー華人をとおして木村が描いているのは、そのような接合のあり方だ。日本人学生だった木村自身と出稼ぎ労働者だったミャンマー華人（馬浩興）は、一つのグローバルな経済構造のなかの異なった位置に組み込まれていた。だからこそ木村は、馬浩興と同じ時代の経験を共有していると感じると同時に、彼のような過酷な労働の経験を共有していないとも感じるのである。しかし、だからといって、馬浩興たちミャンマー人不法就労者は、たんなるシステムの犠牲者であるわけではない。彼らの多くは出稼ぎによって得たお金でミャンマーに立派な邸宅を建てるという希望をかなえることができた。馬浩興の場合はさらに、出稼ぎで得た金で弟を留学させ、台湾で宗教知識人として成功させることができた。いかに矛盾を含んだものであっても、資本主義という大きな仕組みは新しい生へと向かう願望を「可能にするもの」でもあるのだ。

人類学者がフィールドですくいあげたこれらの経験は、小さな願望が政治や経済の大きな仕組みとの関係において現実のものになったりならなかったりすることを示している。大きな仕組みによって願望が実現するとき、それは新しい出来事としてはっきりと目に見えるものとなる。しかし、大きな仕組みによって阻害されて思い描かれるものにとどまっているときも、それらの願望が存在しなくなるわけではない。人類学者がフィールドでのかかわりあいをとおして発見するのは、おかれた状況によって実現したりしなかったりする、無数の小さな願望なのである。

五　かかわりあいから生まれる理解

このように、移動する人びとと本書の執筆者たちのかかわりあいをとおして見えてくるのは、人びとの生の不確かさであり、そこから生じる願望であり、小さな願望と大きな仕組みとの関係である。これまで述べてきたように、これらはあたりまえのようで、遠くから見ていたのでは気づきにくいことだ。かかわりあいの場面へと立ち戻り、自分とフィールドの人びとのあいだ、そしてフィールドの人びと同士のあいだで起こっていることを描き出していくことで、行為の背後にある戸惑いや実現しない願望が見えてくる。そして、それらを目にするならば、人びとをすでにある確実な規範や価値に従う存在として描くことはもはやできなくなる。いつもどこかからどこかへの途中にある、つねに出会いをとおして変化する可能性を秘めた存在として、人びとをとらえ直さなくてはならなくなる。

おそらく、そのような細部への注目が、「なる」ことについての人類学的理論の出発点となるだろう。人びとの願望はどのように生まれ、いかにして新しい出来事を生み出すのだろうか。ここで「大きな仕組み」と呼んだものは、どのように願望の実現を阻害したり促進したりするのだろうか。これらの問いに答えるには、もちろんフィールドでの「かかわりあい」に対する注目だけではまったく十分ではない。そのためには、はるかに複雑な理論的な組み立てが必要となる。その作業は、かかわりあいについての考察とは別に行われなくてはならない。

しかし少なくとも、かかわりあいをとおして見出される細部、つまり戸惑いや願望といったものへの注意なしには、このような試みは始まりさえしないだろう。その意味で、かかわりあいは、新しい理解を生み出すための出発点なのである。そして、それはまた、葛藤や対立をはらむため容易ではないにしても、そしてあまりにも大げさな話に聞こえるとしても、私たち自身とフィールドの人びとを含む多様な人びとが願望をかなえられるような世界のあり方について考えるための出発点でもある。

おわりに――出版までの道のり

伊東未来

他者との「かかわりあい」が必要不可欠であるフィールドワークを行う私たち人類学者が、なぜあえて本書で「かかわりあい」を主題に据えることになったのか。その発端は、大阪大学大学院人間科学研究科の栗本英世教授が、二〇二二年三月末に定年を迎えることであった。

数年前、栗本先生から教えを受けた元学生・学生たちのあいだで、先生の退職記念に何かしたいという話がもちあがった。しかしその時点でも、不肖の教え子たちは先生の退職が何年先なのかすら正確に把握していなかった。そこで二〇一九年五月に開催された日本アフリカ学会の学術大会で、伊東が代表して栗本先生に直接尋ねることになった。退職は何年先なのか、何かリクエストはあるか。学生と対等に正面から向き合い、教え子が「栗本先生の弟子」を名乗れば「私に弟子などおりません」と否定するいけずな栗本先生の答えは、抑制の効いたものだった。「普通こういうことは、本人にリクエストを聞いたりしないものだ。でも、お気持ちはとてもありがたい。『退職記念論集』と銘打たれるのは照れくさい。せっかくなら皆で何か新しいことに取り組みたい」。その日学会にいた仲間たちにこの回答を伝え、「予想通りの反応だ。照れてはるし喜んではる」とにんまり喜びあった。それからしばらくして栗本先生から提案されたのが、「かかわりあい」というテーマだった。

もとより、栗本先生から「かかわりあい」というテーマを提案された時に、「かかわりあい」について何を議論するか、また、どこに焦点を当てるのかということが、予め決まっていたわけではない。正直に言えば、私たち自身もこのテーマにいささか戸惑いを覚えた。フィールドワークを行う人類学者にとって、「他者」とかかわりあう、ということは、もっとも基本的かつ至極当たり前の行為でもある。それ故に、他者とかかわりあうということ自体を中心的な主題として論じるということはほとんどなかった。人類学者に限らず、私たちはコロナ禍のあらゆる側面で他者とのかかわりあいを再考させられた。しかし、このテーマが提示された時、私たちはまだそれ以前の世界にいた。これまでも、栗本先生も含め本書の執筆者たちは、居酒屋で数えきれないほどフィールド経験の裏話を披瀝し合ってきた。いわば「楽屋話」以上の何ができるだろうか。そうした不安は拭えなかった。

とりあえず、村橋と伊東が発起人となって出版に向けた研究会を立ち上げ、大阪大学大学院人間科学研究科で博士号を取得した栗本先生の「弟子」たちに声をかけるところから始めることにした。第一回目は二〇一九年一〇月二六日に大阪大学で開催し、全国から皆が懐かしいゼミ室に集った。栗本先生から「人類学的主題としてのかかわりあい」と題する趣旨説明が行われ、それに対しさまざまな意見が寄せられた。議論を経て、参加者は自分のフィールドワークの経験のなかから、かかわりあいというテーマに沿って何が書けそうか構想を練り、草稿を持ち寄ることが決まった。

その後、「かかわりあい研究会」と題された研究会は、二〇二一年の夏まで計六回開かれた。当初は合宿形式で草稿発表と議論を重ねることも予定しており、場所はどこにしようかなどとのんきに盛り上がっていた。しかし、二〇二〇年初頭に新型コロナウイルスの感染者が初めて日本で確認されてからは、合宿どころか、対面での研究会の開催も難しくなった。結局、研究会はそれ以降全てオンラインで行うこととなり、当初の予定よりもスケジュールは遅れた。自宅や研究室で一人パソコンに向かい、互いの小さな顔を見ながら、いつ再び会えるとも知れないフィールドの人びととの「かかわりあい」を議論する状況は、すこし哀しく滑稽でもあった。それぞれの画面越しで微妙に異なる日の陰り具合に、互いがいる場所の近くて遠い距離を感じた。

それでも各執筆者は、研究会で複数回にわたって草稿を発表し、互いにコメントを寄せ合い、少しずつ全体の方向性を見定めていった。これもひとえに発案者の栗本先生のイニシアティブのなせる業と、型どおり称賛したいところではあるが、当の栗本先生にも他の執筆者たちにも否定されるだろう。本書は、皆でかかわりあいを持ち寄り、「ソーシャル・ディスタンス」にもめげずに議論し続けた産物である。

人類学者であろうとなかろうと、私たちは常に、かかわりあいを生きている。人生のさまざまな局面で出会う教師とのかかわりあいもまた、多くの人にとって大きな部分を占める。栗本先生の元学生である本書の執筆者たちは、栗本先生が提案した「かかわりあいを人類学として主題化する」という難題に、ひざを突き合わせ、喜んで苦闘した。大仰な謝辞や賛辞はなくとも、本書を読んでいただければ、栗本先生と私たち学生たちのかかわりあいがいかに豊かで幸せなものであったかが、おわかりいただけると思っている。

は 行

ま 行

や 行

ら 行

わ 行

索　引

索　引

＊中川　理（なかがわ・おさむ）　第13章、終章

国立民族学博物館准教授。専門は経済人類学、グローバリゼーション研究など。主なフィールドはフランス。近年の仕事に、『移動する人々』（共編、晃洋書房、2019年）、『文化人類学の思考法』（共編、世界思想社、2019年）、アルジュン・アパドゥライ著『不確実性の人類学』（共訳、以文社、2020年）などがある。

＊伊東未来（いとう・みく）　おわりに

西南学院大学国際文化学部講師。主な専門は文化人類学・西アフリカ研究。主要業績として、「トンブクトゥにおける写本の救出活動」（『国際文化論集』36巻1号、2021年、87-104頁）、“Changing Malian Women's Economic Activities: Vending in the Market, Travelling the World”（*Japanese Review of Cultural Anthropology* 18(2)、2018年、pp. 63-78）、『千年の古都ジェンネ―多民族が暮らす西アフリカの街』（昭和堂、2016年）など。

木村　自（きむら・みずか）　第9章
立教大学社会学部准教授。専門・研究テーマは、文化人類学、中国・台湾エスニシティ研究、華僑華人研究、移民研究など。主な研究業績に、『雲南ムスリム・ディアスポラの民族誌』（風響社、2016年）、『よくわかる現代中国政治』（分担執筆、川島真・小嶋華津子編、ミネルヴァ書房、2020年）など。

早川真悠（はやかわ・まゆ）　第10章
国立民族学博物館外来研究員。主な研究テーマは経済人類学、ジンバブエやレソトにおける貨幣の使い方・数え方。主著として、『ハイパー・インフレの人類学』（人文書院、2015年）、「ハイパー・インフレ下の人びとの会計―多通貨・多尺度に着目して」（出口正之・藤井秀樹編『会計学と人類学のトランスフォーマティブ研究』、清水弘文堂書房、2021年、62-84頁）など。

藤井真一（ふじい・しんいち）　第11章
国立民族学博物館外来研究員。主な研究テーマは文化人類学・平和研究・オセアニア地域研究。主な業績として、『生成される平和の民族誌―ソロモン諸島における「民族紛争」と日常性』（大阪大学出版会、2021年）、「ソロモン諸島における真実委員会と在来の紛争処理―紛争経験の証言聴取をめぐるグローバル／ローカルの緊張関係」（『文化人類学』82巻4号、2018年、509-525頁）など。

竹村嘉晃（たけむら・よしあき）　第12章
国立民族学博物館南アジア研究拠点特任助教／人間文化研究機構総合人間文化研究推進センター研究員。主な研究テーマは芸能人類学、南アジア地域研究。著書に、『神霊を生きること、その世界―インド・ケーララ社会における「不可触民」の芸能民族誌』（風響社、2015年）、共著に“Conflict between Cultural Perpetuation and Protection: A Case Study of Ritual Performance in North Malabar, South India”（Pallabi Chakravorty & Nilanjana Gupta（eds), *Dance Matters Too: Markets, Memories, Identities*、Routledge、2018年、pp. 36-48）、「インド舞踊のグローバル化の萌芽―ある舞踊家のライフヒストリーをもとに」（松川恭子・寺田吉孝編『世界を環流する〈インド〉―グローバリゼーションのなかで変容する南アジア芸能の人類学的研究』、青弓社、2021年、264-304頁）がある。

椿原敦子（つばきはら・あつこ）　第５章
龍谷大学准教授。主な研究テーマはイラン人移民とメディア・宗教、イラン都市部における宗教儀礼と若者文化など。主な業績として、『グローバル都市を生きる人々　イラン人ディアスポラの民族誌』（春風社、2019 年）、『「サトコとナダ」から考えるイスラム入門』（共著、星海社、2018 年）、「トランスナショナルな社会運動における共感＝代理の政治」（『コンタクト・ゾーン』7 号、2015 年、83-108 頁）。

岡野英之（おかの・ひでゆき）　第６章
近畿大学総合社会学部講師。主な研究テーマは武力紛争や感染症。シエラレオネやタイ、ミャンマーで調査研究に従事してきた。主な著作として、『アフリカの内戦と武装勢力』（昭和堂、2015 年）、『西アフリカ・エボラ危機 2013-2016』（ナカニシヤ出版、2022 年）、「タイにおけるミャンマー避難民・移民支援と武装勢力」（『難民研究ジャーナル』9 号、2020 年、86-101 頁）。

上田　達（うえだ・とおる）　第７章
摂南大学外国語学部教授。主な研究テーマは東南アジア島嶼部のナショナリズムに関する人類学的研究。主要業績として、「先住民というアスペクト――マレーシア・サバ州の先住民の語りに関する人類学的研究」（『年報人類学研究』第 5 号、2015 年、72-92 頁）、「東ティモール・ディリの都市集落における和解行事と 2 つの信仰」（『南方文化』44 輯、2018 年、49-67 頁）。

＊村橋　勲（むらはし・いさお）　はじめに、第８章
東京外国語大学現代アフリカ地域研究センター特定研究員。主な研究分野はアフリカ地域研究、移民・難民研究。主なフィールドは東アフリカ。近年の研究テーマは、南スーダンにおける紛争、難民、人道支援、土着の政治宗教体系。主著に、『南スーダンの独立・内戦・難民――希望と絶望のあいだ』（昭和堂、2021 年）、「南スーダン難民の生計活動と対処戦略――ウガンダ、キリヤドンゴ難民居住地の事例」（『難民研究ジャーナル』6 号、2016 年、163-179 頁）。

賈　玉龍（カ・ギョクリュウ　Jia Yulong）　第２章
華中農業大学社会学系副研究員准教授。専門は文化人類学・中国地域研究。主要論文に、「中国湖北省農村における日常生活と隣人関係：生産と閑暇から見るつながり」『国立民族学博物館研究報告』（2022 年、印刷中）、「宗族組織と同姓団体のはざまで：湖北省の宗族復興を事例に」『中国 21』第 54 号（2021 年、65-83 頁）、“Authenticity and Inauthenticity in Sneaker Culture: A Case Study of Changhuo Sneaker in China”（*Japanese Review of Cultural Anthropology* 20（1）、2020 年、pp. 43-87）。

李　俊遠（イ・ジュンウォン　Lee Joonwon）　第３章
慶北大学講師。主な研究テーマはベトナムの文化。主な論文として、“벋(bot): 한 베트남 해안 도시의 상생의 경제”（「バッ：あるベトナム海岸都市の共生の経済」、2012 年）、“신에게 갈 수 없는 생선-물천구”（「神に行けない魚―テナガミズテング」、2016 年）、“The Ambiguity of Hygiene and Taste- Focusing on the Fish-Farming Industry in Vietnam”（*Anthropology* 5（1）、2017 年、pp. 1-6）、“공업적인 방식의 사육의 발달과 토종닭에 대한 선호-베트남 닭 사육을 중심으로”（「工業的な方式の飼育の発達と地鶏に対する選好―ベトナムの鳥飼育を中心に」『인문사회과학연구（人文社会科学研究）』20(2)、2019 年、pp. 339-366）。

森田良成（もりた・よしなり）　第４章
桃山学院大学国際教養学部准教授。主な研究テーマは貧困と経済に関する人類学的研究、映像人類学。主な業績として、「国境を越えるねずみたちのストリート」（関根康正編『ストリート人類学――方法と理論の実践的展開』、風響社、2018 年、287-316 頁）、「貧困」（春日直樹・竹沢尚一郎編『文化人類学のエッセンス――世界をみる／変える』、有斐閣、2021 年、3-21 頁）。

執筆者紹介（執筆順。＊は編者。）

＊栗本英世（くりもと・えいせい）　序章

大阪大学大学院人間科学研究科教授。

奈良県生まれ。1980年京都大学大学院文学研究科博士後期課程単位取得退学。修士（文学）。国立民族学博物館助教授等を経て、2000年大阪大学大学院人間科学研究科助教授。2003年から同教授。社会人類学とアフリカ民族誌学を専門とし、南スーダンのパリ人と、エチオピア西部のアニュワ人を対象とする長期のフィールドワークに従事。個別社会に関する狭義の民族誌的調査研究を継続する一方で、内戦や民族紛争、難民、食料安全保障、人道援助、平和構築と戦後復興といった領域に研究テーマを拡大し、取り組んでいる。

加藤敦典（かとう・あつふみ）　第１章

京都産業大学現代社会学部准教授。主なテーマは現代ベトナム村落の住民自治に関する政治人類学的研究。主な業績として、「福祉オリエンタリズムと人類学―ベトナムの村落における障害者ケアに見る『社会』の弱さ」（森明子編『ケアが生まれる場―他者とともに生きる社会のために』ナカニシヤ出版、2019年、72-90頁）、*Weaving Women's Spheres in Vietnam: The Agency of Women in Family, Religion and Community.*（編者、Brill、2016年）、*Rethinking Representations of Asian Women: Changes, Continuity, and Everyday Life.*（共編、Palgrave Macmillan、2016年）

かかわりあいの人類学

発行日　2022年3月31日　初版第1刷発行　［検印廃止］

編著者　栗本英世・村橋勲・伊東未来・中川理

発行所　大阪大学出版会
代表者　三成　賢次

〒565-0871
大阪府吹田市山田丘2-7　大阪大学ウエストフロント
電　話：06-6877-1614（代表）　FAX：06-6877-1617
URL：https://www.osaka-up.or.jp

カバーデザイン　荒西玲子
カバー装画提供　安田みつえ／アフロ

印刷・製本　尼崎印刷株式会社

ISBN 978-4-87259-745-5　C3039